# 中高职教育贯通人才培养实践探索

陈敏／主编

立信会计出版社
LIXIN ACCOUNTING PUBLISHING HOUSE

**图书在版编目(CIP)数据**

中高职教育贯通人才培养实践探索 / 陈敏主编. —
上海：立信会计出版社，2020.7
ISBN 978-7-5429-6286-7

Ⅰ. ①中… Ⅱ. ①陈… Ⅲ. ①高等职业教育—人才培养—培养模式—研究—中国 Ⅳ. ①G718.5

中国版本图书馆 CIP 数据核字(2020)第 123691 号

策划编辑　徐雪芬
责任编辑　徐雪芬
封面设计　南房间

**中高职教育贯通人才培养实践探索**

Zhonggaozhi Jiaoyu Guantong Rencai Peiyang Shijian Tansuo

出版发行　立信会计出版社
地　　址　上海市中山西路 2230 号　　邮政编码　200235
电　　话　(021)64411389　　传　　真　(021)64411325
网　　址　www.lixinaph.com　　电子邮箱　lixinaph2019@126.com
网上书店　http://lixin.jd.com　　http://lxkjcbs.tmall.com
经　　销　各地新华书店

印　　刷　当纳利(上海)信息技术有限公司
开　　本　787 毫米×1092 毫米　1/16
印　　张　17.25
字　　数　398 千字
版　　次　2020 年 7 月第 1 版
印　　次　2020 年 7 月第 1 次
书　　号　ISBN 978-7-5429-6286-7/G
定　　价　45.00 元

# 目　录

## 二、中高职教育贯通人才培养实践



## 三、中高职教育贯通人才培养质量监控

# 基于集团化办学背景下商贸类中高职教育贯通专业培养模式的探索与实践

陈敏[①] 曹静[②] 傅建东[③] 赵宏[④] 王莉萍[⑤]等

## 一、背景与基础

### (一) 背景

大力发展职业教育，构建现代职业教育体系是推进社会经济发展的重要基础和教育工作的战略重点，是国务院、上海市政府在“十一五”“十二五”期间对职业教育提出的发展要求。通过集团化办学促进校企合作，是上海市教委为深化职业教育内涵建设、推进新一轮教改积极倡导的重要举措。根据上海市政府和上海市教委有关文件精神，2008 年 6 月上海商贸职业教育集团(以下简称集团)获批成立，集团以行业为依托，以专业为纽带，以实现资源共享、校企合作为基础，坚持改革和创新职业教育模式，培养与现代服务业相匹配的发展型、高素质技能型人才。集团成员单位涵盖了学校、企业、行业，通过自愿加盟，目前成员单位已达 58 家。

2014 年，国务院提出加快发展现代职业教育的决定(国发〔2014〕19 号)，强调学校、企业协同育人，推进中高等职业教育紧密衔接，发挥职业教育集团在促进校企有机融合中的重要作用，探索发展本科层次职业教育，为学生多样化选择、多路径成才搭建“立交桥”。2011 年，上海商学院启动了中高职教育贯通人才培养模式试点改革探索，推进中高职教育在培养目标、专业设置、课程设置和教学管理等多方面的贯通试点。

### (二) 基础

上海商学院是集团牵头单位，基于集团化办学开展了深化职业教育内涵建设的新一轮教改创新实践。本项目成果的研究与实践主要基于以下四个方面的基础。

1. 集团化办学：产教融合为成果实施提供了根本保障

集团成员单位现有 10 所本科和高职院校、22 所中职校和 25 家企业、行业单位。集团企

---

① 上海商学院高等技术学院院长。
② 上海商学院管理学院连锁经营管理专业负责人。
③ 上海商学院继续教育学院副院长。
④ 上海商学院高等技术学院副院长。
⑤ 上海商业会计学校会计专业负责人。

业涵盖上海市所有商贸类行业，其中，百联集团、东方国际集团是全国具有代表性国有企业，综合实力强大、内外贸业态齐全、技术实力领先，在国际上享有盛誉。因此，集团化办学在这些有社会责任的企业支持下，能够不断探索和实践最前沿的经济社会发展需要，能够让职业教育及时对此做出教学改革。

2. 商贸类专业：界定新一轮教改的范围

集团内集中的商贸类专业，界定的教改范围为商务（市场营销、连锁经营管理、国际商务、商务英语、物流管理、电子商务等专业）和财经（会计、金融等专业），以及与商务活动相关的艺术设计、酒店管理等专业构成的商贸类专业群。

3. 集团化合作研究：奠定新一轮教改的基础

2009—2011 年，针对原来中高职教育发展不够协调的瓶颈问题，集团制定了会计、金融、国际商务、现代物流、应用艺术设计、酒店管理、市场营销、商务英语 8 个专业的教学标准，标准基于校企合作，着眼于中高职教育贯通连接，涵盖中高职教育贯通五年制。上海商学院率先提出通识课程、专业核心课程和专业拓展课程分类模块设置，融做学一体。该研究成果于 2011 年获得上海市第十届教育科学研究成果三等奖。此外，经上海市人社局批准，集团制定了营业员、营销师、营销师（国际商务）等 8 个职业资格标准，为商贸类专业实现双证融通奠定了基础。

4. 集团内合作试点：重点探索体制外中高职教育贯通培养模式试点的可行性

上海中高职教育贯通培养首批试点主要是中高职一体的体制内院校。2009 年起，上海商学院联手上海市商贸旅游学校，从专业人才培养目标、课程标准和师资合作等方面，开展中高职教育有效衔接研究和实践，通过依法自主招生实现学生教育的“立交桥”贯通。2011 年起，学院牵头申报试点，基于 10 多年多校区办学的经验，着眼于体制外院校合作，和集团内成员单位上海商业会计学校、上海市商贸旅游学校、上海市贸易学校联合申报中高职会计、连锁经营管理、电子商务专业中高职教育贯通并获批招生。基于优化学源结构，多点布局规划；基于职教集团，强强联合办学；聚焦商贸专业，提升管理效益；服务社会经济，提高办学质量的四项原则，上海商学院先后与上海市商业学校、上海市工商外国语学校、上海市南湖职业学校、上海市奉贤中等专业学校等 8 所院校合作试点，在集团化背景下，推动了中高职教育贯通专业培养的实践。

## 二、探索与实践

### （一）顶层设计、精细化质量监控

1. 推进内涵建设，着眼构建现代职教体系

以中高职教育贯通专业培养试点为契机，推进中等职业教育内涵建设，强化中职基础，优化高职生源，推动高职内涵建设；借助充沛的集团产业资源，服务经济发展和学生的发展，全面提高人才培养质量。

2. 坚持产业主导、高校引领和主动贯通中高职教育

产业主导，力求整项改革“两个对接”：中职对接中级证书要求，高职对接高级证书要求。

### (二) 人才培养质量不断提高

1. 毕业生质量高

2017 年,上海商学院首届中高职教育贯通会计专业 55 名学生 100%毕业,与高考录取的学生相比,贯通班英语虽然少了两个学期的学习,但首届毕业生质量高,体现在:贯通班级大学英语四级累计通过率优于其他非贯通班级,分别为 65.45%和 59.54%;计算机一级通过率高于非贯通班级,分别为 92.73%、86.84%;职业资格证书取证率高,平均达到 90%左右,部分专业达到 100%;同其他非贯通班专业学生相比,就业优势明显。合作学校严格按照贯通一体化要求,加强对贯通专业的教学和日常班级管理,贯通专业学生 100%通过甄别与转段,成功转入学院高职贯通专业学习。

2. 学生大赛获奖率高

从近 4 年统计来看,中高职贯通试点专业学生大赛获奖率高。学生先后在中职学生上海市时政比赛、"文明风采"等德育素养类大赛中获奖 141 人次,在历届上海市"星光计划"职业技能大赛中获奖 78 人次,其中一、二等奖 30 人次;在市级集团层面技能大赛中获奖 58 人次;获得上海市优秀团员、上海市三好学生 2 人次;8 人次在海峡两岸珠算心算通信比赛中获奖;在全国职业技能大赛上获奖 12 人次(其中一等 5 人次,二等 3 人次,三等 3 人次);先后有 50 余人出国交流学习。首批合作办学的中高职贯通会计专业高职学生,在 2017 上海市级高职星光比赛中获奖 3 人次(二等 1 人,三等 2 人);在上海市大学生决策仿真实践大赛中获奖 10 人次(二等 5 人次、三等 5 人次);在"外研社杯"全国高职高专英语写作大赛中获得特等奖 1 人次。

### (三) 体制外合作办学,构建了贯通专业人才培养体系

上海商学院与 7 所学校在 6 个专业建立全面广泛合作,贯通专业试点设置上的全新创设,推进了贯通专业人才培养体系建设,积累了可以推广、辐射的体外运行管理经验。

## 四、创新与应用

### (一) 创新点

1. 成功探索教育贯通体制外合作办学

基于职教集团,将理论研究付诸实践,推进上海市职业教育人才培养模式改革的探索。"八个统一"管理思想和系统制定的联合管理制度,创新体制外合作办学,确保了体制外合作的规范和有序运行。

2. 集团化办学,发挥企业和职业院校在中高职教育贯通专业培养中的作用

集团、企业、高校、中职学校 4 个主体合力开展贯通研究与实践,着力解决中高职教育不衔接问题,从职教理念、课程、证书体系,以及教学标准等诸方面都提出了全新观点和见解,在深化贯通专业内涵建设方面具有先导意义。

3. "五个一体化"设计、资源共享

基于集团化办学,对课程建设率先提出了"五个一体化"设计,完成了专业核心课程和公

共文化课程的课程大纲编写，并据此完成贯通教材38册，同时通过集团内企业和合作学校，在课程资源、实训设施等多方面实现了资源共建和共享、互惠共赢。

4. 贯通教材编写，弥补了贯通专业无配套教材可用的缺憾

按照中高职教育贯通培养模式，用5年的时间完成中职3年和高职3年的教育教学任务，并要达到高职的教学标准，如果采用中职和高职教材显然是难以完成的。由于是新模式，配套教材严重缺乏，在试点过程中，上海商学院组织编写了专业课和公共文化课教材，满足了试点专业发展需求，并为其他院校提供了可选资源。

## (二) 应用价值

1. 对于职教集团建设具有引领示范作用

随着中高职教育贯通试点的扩大，合作共建将涉及越来越多的体制外院校，因此创设与实践5年贯通模式的校际协作管理制度，有助于进一步推进该模式试点的扩大和逐渐走向成熟。依托集团化运作，发挥牵头院校引领作用，整体推进职业院校的教学改革，对于职教集团建设具有引领示范作用。

2. 成果辐射全国其他高职院校

通过上海商学院承担的教育部高职高专师资培训基地和上海市各级各类师资培训基地，向全国兄弟院校3 000余名教师(含中层干部、专业带头人)介绍中高职教育贯通专业培养实践案例。其中，商贸类中高职教育贯通专业培养模式探索与创新实践的典型案例(课题研究成果、教材、教学资源网、运行模式等)向全国辐射，产生了积极的效应。

# 酒店管理专业中高职教育贯通人才培养研究

姜　红[①]　赵　宏[②]

## 一、研究背景

城市发展与建设，人才为第一要素。《上海市国民经济和社会发展第十三个五年规划纲要》指出，到2020年，上海要形成具有全球影响力的科技创新中心，基本建成与我国经济实力和国际地位相适应、具有全球资源配置能力的国际经济、金融、贸易、航运中心。《上海市旅游业改革发展“十三五”规划》指出，到2020年要将上海建成具有全球影响力的世界著名旅游城市。

作为国际大都市的上海，吸引了众多人才的涌入，仅从2014—2015年全社会各行业从业人员（第三产业）统计数据[③]来看（见表1、表2），第三产业从业人员从843.95万人增加到855.76万人，累计增加11.81万，其中住宿和餐饮业从业人员从2014年的51.47万人到2015年的51.91万人，增加0.44万人；另外，住宿和餐饮业的营业收入不断提高，2014年住宿和餐饮业营业收入为171.33亿元，2015年达191.44亿元。

**表1　2014—2015年第三产业从业人数**

单位：万人

| 行　业 | 2014年 | 2015年 |
|---|---|---|
| 第三产业 | 843.95 | 855.76 |
| 按行业分 | | |
| 农、林、牧、渔业 | 48.25 | 49.03 |
| 采矿业 | 0.04 | 0.04 |
| 制造业 | 366.14 | 351.03 |
| 电力、热力、燃气及水的生产和供应业 | 4.32 | 4.76 |
| 建筑业 | 110.09 | 108.33 |
| 批发和零售业 | 235.52 | 238.31 |

① 上海商学院酒店管理学院院长。

② 上海商学院高等技术学院副院长。

③ 文中数据来自《2016年上海统计年鉴》。

（续表）

| 行　业 | 2014 年 | 2015 年 |
|---|---|---|
| 交通运输、仓储和邮政业 | 87.55 | 88.20 |
| 住宿和餐饮业 | 51.47 | 51.91 |
| 信息传输、软件和信息技术服务业 | 45.72 | 46.26 |
| 金融业 | 34.42 | 35.07 |
| 房地产业 | 48.64 | 49.84 |
| 租赁和商务服务业 | 125.88 | 130.65 |
| 科学研究和技术服务业 | 43.92 | 44.97 |
| 水利、环境和公共设施管理业 | 20.08 | 20.16 |
| 居民服务、修理和其他服务业 | 34.92 | 34.98 |
| 教　育 | 36.92 | 36.13 |
| 卫生和社会工作 | 27.53 | 27.71 |
| 文化、体育和娱乐业 | 10.77 | 10.67 |
| 公共管理、社会保障和社会组织 | 33.45 | 33.46 |

数据来源：《2016 年上海统计年鉴》

**表 2　2014—2015 年上海住宿和餐饮业营业收入比较**

单位：亿元

| 指标 | 2014 年 | 2015 年 |
|---|---|---|
| 住宿和餐饮业营业收入 | 171.33 | 191.44 |

数据来源：《2016 年上海统计年鉴》

有关数据表明，上海酒店行业的从业人数在不断增加，酒店行业的营业收入也在不断增高，但酒店行业人员从业能力和水平有待提高，需要与上海国际化大都市的建设相辅相成。2016 年 9 月至 2017 年 3 月，作者在对喜达屋、万豪国际集团、上海豫园旅游商城股份有限公司等单位（为上海商贸职业教育集团成员单位①）中高层管理人员的访谈中了解到，随着我国酒店业的快速发展，社会对酒店管理专业人才需求也在不断变化，酒店行业既需要懂现代酒店管理的高端人才，也需要大量的一线服务员（如前厅接待员、行李员、中餐服务员、西餐服务员、客房服务员、销售代表等）。酒店行业高端人才紧缺、一线人员流动率高，已经成为酒店行业用人过程中普遍存在的现象。从企业招聘录用数据情况看，职业院校比本科院校的毕业生更能适应酒店一线岗位，能够尽快适应企业要求，动手实践能力强；而不少本科院校毕业的学生，对就业岗位和待遇期望值较高，自身要求与企业需求存在严重分歧，不愿意在酒店管理一线岗位上坚持锻炼。因此，企业行业急需培养一批适应上海城市经济发展需要，具有现代化服务意识、专门化服务技能，具备良好的职业道德、人文素养、外语沟通能力、信息技术应用能力、组织协调能力的知识型、发展型、高技能酒店管理专业人才。

① 上海商贸职业教育集团，2008 年经上海市教委批准成立，上海商学院为牵头单位，秘书处设在上海商学院。

《国家中长期教育改革和发展规划纲要(2010—2020年)》明确指出:职业教育要形成适应经济发展方式转变和产业结构调整的要求,体现终身教育理念,建立中等和高等职业教育协调发展的现代职业教育体系,满足经济社会对高素质劳动者和技能型人才的要求。《上海市中长期教育改革和发展规划纲要(2010—2020年)》亦明确提出了"促进中等职业教育与高等职业教育衔接,构建中等职业教育与高等职业教育课程、培养模式和学制贯通的'立交桥'"的发展任务。2015年,上海召开职业教育大会,提出按照职业教育技术技能人才培养规律,畅通不同层次职业教育衔接贯通渠道,继续深化中职与高职贯通衔接,进一步满足产业发展对高层次技术技能型人才的需求。

上海的中高职教育贯通人才培养试点启动于2010年,至今已有8年。2014—2017年,上海市教委累计批准5个中高职贯通酒店管理专业联合办学点。2015年9月,上海市奉贤中等专业学校和上海商学院联合开展中高职贯通教育酒店管理专业人才培养试点,两所学校汇聚各自优势资源,合作办学,至今已经有2年多。两校严格按照五年一贯制人才培养方案的要求实施教学,在教学设计上重点加强"贯通一体化建设",着眼于学生岗位综合素质和专业技能水平的提高。

作为中高职教育贯通酒店管理专业人才培养试点,五年一贯制的教学设计与实施能否符合酒店管理行业发展及应用型人才培养的需要,需要开展研究与分析。研究小组通过对上海已开设的中高职教育贯通酒店管理专业总体情况分析,尤其是对上海商学院与上海市奉贤中等专业学校的中高职教育贯通人才培养模式的研究与分析,提出了一些建议与设想,以促进中高职教育贯通酒店管理专业的人才培养建设。

## 二、现状调查与分析

### (一) 基本情况

上海在现代职业教育体系构建设想中,提出了"促进中等职业教育与高等职业教育衔接,构建中等职业教育与高等职业教育在课程设置、培养模式和学制贯通的'立交桥'"的发展任务。2010—2015年,上海持续推动开展中高职教育贯通培养模式试点,建立中高职一体化专业,学制上采取"3+2"模式:3年中职学校就读,学业合格直接升入合作的高职院校学习2年;2年高职学习后,或是直接进入人才市场选择就业,或是经过专升本等渠道,继续升学。2010—2016年,上海的中高职教育贯通试点专业保持连年增长(见表3)。

**表3 上海市中高职教育贯通专业报考人数统计分析表**

| 2010年 | 2011年 | 2012年 | 2013年 | 2014年 | 2015年 | 2016年 |
|---|---|---|---|---|---|---|
| 计划480人 | 计划840人 | 计划1 108人 | 计划2 641人 | 计划5 152人 | 计划4 933人 | 计划5 316 |
| 占当年中考报名人数0.5%左右 | 占当年中考报名人数0.96%左右 | 占当年中考报名人数1.3%左右 | 占当年中考报名人数3.3% | 占当年中考报名人数6.7% | 占当年中考报名人数6.2% | 占当年中考报名人数6.9% |

中高职教育贯通酒店管理专业的分布主要集中在以下几所学校(见表4)。

表4　2014—2017年开展中高职教育贯通酒店管理专业情况统计

| 中职学校 | 中职学校性质 | 分别区域 | 高校 | 高校性质 | 招生年份 |
|---|---|---|---|---|---|
| 上海市工程技术管理学校 | 国家级重点 | 崇明 | 上海城建职业学校 | 独立公办高职学院 | 2014年 |
| 上海市奉贤中等专业学校 | 国家级重点 | 奉贤 | 上海商学院 | 本科学校 | 2015年 |
| 上海市现代职业技术学院 | 国家级重点 | 长宁 | 上海城建职业学院 | 公办高职学院 | 2016年 |
| 上海曹杨职业技术学校 | 国家级重点 | 普陀 | 上海邦德职业技术学院 | 民办高职学院 | 2016年 |
| 上海市商业学校 | 国家级重点 | 静安 | 上海工商职业技术学院 | 民办高职学院 | 2017年 |

数据来源:上海市教育考试院《2017年贯通上海中高职贯通招生计划》

## (二)专业建设特点

### 1. 专业设置数量(点)稳步增加

表4的汇总数据表明,中高职教育贯通酒店管理专业人才培养的专业设置数量保持了稳步增长的态势,2014年设立1个专业点,2015年新增1个专业点,2016年新增2个专业点,2017年新增1个专业点,2014—2017年累计设置专业点5家(其中上海城建职业学校分别和上海市工程技术管理学校、上海市现代职业技术学院两所国家级重点中职学校建立了中高职教育贯通合作办学)。

### 2. 贯通主体呈现多元特征

2011年,上海市教委明确规定,开展贯通培养试点的中等职业学校必须是国家级重点学校,选择符合条件的同一职业教育集团内的中高职院校或中高职一体化办学院校进行贯通培养试点、自主招生。① 从全市2014—2017年已设置的中高职教育贯通酒店管理专业分析,主体呈现多元特点,从贯通的中职学校看,均为国家级重点中专;从贯通中职学校的分布看,分别在崇明、奉贤、长宁、普陀、静安5个区;从高校层面来看,分别有本科院校(1所)、公办独立高职学院(2所)、民办高职学院(2所)。不同的办学主体,特别是高校自身办学性质将对已开设的中高职教育贯通专业的建设与推动产生不同的影响。应用型本科院校的加入,为五年制贯通一体化建设注入了新的活力,为学生的升学提供了新的渠道,学生毕业后可以选择专升本,在学历和能力水平上将进一步提高。

① 《上海市教育委员会关于2011年继续开展中高职教育贯通培养模式试点工作的通知》沪教委职〔2010〕45号。

3. 建立合作办学制度，确保贯通教学一体化实施

酒店管理中高职贯通专业实施的是五年制一体化教学，打破了原有中职三年和高职三年的专业教学分水岭，尤其是体制外合作办学，需要建立有效的合作办学制度，确保贯通教学一体化实施。从已开设的5个办学点了解到，合作院校为做好贯通一体化教学，均建立了相关的制度（见表5）。2014年9月，经上海市教委批准，上海城建职业学院与上海市工程技术管理学校合作招收酒店管理中高职贯通专业试点学生，2015年新增加贯通合作学校上海现代职业技术学校，形成了"一拖二"的中高职贯通招生模式，一所高职高专院校对应两家国家级重点中职学校，共同建立了中高职贯通联动培养的模式。在人才培养方案的制定方面，3校联合组建校企合作酒店管理专业中高职教育贯通专家指导委员会，委员会成员既包括来自3校的专业教学骨干，也包括酒店高级人力资源管理与高级业务部门经理。学院建立了指导委员会会议制度，及时审定、指导专业人才培养方案实施。上海商学院在与上海市奉贤中等专业学校的合作办学过程中，分别建立了一体化管理团队、一体化管理制度（见表5）。

**表5　中高职教育贯通酒店管理专业部分合作学校工作机制、管理制度对照一览表**

| 中职学校 | 高职院校 | 招生年份 | 管理工作机制 | 管理制度 |
| --- | --- | --- | --- | --- |
| 上海市工程技术管理学校 | 上海城建职业学院 | 2014 | 1. 成立中高职教育贯通培养领导小组<br>2. 成立教学管理小组及联合教研组 | 1. 领导小组、教学管理小组以及联合教研组通过会议制度开展决策与指导<br>2. 修订完成《教师教学工作基本规范》《教学事故认定与处理办法》等12项制度 |
| 上海市现代职业技术学校 | | 2016 | | |
| 上海市奉贤中等专业学校 | 上海商学院 | 2015 | 1. 建立贯通教学工作管理工作领导小组<br>2. 建立联合管理办公室<br>3. 建立联合教研组<br>4. 组建校长联席会议制度<br>5. 建立8个统一制度（统一教学计划、课程标准、授课计划、教学内容和要求、教学进度、教材、考试、阅卷） | 1. 制定《中高职教育贯通培养模式试点联合管理实施方案》<br>2. 制定《中高职教育贯通培养校长联席会议制度》<br>3. 制定《关于中高贯通人才培养模式1年"甄别"和3年"转段"工作的规定》<br>4. 制定《学生学籍档案管理办法》等12项日常管理制度 |
| 上海市商业学校 | 上海工商职业技术学院 | 2017 | 1. 成立由学院院长牵头的中高职贯通领导小组和教学副院长牵头的中高职贯通联合工作小组<br>2. 设4个工作小组：教学管理建设联合工作小组、学生管理联合管理小组、招生管理联合工作小组、教学质量监控（督导）联合工作小组 | 1. 通过会议制度开展决策与指导<br>2. 制定和逐步完善中高职贯通培养的教学管理制度及其他相关制度，如《中高职贯通培养甄别与转段制度》《中高职贯通培养教学管理制度》《中高职贯通培养学生学籍管理制度》等 |

4. 建立五年一贯制专业人才培养目标和规格的衔接

中职和高职教育在人才培养目标和规格上有共性但亦有层次区分，在人才培养目标和规格的确定上，既需要坚持职业教育的职业性、实用性、技能性等特点，但同时需考虑一体化建设人才培养的特点，将中职和高职不同层次的人才培养规格进行有效衔接，从而明确酒店管理中高贯通专业人才培养目标：定位于旅游饭店、酒店的管理与服务技术岗位，培养具备现代饭店经营管理的知识和服务技能，能从事日常业务处理，具有一定发展潜能的知识型、发展型的技术技能人才。

5. 建立贯通一体化实施的课程体系

贯通一体化人才培养的基础在于专业人才培养方案的有效制定与实施。在专业人才培养方案的制定上，贯通合作学校双方力求打破原有中职、高职两个阶段的专业课程体系，着重围绕“贯通一体化”建设，将原来 3 年中职与 3 年高职的课程重新进行有效整合，使 5 年的专业课程更注重中职与高职两个阶段课程之间的逻辑关系，注重课程内容上的螺旋式上升与衔接，注重学生的综合素质培养，以贯通特色课程为引领，打造人才培养亮点（见表 6）。

**表 6　中高职教育贯通酒店管理专业部分合作学校专业课程建设对照一览表**

<table>
<tr><th>中职学校</th><th>高职院校</th><th>招生年份</th><th>专业建设特点</th><th>课程建设特点</th></tr>
<tr><td>上海市工程技术管理学校</td><td rowspan="2">上海城建职业学院</td><td>2014</td><td rowspan="2">1. 以高校为引领联合编制人才培养方案<br>2. 设置 60 门课程，包括公共基础课程 14 门，专业基础课 13 门，专业核心课 13 门，专业拓展课 10 门，选修课 2 门，集中实训课 8 门<br>3. 确立“3＋1＋1”培养模式，对顶岗实习与毕业实习和毕业实习报告的完成都做了系统研究和确定</td><td>1. 凸显课程思政特色，强化综合素质培养及“双证融通、工学交替”<br>2. 开设贯穿 5 年教育全过程的《综合素质培养》课程</td></tr>
<tr><td>上海市现代职业技术学校</td><td>2016</td><td>1. 凸显课程思政特色，强化综合素质培养及“双证融通、工学交替”<br>2. 强化具有职业竞争力的专业核心技能，企业深度参与，形成任务引领型课程体系和专业特色的校本教材<br>3. 对接国际标准，参照澳大利亚国家职业培训（ANTA）的标准，如西餐宴会铺台、中式铺床等<br>4. 强化满足生涯发展需求的现代服务素养，构建以“入学教育—过程教育—环境教育”为主线、服务素养系列课程为核心、丰富的社团活动为载体的综合服务素养培养体系<br>5. 与美国饭店协会教育学院联合开展的 HTMP 国际旅游与酒店管理课程，采用国际酒店教学模式，保证英语学习贯穿学生在校学习全过程</td></tr>
</table>

（续表）

| 中职学校 | 高职院校 | 招生年份 | 专业建设特点 | 课程建设特点 |
| --- | --- | --- | --- | --- |
| 上海市奉贤中等专业学校 | 上海商学院 | 2015 | 1. 高校引领制定五年一贯制人才培养方案<br>2. 依托上海商学院一流高职酒店管理专业优势，加强实训环节，专业教师双师素质达100% | 1. 强调一体化教学设计的理念，建立衔接的课程体系<br>2. 坚持产业主导、高校引领、主动贯通中职与高职教育，以酒店行业岗位（群）能力为基础，明确中高贯通酒店管理专业人才培养的目标和规格<br>3. 坚持校企合作办学方向，从酒店行业的职业素养和职业能力出发，重新整合课程结构，对课程内容进行有效资源整合，在内容上充分体现具有酒店管理专业基础性和核心岗位关键能力特点，以能力为本，培养学生就业、再就业和终身发展的综合素养和能力 |
| 上海市商业学校 | 上海工商职业技术学院 | 2017 | 1. 安排和整体设计知识能力、专业技能与素质<br>2. 强化专业基础课，实现专业人才培养在职业教育阶段的合理衔接<br>3. 整合办学资源，以国际五星级酒店房务部、餐饮部、市场部服务与管理岗位的职业能力为依据，参照金钥匙服务标准，共同开发具有国际水平的酒店管理专业5年贯通的专业教学标准 | 1. 将礼仪课程贯穿整个教学进程<br>2. 基础英语与专业英语有机结合，贯穿整个教学进程，提升英语语言能力<br>3. 打造专业特色课程，以《管理能力合成实践》课程有效提升综合能力 |

6. 建立贯通一体化的专业能力培养

在教学设计中强化对学生知识结构与操作能力的一体化培养，围绕酒店行业服务与管理技术岗位群，在教学实施中，通过建设专业拓展课程及实习实训课程的建设，强化学生专业技能及岗位实践能力的培养，安排中职三年级和高职二年级学生进行专业实习、毕业顶岗实习，注重教学中的“双证融通”（既要求获得毕业证书，也要求获得1～2张与酒店专业相对应的职业资格或技能证书）。

7. 建立职业资格证书衔接

在5年的教学过程中，分段完成职业技能培训，前3年在中职校学习，取得本专业中级国家职业资格证书，后2年升入高职阶段学习，毕业时获得本专业高级国家职业资格证书。

学生毕业后不仅能迅速适应岗位需求，并能快速达到岗位技能中级水平。

8. 注重对学生综合素质的培养

在通识课中，加强对学生人文素养的培养、专业思想的建设与巩固，将企业文化融入教学课堂；注重对学生英语能力、信息技术能力的锻炼。

## 三、个案研究分析

上海商学院为上海市属公办本科高校，坚持“以商立校、应用为本”的办学理念，坚持“应用型高校”办学定位，2012 年至 2017 年，上海商学院积极响应上海市政府“新一轮中等和高等职业教育人才培养衔接的探索试点”要求，已开设有 6 个中高职贯通专业，专业建设始终着眼于“适应上海市经济发展方式转变和产业结构调整的要求，体现贯通教育一体化建设理念，满足学生多样化发展需要，满足上海城市建设发展对高素质劳动者和技能型人才的要求”。其中，与上海市奉贤中等专业学校合作开设了中高职教育贯通酒店管理专业（2015 年开始招生），就中高职教育贯通酒店管理专业的培养目标、专业设置、课程设置、课堂教学实施等多方面开展贯通一体化协同发展、衔接推进，积极探索与实施一体化教学的中高职教育贯通人才培养试点。

1. 建立相应的教学管理机制，加强日常教学管理

为推进中高职教育贯通专业建设，上海商学院与 6 所重点中职学校一起建立了系列管理制度，建立了中高职教育贯通培养管理工作领导小组、工作小组、校长联席会议制度。制定了一系列配套的学籍及教学管理规定，如《五年制学籍管理办法》《考试管理制度》《甄别与转段实施细则》等。合作专业的各校之间，围绕贯通专业建设建立了相应的教学管理制度，明确工作职责，以加强日常教学管理（见图 1、图 2）。

在日常教育中，合作学校双方发挥各自优势，以新生入学教育、学生家长会、专题学生会等形式，强化学生贯通发展目标意识，规范学生的学业和成长过程。

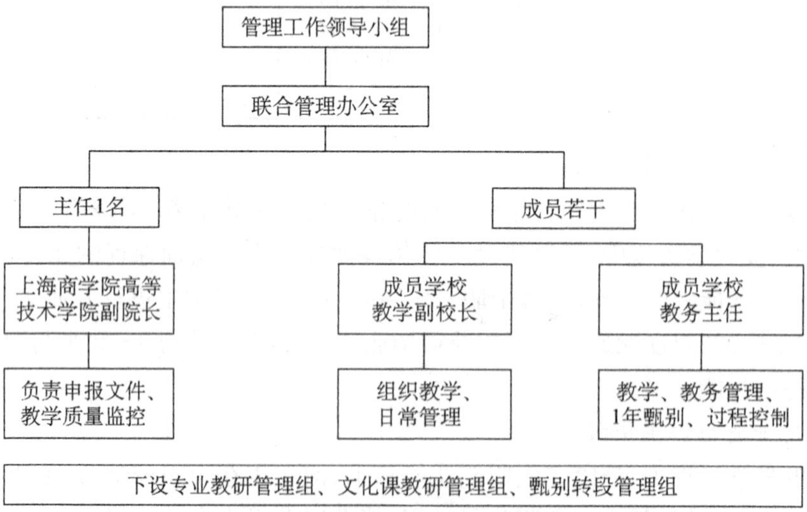


**图 1　两校合作建立中高职教育贯通项目校际联合管理团队**

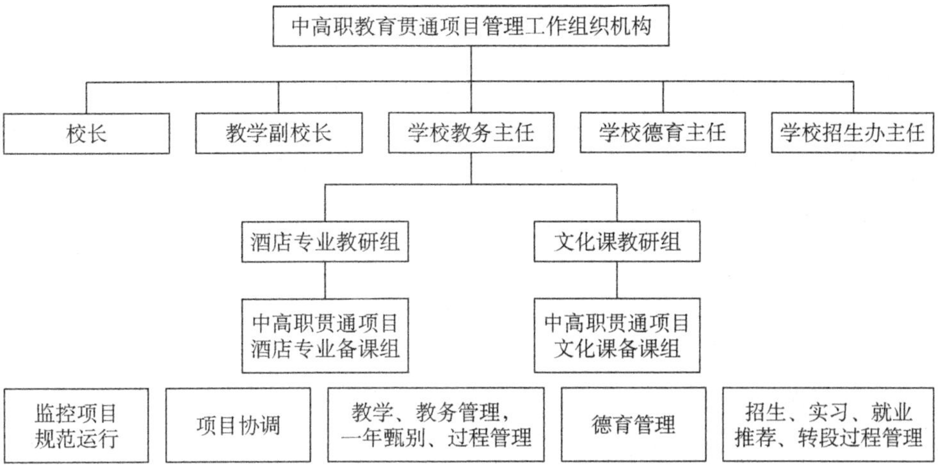


**图 2　上海市奉贤中等专业学校建立的中职段管理团队**

2. 强调一体化教学设计理念，建立衔接的课程体系

在专业建设方面，强调一体化教学设计理念，建立衔接的课程体系，合作共建，坚持产业主导、高校引领、主动贯通中职与高职教育，以酒店行业岗位(群)能力为基础，明确中高职教育贯通酒店管理专业人才培养的目标和规格；坚持校企合作办学方向，从酒店行业的职业素养和职业能力出发，重新整合课程结构，对课程内容进行有效资源整合，在内容上充分体现具有酒店管理专业基础性和核心岗位关键能力特点，以能力为本，培养学生就业、再就业和终身发展的综合素养和能力；主动对接政府职业资格，明确职业方向和专业就业岗位对应的职业资格证书内容与要求，通过嵌入式学习，将岗位职业资格证标准融入课堂教学，实现教学过程与工作过程的结合。

3. 建立监督与质量保障措施，严格做好“甄别”与“转段”

合作双方在教学质量上严格遵守两校贯通教育管理制度规定，强化教学质量，在教学监督上，严格实施“甄别”与“转段”监管环节，对凡是符合贯通专业升学的，则继续升入下一年级学习，凡是不符合升学要求的则不能继续跟班学习，2015 级中高贯通酒店管理专业有 24 名学生，其中有 6 名学生在中职阶段综合素养不符合贯通班学习要求，按照规定，经过合作学校双方甄别，中止继续在贯通班的学习。这些有效保障了中高贯通酒店管理专业的教学质量，促进了合作学校双方在教与学方面的双向互通。

4. 建立联合教研组，促进专业发展

为加强专业建设发展，合作学校双方建立了专业教研组，通过教研组的活动，执行并推进教学计划，提高教师课堂教学能力。联合教研组通过教研活动、集体备课、命题与教材研讨会、公开展示课等诸多形式，加强了合作学校教师之间的联系与沟通，及时解决了贯通专业教学过程中的一些问题，提高了授课教师对贯通专业教学的认识。此外，通过联合教研活动，中高职教师之间在教学上得到了实质性的衔接，中职教师对高职教学特点要求有了比较清晰的认识，高职教师对中职教学有了进一步了解。联合教研，既提高了教师的贯通教学能力，也促进了贯通专业的内涵建设发展。

5. 发挥两校优势，强化师资队伍建设

发挥两校优势，提升师资队伍。两校加强贯通专业师资队伍的配备，按照优质教学资源配置原则，组建中高职教育贯通培养模式教学团队，教学团队以高职专业带头人为主体、中职骨干教师和教学管理部门共同参与，实现中高职师资的强强联合，推进中高职贯通试点教育教学改革。目前，该专业有专任教师 17 名，其中，高级及以上职称 9 名，国家级考评员 3 名，双师型素质教师达 100%。双方教师互帮互助，共同提高。

6. 建立校企课程，将专业人才培养对接企业岗位要求

建立一批校企合作职业教育共建课程，如酒店服务技能、酒店服务英语等，在这批课程的课堂教学中，充分结合本市品牌酒店企业发展的最新动态和趋势，利用行业专家丰富的从业经历，采用角色模拟、分组讨论、头脑风暴等教学方式激发学生兴趣，培养学生分析和解决问题的能力，适应未来岗位的需要。

7. 有效实施教学计划，强化过程管理，注重考核评价

中高职教育贯通学生的成绩按照期中考试成绩、平时成绩、期末考试成绩 3∶2∶5 的比例进行评分，执行与普通班不同的考核机制，确保了良好的学风。因此，学生的专业认知能力和专业技能水平都有较大提高。

## 四、贯通一体化办学存在的问题分析

2016 年、2017 年，研究小组采用“上海市中高职、中职—应用本科贯通教育人才培养模式研究”重大项目组的调研问卷，对部分中高职贯通酒店管理专业对应的企业、高校、中职学校开展了问卷调研。从问卷调研中发现，企业、高校、中职学校三方在功能定位、教学目标、教学计划安排、教学内容适合程度、教材选择等方面，在认知和判断上的反应，反映了体制外五年制一体化办学上存在的一些问题(表 7、表 8)。

表 7　调研情况统计

| 发放对象 | 发放回收情况 | 回收率 |
|---|---|---|
| 企业 | 发出 190 份 | 75.3% |
| | 回收 143 份 | |
| 高校 | 发出 85 份 | 77.6% |
| | 回收 66 份 | |
| 中职学校 | 发出 131 份 | 83.2% |
| | 回收 109 份 | |

**表 8　调研统计结果**

| 题目 | 较为集中的选择 | 调研的中职教师选择率 | 调研的高校教师选择率 | 调研的企业人员选择率 |
|---|---|---|---|---|
| 中高职教育贯通遇到的最大困难 | 企业人员参与不够 | 51.5% | 50% | 12% |
| | 课程体系不完善 | 32% | 35.5% | |
| | 缺乏课程标准 | 19.2% | 23% | |
| | 师资队伍不能适应 | 16.1% | 53% | 42% |
| | 教学资源不足 | 29% | 29% | 46% |
| 对中高职教育贯通教学与管理的建议 | 定期开展联合教研，加强贯通人才培养目标引领 | 82.3% | 60% | |
| | 明确转段的形式和要求 | 76.8% | | |
| | 高校要多了解中职学生的实际情况，从实际出发提出相应要求 | 62.7% | | |
| | 加强学生的基础知识培养 | | 52% | |
| | 在课程教学上能统一教材、统一评分机制 | | 43.6% | |
| | 建议教师多到企业了解情况，将理论与实践相结合 | | | 45% |
| | 学校与企业的联系度需要不断加强 | | | 65% |

从调研的情况看，企业、高校、中职学校三方在对中高职贯通酒店管理专业人才培养方面的认识度上存在不同的理解。

(1) 在为中高职教育贯通遇到的最大困难的方面。企业人员选择率排列在第 1 到第 3 位的依次是：教学资源不足、师资队伍不能适应、企业人员参与不够；高校教师选择率排列在第 1 到第 3 位的依次是：师资队伍不能适应、企业人员参与不够、课程体系不够完善；而中职教师选择率排列在第 1 到第 3 位的依次则是：企业人员参与不够、课程体系不够完善、教学资源不足。

(2) 在对中高职教育贯通教学与管理的建议方面。企业人员认为首要需加强的就是学校和企业的联系，应当让教师到酒店行业了解情况，将理论与实践相结合；高校教师认为应该定期开展联合教研，加强贯通人才培养目标引领，加强贯通学生的基础知识培养，在课程教学上能统一教材、统一评分机制；而中职教师则认为应该定期开展联合教研，加强贯通人才培养目标引领，明确转断的形式和要求，高校要多了解中职学生的实际情况，从实际出发提出相应要求。

从调研统计的情况看，已开展的中高职教育贯通酒店管理专业人才培养模式试点主要存在以下几方面的问题。

(1) 贯通合作学校来自两个不同的职业教育层面，对中高贯通教育的人才培养，双方教师有着不同的认识，尤其在课堂教学及教学评价方面，各有不同的出发点，从而对贯通一体化的认识存在差异。部分高校教师对贯通教育缺乏应有的重视，尤其对部分高校专业课程内容前移至中职阶段的课堂教学上，不能尽快适应，缺乏对教学对象认知能力的正确认识；

此外，部分中职教师未能理解贯通一体化教学的内涵，在课堂教学的把握上，未能有效实施一体化教学。

(2) 上海的酒店行业发展迅速，教师对企业行业的发展缺乏深入的实践，在教学上存在理论与实践指导相脱节的情况，实践教学指导上未能跟上企业行业的发展动态。此外，贯通专业合作双方在实验实训资源上，不断加大投入，提高硬件和软件的配置，加强仿真训练的环境建设。但是与上海酒店行业的发展还不能成正比，实践教学资源仍然不能满足于专业发展建设的需要。

(3) 中高职教育贯通酒店管理专业的课程体系不够完善。从 2014 年开始设置中高职贯通酒店管理专业，至今只有短短的 3 年多时间，相比五年一贯制学制，学院未能完成一轮人才培养，无论中高职贯通专业建设，还是课程课堂教学实施，均处于“摸索”阶段，贯通课程体系仍需要进一步在实践中得到完善。

(4) 未能有统一的课程标准，合作学校双方教师教学还处于“目标不确定”状态。在本次调研中，中高职教师均提到了贯通专业教学过程中缺乏课程标准。从研究小组的走访中，已开设的中高贯通酒店管理专业的合作学校双方建立了专业核心课程校级课程标准，但许多教师表示，贯通专业缺乏课程标准，是导致贯通一体化实施授课难的一个重要因素。

(5) 需要进一步加强与企业行业的联系，加大企业人员参与课程建设的力度。从调研的统计数据来看，中高贯通酒店管理专业，不仅需要推动和加强教师到企业实践的时间和内容，还需要采取措施，邀请企业加入课程建设，或到课堂授课，或参与实训指导，或直接参与教学计划的制定，从而发挥企业的能动作用，使中高职教育贯通酒店管理专业的人才培养更贴近上海酒店行业的发展需要。



## 五、中高职教育贯通酒店管理专业发展的建议

(1) 加强制度建设，加强合作学校之间的联系，统一认识，提高办学质量。首先，贯通合作办学双方学校应当继续加强中高职教育贯通酒店管理专业的制度建设，尤其是对联合教研组的建设与管理。通过联合教研组，加强合作学校之间的联系与沟通，加强对“贯通一体化”教学的理解。合作学校双方需要建立互相听课制度。通过听课，加强对中职、高职两个层面教学的理解与交流。其次，贯通合作学校双方要建立对贯通专业的教师培训制度，适当举办贯通专业教师校级培训与研讨，提高贯通专业教师教学与教研的能力，鼓励贯通专业教师参加市级或者境外教学培训。

(2) 加强实训实践课的教学质量。既要改善专业校内实训条件，又要多与酒店行业企业联系，通过走访、实地教学、撰写实践报告等多种形式的教学，让贯通酒店管理专业的学生了解未来岗位要求，熟悉酒店行业的发展动态。

(3) 加强双师队伍建设，采取“走出去、请进来”的方式，加强校企之间的联系。贯通合作学校双方均要加强贯通专业“双师”队伍建设，鼓励教师多下企业实践。通过给予校内津贴和政策支持鼓励教师下企业实践。通过合作学校的校外实践基地，加强与企业人员之间的联系，邀请企业人员参与学校教学、指导学生实训，从而进一步提高贯通酒店管理专业的办学质量。

(4) 从政府层面，加强对贯通专业建设的扶持力度。政府层面的教育管理部门不仅要给予贯通酒店管理专业继续以资金上的配套支持，在课程标准的研发方面，应主动承担任务，统一组织，研发贯通酒店管理专业的课程标准，促进贯通一体化教学的有效实施。此外，可以学习国外经验，细化专业技能水平分级，建立与之相适应的专业能力教学标准。例如，澳大利亚是职业教育比较发达的国家，能力标准是澳大利亚职业教育课程设置的出发点，课程内容上注重对学员进行职业能力的培养，无论课程体系，还是每一门具体课程，或者一门课的每一个单元，都细致地描写了相关的能力标准，这些能力既包括某一岗位工作所必需的技能，又必须包括完成工作任务所具有的知识和态度。教师通过能力标准，以及达到这些能力所必须具备的知识和职业素养，开展课堂教学设计，并根据能力逐步提升的原则，有针对性地帮助学生进行技能培养。基于能力分级的课程设置，不仅能帮助教师提升自身的教学能力，而且能帮助学生个体达到明确的学习目标。

(5) 政府层面除了加强贯通一体化课程建设外，更应当充分注重教学对象"中高贯通酒店管理专业学生"这一学习主体的需求，进一步围绕与关注"学生专业学习发展路径""职业发展研习路径""学生实践教学内容与行业发展需求的衔接路径"，引导合作院校，结合课程教学改革，做进一步深入探索，切实提高人才培养质量。

(6) 政府层面应当继续引导中高职教育贯通专业的健康持续发展，研究和适时出台管理政策，加强对贯通教育人才培养的监督与评价。随着试点办学点的逐渐扩大，贯通教育的管理问题越来越成为制约其健康发展的重要因素之一。比如，高校介入不够的中职学校，教育教学质量都不同程度地存在问题，从而引发了高校教师对贯通生源的抵触情绪；5年制贯通一体化建设同原来的"3＋3"培养相比，是否能真正培养高质量的高技能人才，也有待实践和研究、发现和探讨。

体制外中高职教育贯通酒店管理专业五年制一体化办学，通过近几年的专业建设和发展，已经得到家长和学生的认同，成为职业教育各类办学模式中不可或缺的一部分。一体化的教学设计和重视中高职课程衔接成为中高职教育贯通酒店管理专业这一新兴办学模式的重要特征。政府对专业持续性的支持力度，促进了贯通专业建设和发展。如何建设和完善中高职贯通一体化办学模式，促进贯通酒店管理专业的持续、健康发展，办出优质教学和特色专业，将是今后中高职教育贯通酒店管理专业创新和发展的重要课题。

## 参考文献

1. 梁廷方.现代职业教育体系构建的当代意蕴与国际视野[J].教育与职业，2015，855(35)：5.
2. 姜大源.现代职业教育体系构建的理性追问[J].教育研究，2011(11).
3. 黄尧.与时俱进不断创新，推动五年制高等职业教育稳步发展——在全国五年制高等职业教育学校协作会年例会上的讲话[R].
4. 顾坤华.五年制高职：高等职业教育中独具优势的发展形式[J]. 成人教育，2010，277(2).
5. 瞿光唐，戴永良.五年制高职教育发展的新趋势与新问题[J].职教通讯，2012.
6. 李钰.对中高职教育贯通培养模式的几点思考[J].职教论坛 2012(22)：54.

7. 周奕珺.中高职贯通模式在构建现代职业教育体系中的战略定位[J].广州职业教育论坛，2015，14(10)：13－14.
8. 周如俊.中等职业教育发展的"新常态"[J].江苏教育·职业教育，2015(5)：43.
9. 管弦.中高职衔接"三二分段"人才培养模式探析[J].教育与职业，2013(9)：11－13.
10. 吕江毅，刘敏杰.中高职教育衔接模式研究教育与职业[J].2012(11).
11. 何春萍.论上海酒店管理中高职贯通培养模式的意义[J].价值工程，2014(4).
12. 孙日强.上海市中高职教育贯通培养模式实施现状与反思[D].上海：华东师范大学，2017.
13. 徐静镠，乔刚，中职与高职教学衔接问题的调查研究教育与职业[J].2010(11).
14. 陈效民，刘磊. 中高职贯通培养模式校级层面实践路径研究——以上海市为例[J]. 职教论坛，2013(7).
15. 刘荣秀.中高职衔接的现状调查与政策评析——以广东省为例[J].职业技术教育，2010(16).

# 中高职教育贯通人才培养模式评价体系研究

乔　刚[①]　赵　宏[②]　张在宏[③]　甘小的[④]　胡　萍[⑤]　龚卫星[⑥]　陈瑞玲[⑦]

## 一、研究背景、目的、意义、方法

### （一）研究背景

20世纪80年代后，在国家大力提倡发展职业教育方针的指导下，我国的职业教育迅速发展，不仅职业教育的规模得到增长，而且在职业教育的层次、办学类型、办学形式等方面也得到长足的发展。作为职业教育办学类型的中高职教育贯通在全国范围内广泛建立。中高职教育衔接作为职业教育发展的一种新的方式在我国职业教育领域中生根发芽，并在全国范围内慢慢扩展。从20世纪80年代至20世纪90年代后期，中等职业教育发展迅猛，90年代后期，随着国家经济发展对人才学历要求的提升，高职学校不断发展扩大，而原先发展势头较快的中等职业教育招生规模不断缩小。社会对高技能人才需求量的不断增加，促使职业教育进入了新的发展阶段，中职生毕业即就业的想法向继续升学发展。从政府层面到学校，开始尝试中高职教育衔接的探索。

1996年《中华人民共和国职业教育法》提出："根据不同地区的经济发展水平和教育普及程度，实施以初中后为重点的不同阶段的教育分流，建立健全职业学校教育与职业培训并举，并与其他教育相互沟通、协调发展的职业教育体系。"1998年《面向世纪教育振兴行动计划》提出：努力建立符合我国国情特点的职前与职后教育培训相互贯通的体系，使初等、中等和高等职业教育与培训相互衔接，并于普通教育、成人教育相互沟通、协调发展。

从1998年到2002年，我国的高等教育扩招人数逐年增加，高等教育逐步进入大众化教育阶段，学历提升成为家长和社会关注的焦点。期间，中等职业教育滞缓发展，生源萎缩，招生数占高中阶段的比例逐年下降，由1998年的55%左右缩减到2001年37%左右，直至2005年以后，在国家加大职业教育发展力度的政策支持下，招生比例重又上升，恢复到50%

① 上海商贸职业教育集团秘书长。
② 上海商学院高等技术学院副院长。
③ 上海商业会计学校教务科长。
④ 上海商业会计学校语文教师、上海商学院高等技术学院交通路院区高职办主任。
⑤ 上海商贸职业教育集团秘书处主任。
⑥ 上海市商业学校教师、上海商学院高等技术学院共和新路院区高职办主任、连锁经营管理专业负责人。
⑦ 上海市贸易学校教师、上海商学院高等技术学院赤峰路院区高职办主任。

左右。从20世纪90年代到21世纪初,由于中职教育和高职教育在规模、数量上的发展变化,中高职教育的衔接一直处于阶段性发展状态,两种体制间的碰撞制约,影响了中高职教育衔接的发展,到21世纪初,中高教育衔接培养进展缓慢,单一的升学考试制度,仍是学历提升的重要途径,中职生毕业后想要升入高等学府,难上加难。

大力发展职业教育、培养适合社会发展需要的高技能人才,是我国现代教育发展的重要任务之一。随着时代发展变迁,家长和社会对职业教育人才培养的观念有了新的变化,开始接受职业教育的思想理念,对"技术型""技能型"人才有了新的认识。在办学类型上,更多的教育者开始重新审视中职与高职教育,探索建立中职与高职教育间的协调发展途径,以打通中职和高职教育间的壁垒。

2010年,《国家中长期教育改革和发展规划纲要(2010—2020年)》提出:"大力发展职业教育,到2020年,形成适应发展方式转变和经济结构调整要求、体现终身教育理念、中等和高等职业教育协调发展的现代职业教育体系。"作为现代职业教育体系结构中的中职教育及高等教育,面对新一轮的教育改革和发展,实现更高水平的教育,除了承担拓宽学生的成长渠道,帮助更多学生提高自身素养的教育职责外,打破自身办学壁垒,探索体现中等和高等职业教育协调发展的办学途径,势在必行。

为此,各地开展了新一轮中高贯通教育人才培养办学模式探索建设。以上海市为例,上海积极为构建现代职业教育体系而努力,为适应上海市经济发展需要,《上海市中长期教育改革和发展规划纲要(2010—2020年)》提出了"促进中等职业教育与高等职业教育衔接,构建中等职业教育与高等职业教育课程、培养模式和学制贯通的'立交桥'发展任务"。2010年开始,启动了中高职教育贯通培养模式试点工作。

新一轮的中高职教育贯通培养,从学历文凭教育上来看,是指初中生参加中考之后进入中职学校,经过中职和高职的贯通培养,以高职文凭毕业。也就是说,学生从最初的初中毕业,经过中高职贯通这条求学途径,能够获得高等教育的文凭。中高职教育贯通作为一种办学模式,有其独特性:为一批品学兼优的中职学生提供了接受高学历教育的机会,通过中高职衔接教育,进一步扩展中职学生的专业知识面,培养他们的敏锐思维和训练解决问题的能力,帮助他们在劳动力市场获得更高层次的职业发展,符合人才培养的可持续发展需要;强调"贯通""衔接",学生接受的是贯通培养,人才培养方案不同于原有的中职和高职分离式的人才培养方案,是中高职教育一体化的全新人才培养方案;师资力量重新组合,贯通式的培养,打破了原有校与校之间的隔断,使中职和高职院校两个系统的教师师资资源进行有效整合,从而在教学上实现有效衔接;在教材选择上,需要不断推陈出新,适应贯通培养模式发展的需要;在教学方式上,必须紧紧围绕贯通培养,在实践教学过程中体现中高职贯通教育一体化人才培养方案。

从职业教育发展的视角来看,完善畅通的职教体系是职业教育发展的趋势,建立多元化的职业教育培养途径,是现代职业教育发展需要。作为一种人才培养模式,中高职贯通式的人才培养是现代职教发展的重要支撑。从近几年上海市中高贯通培养发展来看,2010—2015年,上海市开展了5年的中高职贯通人才培养模式试点工作。2010年《上海市教育委员会关于2010年开展中高职教育贯通培养模式试点工作的通知》(沪教委职〔2010〕5号)发布，上海启动中高职教育贯通培养改革，4 所中职学校与 3 所高职院校合作，尝试进行 4 个专业的贯通培养改革试点；2011 年新增 7 个试点专业，涉及 14 所中高职院校；2012 年新增 6 个试点专业，共有 17 个专业，14 所职业院校开展中高贯通招生工作；2013 年再增试点专业 22 个，涉及 39 所职业院校；2014 年 59 所职业院校 47 个专业开展了中高职贯通招生；到 2015 年秋季，上海共有 69 个专业（100 个专业点）开展中高职教育贯通培养招生，其中涉及中职校 51 所，高等职业院校、本科院校高职学院 28 所。从专业点分类看，在 2015 年招生的中高职贯通专业中，理工类共有 59 个专业点，文商类共有 35 个专业点，艺体类共有 6 个专业点，招生人数规模从 2010 年开始连年扩大。

### （二）研究目的

中高职教育贯通人才培养的建立发展，促进了职业教育的多元化发展，是现代职教培养高技能人才的一条重要途径。同 20 世纪 80 年代我国开展的中高职教育衔接研究与实践相比，近年来开展的中高职教育贯通，无论是形式还是实践操作，更关注"贯通与衔接"，更注重"一体化人才培养方案的设计与实施"。

以上海为例，在已开展中高职教育贯通的试点中，已有一批获得高等学历证书的学生。作为职业教育培养的一种模式，评价其办学定位、办学成效、办学前景显得尤为重要。越来越多的专业点建立中高贯通培养，其专业建设能力、人才培养能力，将在职业教育内涵建设发展的进程中面临市场的考验。纵观 2010—2015 年上海试点开展的中高职贯通人才培养，评价主要体现在模式建设之初，能否建立专业点开展中高职教育贯通，对于中高职贯通人才培养专业点建立后的评价考量仍处于待建状态。

因此，适时地开展中高职教育贯通人才培养模式评价体系研究，有助于中高职教育贯通培养的建设发展，有助于广大职业院校教师开展贯通模式教学的实效研究，有助于中高职教育贯通人才培养的质量提升。

### （三）研究意义

1. 理论意义

中高职教育贯通是培养高级应用型人才的重要途径。本研究着眼于职业教育培养范畴，立足于在现代职教理念，在近年来中高职贯通培养实践的基础上，试图探究中高职教育贯通培养高级应用型人才的途径、做法，从职业教育评价的角度分析、评价中高职教育贯通培养的实效及其对现代职教人才培养的长远影响，为高级应用型人才培养模式探索提供新视野。

2. 实践意义

本研究拟通过对上海地区的中高职教育贯通情况进行实证调研及研究，探索建立中高职教育贯通模式下的高级应用型人才培养的评价体系，分析中高职教育贯通模式需要解决的关键问题，并以这些关键问题为切入点，从国际比较的视角进行分析对比，为中高职教育贯通人才培养工作提供一定的参考。因此，本研究具有一定的实践指导意义。

### (四) 研究方法

1. 文献研究法

通过对文献资料的广泛查阅，借鉴相关学科知识，了解以往相关研究内容，总结相关研究成果，为项目研究提供理论指导。

2. 经验总结法

吸收地方职业教育院校人才培养模式评价设置的经验做法，探寻中高职教育贯通人才培养模式、评价体系构建要素。

3. 调查分析法

选取上海市部分院校，对其中高职教育贯通人才培养在专业人才培养方案设置、课程体系建设、实践环节操作、管理制度衔接等各方面内容开展调研和分析，为项目研究提供数据支撑。

4. 案例研究法

对国内外职业院校人才培养模式评价的具体做法进行研究与分析，总结规律，为项目研究提供实证资料。

5. 实践对比

对上海商学院中高职教育贯通人才培养过程中的制度、管理措施建设及实践情况进行研究分析，为项目的研究提供实践指导。

## 二、文献研究综述及概念界定

### (一) 国内外研究分析

1. 国内研究分析

以“中高职教育贯通”“评价”为关键词，在中国知网全文期刊数据库进行模糊搜寻，共查询到 12 692 条结果(见表 1)，涉及年份从 1991 年至 2016 年 2 月；在中国知网研究生论文中进行搜索，涉及年份从 2001 年至 2015 年 12 月，共查询到 5 894 条结果(见表 2)。分别以“人才培养模式评价”以“人才培养质量评价”为主题词在中国知网全文期刊数据库进行搜索，未查询到关于“人才培养模式评价”的研究结果；关于“人才培养质量评价”查询到 12 条结果(2008—2016 年)，集中反映了对高等职业教育人才培养质量评价方法、体系、构建方式的研究。

**表 1　在中国知网期刊中搜索结果**

| 年份 | 1991 | 1992 | 1993 | 1994 | 1995 | 1996 | 1997 | 1998 | 1999 | 2000 | 2001 | 2002 | 2003 |
|---|---|---|---|---|---|---|---|---|---|---|---|---|---|
| 查询结果(条) | 1 | 1 | 0 | 6 | 0 | 6 | 11 | 13 | 20 | 49 | 67 | 94 | 134 |
| 年份 | 2004 | 2005 | 2006 | 2007 | 2008 | 2009 | 2010 | 2011 | 2012 | 2013 | 2014 | 2015 | 2016 |
| 查询结果(条) | 196 | 270 | 379 | 504 | 648 | 873 | 1 096 | 1 310 | 1 540 | 1 686 | 1 809 | 1 889 | 90 |

**表 2　中国知网研究生论文搜索结果**

| 年份 | 2001 | 2002 | 2003 | 2004 | 2005 | 2006 | 2007 | 2008 | 2009 | 2010 | 2011 | 2012 | 2013 | 2014 | 2015 |
|---|---|---|---|---|---|---|---|---|---|---|---|---|---|---|---|
| 查询结果（条） | 15 | 34 | 54 | 135 | 195 | 280 | 360 | 380 | 443 | 621 | 712 | 777 | 744 | 820 | 324 |

进一步查阅梳理分析上述查询结果，发现从 1991 年至今的期刊研究文献，以及 2001 年至 2015 年期间的研究生论文，涉及"中高衔接""中高贯通"范畴的研究大约在 200 余篇（见表 3）。

**表 3　期刊研究文献搜索结果**

| 年份 | 2001 | 2002 | 2003 | 2004 | 2005 | 2006 | 2007 | 2008 | 2009 | 2010 | 2011 | 2012 | 2013 | 2014 | 2015 |
|---|---|---|---|---|---|---|---|---|---|---|---|---|---|---|---|
| 研究篇数 | 5 | 2 | 4 | 8 | 4 | 5 | 3 | 3 | 7 | 7 | 28 | 45 | 25 | 26 | 40 |

从研究时间分布来看，2001—2010 年的总体数量远少于 2010—2015 年的总体数量。这说明 2010 年以后，随着中高职教育贯通人才培养招生数量和专业的扩大，研究的范围和数量也在逐步扩大。同时，通过对研究内容的分析，近年来，研究者对中高职教育贯通人才培养方面的研究，逐步由浅入深、由分散到综合、由形式到内涵、由面到点。

根据文献与资料的不同以及对同一问题的不同角度的分析，本研究将相关的研究情况进行了如下归纳和分类。

1）中高职教育贯通人才培养模式的发展研究

周稽裘在《推进职业教育结构调整，实现可持续发展》一文中指出，"在调整中构建起横向融合沟通、纵向衔接贯通的职业教育体系，实现资源的优化配置，衔接贯通中等职教与高等职教，提高教育的整体效益"①；周如俊提出，为适应经济社会发展，中等职业教育发展出现了"新常态"，中高职教育衔接是教育类型衔接的新趋向，是中等职业教育当前及今后一段时期的一项重要工作②；李钰提出，中高职贯通人才培养模式为构建现代职业教育体系、推动职业教育改革发挥了积极作用，是构建现代职教体系的大胆尝试。③ 周奕珺认为，中高职贯通在构建现代职业教育体系中的战略定位上，从规模定位上来说是现代职教体系重要组成部分，从办学定位上来说是新型人才培养模式的探索，机制定位是构建职教领域的合作主义。④

研究表明，研究者对中高职教育贯通人才培养给予了肯定。我国经济结构和劳动力市场的变化，人才需求层次不断提高，迫切需要培养与之相适应的高级技能型人才。高级技能型人才的培养需要循序渐进，既要有一定的文化基础，又要有相应的专业知识和专业技能，中高职教育贯通是职业教育应对经济结构调整和劳动力市场变化的必然选择，是培养高级技能型人才的重要途径。

高等教育进入大众化时代带来了对高学历的认同感，学生和家长已不满足于接受中等

① 周稽裘.推进职业教育结构调整，实现可持续发展[J].教育与职业，2001(3)：13.

② 周如俊.中等职业教育发展的"新常态"[J].江苏教育·职业教育，2015(5)：43.

③ 李钰.对中高职教育贯通培养模式的几点思考[J].职教论坛，2012(22)：54.

④ 周奕珺.中高职贯通模式在构建现代职业教育体系中的战略定位[J].广州职业教育论坛，2015(5)：13-14.

程度的教育，需要进一步提升学历层次。中高职贯通教育为学子提供了一条继续深造的通道，更多的中职层次的学生毕业即能顺利就读高职，提高职业素质，这既能延缓就业、维护社会稳定，又能促进学生终身发展。

中高职贯通人才培养模式促进职业教育健康发展。从1998年至今，中职教育与高职教育都经历了不同程度的招生困难、生源滑坡、就业困难等情况。这一方面与社会环境、政策导向、教育环境等多种因素影响有关；另一方面更与职业教育自身的办学质量、办学效益有关。中高职贯通人才培养模式建立了中高职教育之间有效衔接的机制，促进了职业教育的健康发展，有利于职业教育体系建设。

2）中高职教育贯通人才培养模式的问题与对策研究

关于中高职贯通人才培养模式的问题与对策研究是诸多研究学者关注的焦点。杨长亮认为，在中高职教育贯通培养专业的选择问题上，是否所有的专业均适合或者可以开展中高职贯通，答案显然是否定的①；任平、陈文香等认为，中高职贯通人才培养模式中课程衔接存在文化课课程脱节、专业理论课设置重复、专业技能（实习）课程倒挂等问题②；周澜在《中高职教育衔接模式存在的问题与对策》中指出，中高职教育衔接主要存在管理缺少统筹、专业设置契合度低、课程设置重复、衔接错位、学制体制缺失、评价标准缺乏层次性等问题。③ 从中高职贯通人才培养模式长远性考虑，长学制下学生动力的保持问题、课程教材设计和实施问题、社会考试制度的矛盾问题，仍有待探索和解决。④

专业选择是中高职贯通人才培养模式的基础，作为教育的一种类型，中高职教育贯通同样需要适合市场需求，并不是每个专业都适合中高职贯通人才培养模式，需要选择适合市场发展及产业机构升级需要的专业开展中高职教育贯通。例如，上海就明确提出中高职贯通专业必须是行业岗位技术含量较高、专业技能训练周期较长、熟练程度要求较高、社会需求量较大相对稳定的专业。同20世纪八九十年代开展的中高职衔接相比，近年来开展的中高职贯通教育更注重“贯通”。加强中高职贯通人才培养方案一体化设计、对教育贯通的课程体系重新进行整合，内涵和外延上考虑教育贯通的特性，除注重外延上的衔接外，更需要在课程内涵上加以衔接，避免课程设置和教学内容上的重复；在能力培养上，考虑职业技能不断提升的要求，将职业资格技能考级融入专业技能操作、实习实践环节。在管理和资源的统筹上，中高职贯通不是中职和高职的简单叠加和拼凑，而是充分发挥中高职两大系统的优化组合、优势互补，促进中高职教育贯通人才培养的健康发展。

3）中高职教育贯通人才培养的专业、课程衔接建设研究

李春明提出，对于中高职教育贯通专业需要科学定位、拓宽专业口径，增强毕业生就业的适应性，要使中高职实现较好的衔接，就要改变以往专业划分过细的局面，特别是中职阶段要拓宽专业口径，提高中职与高职专业的对应性。⑤

---

① 杨长亮.我国中高职教育贯通培养模式探析[J].职教论坛，2011(28)：50.

② 任平，陈文香.中高职课程和谐衔接的问题与建议[J].职业技术教育，2010(25)：56-57.

③ 周澜.中高职教育衔接模式存在的问题与对策[J].广西教育，2015(8)：25.

④ 李钰.对中高职贯通培养模式的几点思考[J].职教论坛，2012(22)：55-56.

⑤ 李春明.中高职衔接贯通的路径选择[J].教育理论与实践，2011(30)：23-25.

王武林、单松龄在《对中高职教育专业衔接的对策研究》中提出了实行学分制、加强课程体系的衔接、推进“双证制”等具体对策。① 许英从学制、专业、高职入学条件、教学地点、管理工作、课程设置和教学内容等方面提出了课程设置的指导思想、影响因素、原则、课程结构，以及课程编制过程中课程观的转变，对中高职衔接的课程改革进行探讨。②

刘凌和肖化移在《试论中高职课程内容的衔接》中提出中高职衔接的核心是课程的衔接，课程衔接的核心是课程内容。③ 任平、陈文香等在《中高职课程和谐衔接的问题与建议》中提出要摆脱学科中心型的课程模式，构建以岗位、职业能力为本位的模块式课程结构体系，建立学分制和弹性选课制，兼顾不同生源素质差异。④

研究表明，对于中高职贯通人才培养模式，专业和课程的贯通衔接是核心要素，在专业衔接的基础上，建立适应中高职教育贯通一体化课程体系，建立按岗位群进行的分级能力培养，是培养高级技能人才的关键，进而引发了近年来比较热议的“学分制研究”“双证融通”研究。

4）中高职教育贯通人才培养模式的招生改革研究

戴成林、张洪华认为，高职对口招收中职生方式，呈现多样化发展趋势，出现了比较典型的新举措：如中高职贯通培养招生方式、“三二分段”中职接高职招生方式、扩大高职对口招生自主性方式、提高中职生升读高职的比例等招生改革。⑤

郑春华、高壮峰认为，中高职贯通招生考试科目要进一步加强改革，“不拘一格降人才”拓宽学生来源，放宽甚至取消招生年龄限制，允许工学交替和分阶段完成学业，允许招收成年学员，允许按专业大类招生。实行辐射全国，跨省市无阻碍式地吸收对职业教育感兴趣的学生。⑥

傅建东在基于上海市中高职教育贯通培养模式的试点经验的基础上，提出改变中高职贯通人才培养模式中职段转入高职段的甄别方式，甄别后学籍即转为高职学籍，甄别与转段同步；进一步扩大学校的办学自主权，由高职院校和一所或多所中职学校签订学分认可协议，双方或多方商定高职院校自主招生录取标准；实行高职自主招生的形式，应届或历届中职毕业生向一所或多所高职院校递交申请，高职院校对申请者的学习和工作经历，以及相关成绩证明等组织评审。⑦

从上海市近年来开展的中高职教育贯通招生方式来看，中、高职贯通举办高等职业技术教育的基本学制为6年，即为“3＋3连办”。前3年在中等职业技术学校实施教学，后3年在高等学校实施教学招生与毕业。招生的起点为上海市应届初中毕业生。实行单独批次、提前招生，报考方式是考生须参加全市统一招生考试。中等职业学校与高等职业技术院校须签

① 王武林，单松龄.对中、高职教育专业衔接的对策研究.

② 许英.中高职衔接课程改革探索.

③ 刘凌，肖化移.试论中高职课程内容的衔接.

④ 任平，陈文香，等.中高职课程和谐衔接的问题与建议[J].职业技术教育，2010(25期第31卷总623期)：57－58.

⑤ 戴成林，张洪华.中国高职对口招生政策新进展[J].高教探索，2011(5)：122－123.

⑥ 郑春华，高壮峰.关于中高职衔接教育招生方式的研究[J].继续教育，2014，218.

⑦ 傅建东.中高职贯通培养实践及招生制度改革-以上海市为例[J].职业技术教育，第34卷，2013，732(17).

订协议，明确双方在两段教育期间教育教学及学籍管理方面的权利和义务。实行“一年甄别、三年转段”，即对符合甄别、转段要求的学生，自动升入高职学校，进行同专业的继续学习。

5）中高职教育贯通人才培养模式的保障体系研究

冯天祥、张翠玲、郑杰三在《人才培养过程监控与评价指标的探索与实践》一文中认为，人才培养质量的监控与评价的主要环节之一就是过程的监控与评价，包括课程建设的评价与监控、课程标准的评价与监控、教材建设的评价与监控、师资配备的评价与监控、教学管理的评价与监控、教学运行的评价与监控、教学方法与手段的评价与监控和考核方式的评价与监控。①

陈效民、刘磊提出，中高职贯通质量保障应遵循宏观层面上全程式指导保障贯通理念，保障中观层面多方位监控保障运行过程有序、微观层面针对性跟踪保障效果凸显的设计取向，构建理念维度、空间维度、时间维度和效果维度等 4 个维度的质量保障框架。②

董众、王秀军、张压在《教育现代化发展评价指标体系研究》中认为，要从促进教育科学发展的角度出发，从教育理念、体系建设、投入保障、管理制度、教育普及、教育质量、教育公平及服务贡献等方面，设计面向国家、区域、省份或特大城市的教育现代化监测评价指标体系。③

中高职教育贯通人才培养模式的保障体系研究主要集中在理念、管理制度等宏观层面的评价视角和微观的教学过程评价与监控视角。

6）中高职教育贯通人才培养模式的实证研究

张跃东在《江苏中高职衔接工作中的问题与对策》中对江苏省从 2012 年以来实行了 3 年的中高职衔接试点工作进行了分析，认为要推动中高职衔接工作步入规范化、制度化、科学化轨道，促进中高职衔接项目质量的整体提升，需要政府、社会、学校 3 个层面齐抓共管，努力建立中高等职业教育衔接课程体系和中高职院校共为主体的管理机制。④

高鸿翔在《黑龙江省中等和高等职业教育衔接模式的研究》一文中指出，黑龙江省以目前单考单招和五年一贯制作为中等和高等职业教育衔接的主要模式，每年通过这两种方式升入高等职业学院的中职学生所占比例还是很小，中等和高等职业教育的衔接道路仍然不够畅通，应尽快重点发展职业教育衔接的新模式，建立多形式的人才培养通道。⑤

柳燕君对北京职业教育中高职教育衔接的主要单考单招和五年一贯制模式进行了分析，认为在这两种衔接模式的同时，应尽快把“3＋2”中高等职业教育衔接作为一种新的衔接模式重点发展，建立多种形式的人才培养通道，以构建完善的职业教育体系。⑥

王琴对上海市的中高职贯通教育的专业、课程、考试方式及内容、影响中高职发展的因素进行了分析，认为中高等职业教育协调发展是构建现代职业教育体系的基础性工程，建议改革职业教育管理体制，在业务层面上实现职业教育的统筹管理；完善中高职专业课程标准，对中职与高职的课程结构进行系统化设计；加大对民办高职院校的经费资助，提高高职

---

① 冯天祥，张翠玲，郑杰三.人才培养过程监控与评价指标的探索与实践[J].高教学刊，2016(2).

② 陈效民，刘磊.上海中高职贯通培养模式试点的外部质量保障框架设计[J].职教论坛，2013(34)：60.

③ 董众，王秀军，张压.教育现代化发展评价指标体系研究[J].教育发展研究，2012(21).

④ 张跃东.江苏中高职衔接工作中的问题与对策[J].中国职业教育技术，2016：(4)：综合.

⑤ 高鸿翔.黑龙江省中等和高等职业教育衔接模式的研究[J].科教纵横，2012(9)(中).

⑥ 柳燕君.北京市中高职教育衔接模式的研究[J].中国职业技术教育，2016(16).

院校的办学质量。[①]

中高职贯通人才培养模式的实证研究，主要集中在对中高职贯通人才培养模式的途径、类型、质量保障因素分析、效果、问题归结及发展建设等方面上。这为中高职贯通的持续发展提供了大量的实践分析素材。

7）国内外中高职教育贯通的发展及比较研究

李颖认为，第二次世界大战后韩国经济的腾飞很大程度上受益于其职业教育的蓬勃发展。韩国职业教育具有培养目标明确、课程实用性强、有严格的资格证制度和多样化的技能奖励政策、职业教育终身化等显著特点。这些特点明确反映了职业教育作为一种生存教育，必须扎根于社会经济发展的需要之上。[②]

秦红在《国外中职与高职衔接模式的启示》指出，日本实施推荐选拔优秀职业高中毕业生进入国立高职专门院校的制度，并开发职业高中教学内容与高等专门院校教学内容相衔接的教学计划[③]；胡国勇认为，日本高等专门学校实施五年一贯制衔接模式，招收初中毕业生进行五年制技术教育，为日本职业教育领域开辟了一片天地。[④]

邵元君在《英国中高职衔接课程体系建设及其借鉴意义》一文中指出，英国中高职衔接课程体系建设独具特色，英国课程体系资格与学分框架体系下的学习单元的开发依据、开发主体、开发内容及过程，对我国中高职课程开发主体互动成长，更进一步推进中高职课程体系开发的规范化、精细化发展具有借鉴意义。[⑤]

郑坚认为，美国的中高职衔接并非单纯的教育阶段衔接，而是文化课与专业课的衔接，是人才培养与满足劳动力市场需求的衔接，这种衔接的职业教育模式，旨在培养同时具备技能、学习能力和适应能力的“弹性人才”。[⑥]

邢媛在《德国双元制职业教育中企业参与培训模式对我国职业教育的启示》一文中，概括了德国双元制职业教育和其具体特征，并且从企业兴办职业教育出发，详细介绍、分析了德国双元制职业教育的优缺点及其对我国职业教育发展的启示。[⑦]

国内外中高职贯通教育的发展对比研究，拓宽了中高职贯通人才培养模式研究的国际视野。

以上研究，主要集中于对中高职教育贯通的人才培养模式研究、人才培养方案研究、专业及课程建设研究、招生及管理制度研究、质量保障研究、国内外对比研究，但对于中高职教育贯通人才培养模式评价体系方面的研究尚未有系统的论述。

2. 国外研究综述

国外一些国家的中高职教育贯通各有其特点。德国一直把职业教育提至国家战略地位

① 王琴.中高等职业教育协调发展：问题与对策——基于上海的分析[J].教育发展研究，2012(17).

② 李颖.韩国职业教育特点及其启示[J].职业教育，中国校外教育，下旬刊.

③ 秦红.国外中职与高职衔接模式的启示[J].中国职业技术教育，2002(16).

④ 胡国勇.日本高等职业教育的研究[M].上海教育出版社，2008.

⑤ 邵元君.英国中高职衔接课程体系建设及其借鉴意义[J].职业技术教育：第33卷，2012，702(32).

⑥ 郑坚.简析美国职业生涯与技术教育的中高职衔接[J].中国职业技术教育，2012(3).

⑦ 邢媛.德国双元制职业教育中企业参与培训模式对我国职业教育的启示.

的高度来重视，专科高中将职业培训的若干专业归为一类，使其入口拓宽与高等专科学校的专业设置相对应，同时，独特的“双元制”职业教育体系，促进了企业和职业学校之间的相互配合，促进了职业教育的发展；澳大利亚依托其“培训包”，构建了标准化、规范化的职业教育课程，不同层次的职业能力标准决定了职业教育课程的层次，从而将中职和高职的培养目标从课程层面得以区分。英国的职业教育是在资格与学分框架体系下，以课程为主线展开的，中高职课程的衔接体现为资格与学分框架中的不同级别学习单元的衔接。美国职业教育由中等及中等后职业教育构成，美国有专门的高等院校承担职业教育，主要以社区学院为主，两年制社区学院为美国中等后职业教育的主要承担机构，学生可以通过社区学院开展副学士系统的职业教育学习，获得包括副学士学位与职业资格证书。

综合比较分析不难发现，发达国家的职业教育专业衔接有其相通点。一是有统一的中高职专业设置管理。虽然国外衔接模式各异，有不同的专业衔接方式，但都有统一标准和制度。二是都以“职业发展”为核心。围绕职业工种和岗位能力开展有效的专业和课程衔接。

## （二）概念界定

### 1. 中高职教育

职业教育是指为使受教育者获得某种职业技能或职业知识，形成良好的职业道德，从而满足从事一定社会生产劳动的需要而开展的一种教育活动。国内外对其有不同的称谓，有的称为“职业教育”，也有的称为“职业技术教育”“技术和职业教育”。在西方，职业教育是指培养一般熟练工人或半熟练工人的教育和培训，高一层次的职业教育，通常称为“技术教育”，以培养一般技术人员为主要目标，再高一层的、以培养工程师或高级专业技术人员为目标的则称为“专业教育”。在中国，“职业教育”一词最早出现在1904年山西农林学堂总办姚文栋的公文中：“论教育原理，与国民最有关系者，一为普通教育，一为职业教育，二者相成而不相背……本学堂兼授农林两专门，即以职业教育为主义。”①在中国职业教育发展史上，职业教育的称谓经历了从百工教育、实业教育、职业教育、技术教育和职业技术教育到职业教育的演变。1994年以后，我国将这一类型的教育改称为“职业教育”，1995年5月，《中华人民共和国职业教育法》将其正式称为“职业教育”。

我国的职业教育包括了职业学校教育和职业培训。我国的职业学校教育分为初等、中等、高等职业学校教育，初等、中等职业学校教育分别由初等、中等职业学校实施；高等职业学校教育根据需要和条件由高等职业学校实施，或者由普通高等学校实施，其他学校按照教育行政部门的统筹规划，可以实施同层次的职业学校教育。② 在我国，义务教育结束后，初中毕业生有了分流，中考成绩相对较好的一部分学生升入高中；另一部分文化成绩相对较弱的学生则进入职业学校。中等职业教育属于初中后的职业教育，在我国，包括了中专、职业高中、技工学校。

同西方关于职业教育的分类相对应，我国的“高职”相当于西方的“高等专业技术教育”，

---

① 周洪宇.谁在近代中国最早使用“职业教育”一词[J].教育与职业，1990(9)：11.

② 见中华人民共和国职业教育法（1996年9月）第二章、第十三条。

即技术员、工程师层次的职业人才教育与培训。从1996年修订的《中华人民共和国教育法》的界定来看，高等职业教育可根据需要和条件，由高等职业学校实施，也可由普通高等学校实施，或者由一部分可以承担同层次职业教育的学校来承担。在我国职业教育发展演变过程中，高等职业学校曾包括了中专校高职班、职业大学、职业技术学院、职工大学等。随着我国现代职业教育的发展，一些学校，诸如中专学校高职班、职业大学、职工大学等开始消退。专科教育、工科、应用型本科教育（甚至研究生教育），都归于高等职业教育。①

《教育部关于推进中等和高等职业教育协调发展的指导意见》（教职成〔2011〕9号）要求"实施衔接系统培养高素质技能型人才"，根据经济社会发展实际需要和不同职业对技能型人才成长的特定要求，研究确定中等和高等职业教育接续专业，做好专业设置的衔接，为技能型人才培养提供教学基本规范。由此，各地纷纷开展中高职教育贯通专业试点及推广工作。本研究所指的中高职教育是目前我国教育领域里通常所指的中等职业教育和高等职业教育两个层次，即2010年以后开始承担中职与高职两个层面衔接专业，开展高素质技能人才培养的从事职业教育活动的中等职业教育和高等职业教育。

2. 贯通

贯通，指连接、通连；全面地了解。最早出自董仲舒的《春秋繁露·正贯》："然后援天端，布流物，而贯通其理，则事变散其辞矣。"《国家中长期教育改革和发展规划纲要（2010—2020年）》指出："到2020年，形成适应经济发展方式转变和产业结构调整要求、体现终身教育理念、中等和高等职业教育协调发展的现代职业教育体系，满足人民群众接受职业教育的需求，满足经济社会对高素质劳动者和技能型人才的需要。"《教育部关于推进中等和高等职业教育协调发展的指导意见》（教职成〔2011〕9号）提出，要研究确定中等和高等职业教育接续专业，做好专业设置的衔接。上海教育改革纲要中提出，要促进中职与高职教育衔接，构建中职与高职教育课程、培养模式和学制贯通的"立交桥"，打通技能型人才深造发展渠道。本研究中的贯通是指中等职业教育学校和高等职业教育学校基于专业基础上的人才培养模式、培养目标、课程体系、学制管理上的衔接，进而在教学管理、教学实施、课程规划、人才培养目标等方面的融会贯通。

3. 人才培养模式

"人才培养模式"，一般意义的界定：指在一定的现代教育理论、教育思想指导下，按照特定的培养目标和人才规格，以相对稳定的教学内容和课程体系，管理制度和评估方式，实施人才教育的过程的总和。具体包括4个层次的含义：(1)培养目标和规格；(2)为实现一定的培养目标和规格而进行的教育过程；(3)为实现这一过程的一整套管理和评估制度；(4)与之相匹配的科学的教学方式、方法和手段。

关于"人才培养模式"，研究者有众多解释。1998年教育部下发的《关于深化教学改革，培养适应21世纪需要的高质量人才的意见》中，将其表述为"是学校为学生构建的知识、能力、素质结构，以及实现这种结构的方式，它从根本上规定了人才特征并集中体现了教育思想和教育观念"。由此分析来看，人才培养模式是建立在一定人才培养思想或者理

① 鲍洁.台湾高等技职教育人才培养模式的分析与借鉴[J].教育与职业，2006(18).

论基础之上的，为实现既定培养目标的方法或手段。从内容上看，具有明确的培养目标和培养规格，具有较为稳定的人才培养活动框架和活动程序。从外延上看，具备规范性和可操作性。

本研究所指的人才培养模式是指在现代职业教育理论、职业教育协调发展的教育思想以及大众教育背景下的基于中职高职教育贯通专业的人才培养模式。

4. 评价体系

评价，通常是指对一件事或人物进行判断、分析的活动及结论。评价体系即评价指标体系，是指由表征评价对象各方面特性及其相互联系的多个指标所构成的具有内在结构的有机整体。这里的评价体系是指对培养目标建立、培养规格设立、课程设置、教学运行等一系列教育框架、教学活动，以及成效判断的评价指标体系。

## 三、我国近年来职业教育评价建设现状分析

中高贯通教育是我国中职教育与高职教育发展过程中产生的一类人才培养模式，这种培养模式，包括了中等职业教育阶段和高等职业教育阶段，通过一定的教学规划设计和贯通式的培养过程，提高学生的学历层级和职业技能水平。中高职教育贯通人才培养的实施与发展与中等职业院校、高等职业院校的建设发展休戚相关。

相对于西方国家，我国职业教育的评价起步比较晚，主要方式基本上是“国家集中计划＋政府直接管理”，评价活动由政府教育管理部门组织开展。从我国职业院校近十几年的评估发展来看，对职业院校的评估主要围绕学校人才培养工作和教学工作进行，评估工作从指导思想、方式、层面上不断调整，从最初的“要求参评—争评优秀”到“数据采集状态分析—合格水平评估”，从单一的评估方式转向多元的评估方式，评估层面由全面开展转向分层、分类进行。

### （一）高职高专院校人才培养工作评估状况分析

1999 年，我国高职高专院校的评估伴随着高校的扩招启动并逐步推进。1999 年普通本专科生招生人数为 159.68 万人，2004 年的普通本专科生招生人数已达 447.34 万人，比 1999 年增加 287.66 万人，高等教育毛入学率达到 19％ 以上，2014 年高等职业教育招生 237.4 万人，占本专科招生人数的 53.1％ ，在校生 595.7 万人，占本专科在校生人数的 44.7％。为加强各地高职高专院校办学质量监控，规范办学，1999 年 5 月，教育部组织成立了高职高专教育人才培养工作委员会，开展了高职高专院校人才培养活动及效果的课题研究，课题研究在 2000 年得到了教育部的认可，正式立项为“新世纪高职高专教改项目”重要专题课题。课题组研究形成的《高职高专院校人才培养工作水平评估方案》《工作指南》和《专家工作细则》等多项政策建议，均被教育部采纳。

2003 年，教育部成立高职高专院校人才培养工作水平评估委员会，在全国范围内选择了 26 所高职高专院校进行试点评估。2004 年，教育部在试点评估的基础上总结经验并组织相关人员正式研究制定了《高职高专院校人才培养工作水平评估方案（试行）》，并下发了《教育部办公厅关于全面开展高职高专院校人才培养工作水平评估的通知》（教高厅〔2004〕

16 号)，要求各省(直辖市、自治区)做好开展评估的准备。2005 年，教育部又出台了《教育部关于进一步推进高职高专院校人才培养工作水平评估的若干意见》(教高〔2005〕4 号)，确定由各省(自治区、直辖市)教育行政部门直接领导与组织，全面开展高职高专院校首轮评估工作。到 2007 年年底，首轮评估基本结束。

依照《关于全面提高高等职业教育教学质量的若干意见》(教高〔2006〕16 号)文件精神，2008 年，在对首轮评估工作经验总结和全面反思的基础上，为进一步深化高职教育评价机制改革，促进高职教育评估工作发展，教育部提出了新一轮的评估方案《关于印发〈高等职业院校人才培养工作评估方案〉的通知》(教高〔2008〕5 号)，要求各地原则上依据新方案中的各项政策文件，对独立设置的高职开展评估专项工作，至 2012 年年底完成第二轮评估。

其间，为响应国务院提出的《大力发展职业教育的决定》(国发〔2005〕35 号)，"每个市(地)都要重点建设一所高等职业技术学院和若干所中等职业学校，每个县(市、区)都要办好一所起骨干师范作用的职教中心(中等职业学校)""加强示范性职业院校建设"。① 教育部同时启动了示范性高职院校的建设工程，即在 2006—2010 年，教育部支持 100 所高水平示范高职院校建设。示范性高职院校的启动、建设、推进过程，实质上是对我国职业教育新一轮优质人才培养的建设评估认定的过程。

分析 2003—2012 年我国高职高专院校开展的评估工作和示范性职业院校建设，我国高职高专院校人才培养工作评估呈现出以下几个特点。

1. 评估主体

尽管教高〔2008〕5 号文件要求"推动教育行政部门对高等职业院校的宏观管理，逐步形成以学校为核心、教育行政部门为引导、社会参与的教学质量保障体系，"②但是在两轮的评估及示范性高职院校评审的具体实施过程中，评估的主体仍然比较单一。从专家层面来看，缺少相关行业或其他社会领域的专家，评估专家主要是来自各省(自治区、直辖市)的高校系统中的学者、教学人员或教育管理高层，此外，从评估主体的整体性看，忽略了受评估方的主体——与学校人才培养息息相关的教师、学生、家长，合作企业人员的参与。评估专家主要来自学校，来源呈单一性，评估过程中会无形受到专家个人主观评价的影响，对评估结果造成一定偏差，甚至会影响评估的公平性和真实性。但是，对于评估主体转变的意识已经逐步得到了增强:增加主体，即单一主体向双主体转变，既有校内评估主体，教师、学生、家长，又有校外主体，高校专家、行业专家。

2. 评估要求

职业教育评估要求有了明显的转变。早在第一轮评估期间，教育部提出了评估的 12 字方针——以评促建、以评促改、以评促管、评建结合、重在建设。2004 年下发的《高职高专院校人才培养工作水平评估方案(试行)》包含 6 个一级指标( 办学指导思想、师资队伍建设、教学条件与利用、教学建设与改革、教学管理、教学效果)、1 个特色指标或创新项目、15 个二

① 《国务院关于大力发展职业教育的决定》(国发〔2005〕35 号)。
② 《关于印发〈高等职业院校人才培养工作评估方案〉的通知》(教高〔2008〕5 号)。

级指标、36 个主要观测点。将评估结论分为 4 个等级，分别为优秀、良好、合格、不合格。对申请参与评估的院校提出了一定的要求：凡是尚未有 3 届毕业生的高职高专院校必须按照方案的合格标准，接受人才培养工作合格评估，通过合格评估 2 年后的学校，或是已经有 3 届或 3 届以上毕业生的高职高专院校方可申请评估。

2006 年，教育部和财政部共同开展国家示范性高职院校建设计划，明确提出，要在示范性高职院校建设过程中创造高等职业教育改革与发展的良好氛围，建设公共管理平台，健全组织机构，建立信息采集与绩效监控系统。2008 年，新一轮评估更加突出高职教育的特点，建立了主要包括领导作用、师资队伍、课程建设、实践教学、特色专业建设、教学管理、社会评价 7 个主要评估指标、22 个关键评估要素，同时建立高等职业院校人才培养工作状态数据采集平台，要求由学校以日常教学工作原始状态为基本数据，对学校的发展状况进行数据采集和分析，并定期向公众公布，评估结论分为“通过”和“暂缓通过”。比较两轮评估的要求，新一轮评估的内涵到外延都有了较大的转变，突破了传统的评估模式，要求学校在分析办学数据的基础上，由分析自身的办学情况、质量，向公众公布，逐步转变为学校自评与外审评估相结合、评价与引导相结合，将绩效评估理念逐步纳入人才培养评估工作之中。

3. 评估方式

评估方式从“指定评估”转变为“申报评估”，在评估环节方面更为严谨。教育部 2004 年发布的《关于全面开展高职高专院校人才培养工作水平评估的通知》明确要求“各省级教育行政部门在 5 年内完成对本地区所有高职高专院校的第一轮评估”。教育部在新一轮的评估方案《关于印发〈高等职业院校人才培养工作评估方案〉的通知》（教高〔2008〕5 号）中提出了“学校自评与专家评估相结合”的评估原则，以学校自评为基础，专家评估相配合，建立和完善学校人才培养质量保障机制，对申报评估的院校提出了申请评估的基本条件，对不具备申请评估条件的院校，要求“在其有 5 届毕业生前须达到基本办学条件，参加一次人才培养工作评估”“在其有 3 届毕业生后、首次参加人才培养工作评估前，逐年减少其招生计划”。

此外，在示范性高职院校建设评估中，加大了各个环节的监控，在建设申报过程中，严格遵循 6 个环节：预审、论证、推荐、评审、公示和公布结果，由教育部和财政部联合组成计划实施工作小组和工作办公室加强组织领导，研究制定有关政策、经费管理办法、绩效考评办法，成立专家委员会、运行监控中心，开展咨询研究、业务指导，建立信息采集与绩效监控系统。对入选的示范院校，一是要求独立设置的高等职业院校；二要在领导能力、综合水平、教育教学改革、专业建设、社会服务领先等方面达到领先；三是在数量上有一定限额，各省份（兵团）可推荐 1～2 所高等职业院校，其中独立设置的高职高专院校 30 多所，且全日制高等职业教育在校生数不低于 15 万人的地区，可推荐 2 所。在推进建设的过程上，严格实施监控，对各校的建设项目计划书实施半年小报告、一年大报告，并根据项目书全面审查，定期组织人员对项目申报院校进行抽查（评价），建立项目建设预警报告制度，对一些有违规和进度不能达到项目计划书的院校给予警告，严重的停止拨发经费并追究有关人责任。

评估方式从“指定”转向“申报”，实质上是要求接受评估院校在观念上进行根本转变，学校要从本校人才培养工作的角度出发，加强建设过程的自我监控、自我加压，积极提高教学质量，发自内心接受社会评价和监督，主动要求外界对办学质量给予评估。

4. 评估内容

将2008年开展的评估要求同2004年的“高职高专院校人才培养工作水平评估”要求进行比较(见表4),在评估内容上有一定的变化。从教高厅〔2004〕16号文件看,2004年的方案注重的是各高职院校的培养工作水平评估,采用的是等级标准评估,有明确的等级标准文字说明,而2008年的高职高专院校人才培养工作评估方案,明显的变化在于不再以等级标准、指标系数来进行评估,通过观测学校的基本建设数据,结合“主要评估指标”“关键要素”“重点考察内容”,进行评估结论界定。从表5可以看出,老方案注重的是学校办学水平的等级评价,而新方案则倾向于学校总体建设和管理的基本情况和问题分析。在新方案中,有一些观测内容,在老方案中是没有涉及的,如主讲教师、实践教学课程体系设计、顶岗实习、社会服务,等等;从观测的内容来看,新方案相比老方案,有了更新和调整,如在办学指导思想及基本定位方面,新方案侧重领导作用,凸显对“学校事业发展规划”“人才培养重视程度”方面的内容。从评估内容看,第二轮评估强调各高职高专院校加强内涵建设,对各校的建设与发展提出了更高的要求。

**表4　新老方案评价体系基本框架内容比较**

| 新老方案 | 指标体系 | 观测内容 | 评判要求 | 评定结果 | 辅助材料 |
|---|---|---|---|---|---|
| 老方案 | 一级指标/二级指标 | 主要观测点 | 等级标准 | 不合格、合格、良好、优秀四个等级 | 依据等级标准提供自评等级级材料 |
| 新方案 | 主要评估指标 | 关键评估要素 | 基本情况及重点考察内容 | 通过或暂缓通过 | 基本数据库 |

**表5　新老方案在办学基本定位观测内容比较**

| 方案 | 办学指导思想及基本定位 | 方案 | 办学指导思想及基本定位(强调领导作用) |
|---|---|---|---|
| 老方案 | 学校定位与办学思路 | 新方案 | 学校事业发展规划 |
| | | | 办学目标与定位 |
| | 产学研结合 | | 人才培养重视程度 |
| | | | 校园稳定 |

5. 评估导向的转变

依照《关于全面提高高等职业教育教学质量的若干意见》(教高〔2006〕16号)文件精神,第二轮评估在评估导向上较2004年的评估方案有了明显的转变,“以服务为宗旨、勇于知难而上、探索创新突出”,强调内涵建设要求。评估观测点关注“创新校企合作的办学模式”和“工学结合的人才培养模式”两个方面,加强师资队伍、专业、课程、实践教学等的建设与改革,促进管理理念、水平的提高。因此,从“水平”评估提高到“内涵建设”评估,是两轮高职高专院校人才培养工作评估最实质的变化。评估导向的转变,带来的是学校建设管理上的转变,无论是思想意识还是管理执行,都要求学校自身以“自我发展、自觉建设、自我约束、自我激励”为出发点,加强符合自身发展的制度、规范、文化、质量保障体系等方面的建设。

## （二）中职学校人才培养工作评估状况分析

同高等职业院校的两轮评估及一轮示范性高职院校建设相比，我国的中等职业学校教育评估则具有时间跨度长、评估分类明显、评估主体多元、评估指标体系多样的特点。1985 年，《中共中央关于教育体制改革的决定》提出了“调整中等教育结构，大力发展职业技术教育”“发展职业技术教育要以中等职业技术教育为重点”“中等职业技术教育主要由地方负责”的要求，为贯彻落实这一要求，地方政府逐步调整中等教育结构，增强中等专业学校、技工学校的职业技术教育能力，适度将一批普通高中改制为职业高中，拓展在职培训，并尝试在中专学校开展办学水平评估（见表 6）。1985—1990 年，全国 21 个省（自治区、直辖市）和 10 个部委在各自所属的中专学校开展了办学条件、办学水平和专业教育等方面的教育评估活动。①

**表 6　1985—1990 年上海、北京、林业部所属中专学校办学水平评估情况对比**

| 中专行业/所属地区 | 指标体系特征 | 评估对象 | 评估性质 | 评估主要内容 | 评估结论 |
| --- | --- | --- | --- | --- | --- |
| 上海 | 办学水平指标体系 | 市属 10 所不同类型的中专学校 | 办学条件和教育质量、办学效益进行全面综合评估 | 巴克办学的条件、过程和目标 | A 级（优秀）<br>B 级（良好）<br>C 级（合格） |
| 北京 | 基本办学条件评估指标 | 市属中专学校 | 合格鉴定的评估性质，主要是对中专学校办学合格水平做出认定 | 包括领导班子、师资队伍、实验实习条件、校舍建设、图书资料及学校规模、经费和人员编制等 | 合格<br>不合格 |
| 林业部 | 行业教育指标体系（中等林校教育评价指标体系） | 中等林校 | 专业教育质量评估 | 专业的教学计划；公共课、专业基础课和专业课教学大纲，中等林校实验室的设备标准 | 达标 |

1990 年以后，随着中等职业教育的发展，国家对于中职学校的教育评估提出了进一步规范化、制度化建设的要求，中职学校的评估逐步转向规范化、分类评估的建设轨道。1991 年的《国务院关于大力发展职业技术教育的决定》提出，要制定各类职业技术学校的设置标准和评估标准，逐步建立职业技术教育的评估制度。1993 年的《中国教育改革和发展纲要》提出，要将评估权限下放地方，对职业教育的办学体制、管理体制和评价体制强调进一步的市场化，评估工作应当有专家和企业的参与。1996 年的《中华人民共和国职业教育法》提出，县级以上地方各级人民政府应当加强对本行政区域内职业教育工作的领导、统筹协调和督导评估。为贯彻落实国家的要求，各地中等专业学校、职业高级中学、中等技工学校都相应地推出了各自的评估方案和相应的评估标准（见表 7）。

① 余祖光.开展中专教育评估促进中专教育改革[J]. 中专教育.

表 7　90 年代中等专业学校、职业高级中学、中等职业技工学校评估制度、要求一览表

| 中等职业教育学校类型 | 政策文件 | 主要内容 | 政策发布时间、发布者 |
|---|---|---|---|
| 中等专业学校 | 关于开展普通中等专业学校教育评估工作的通知 | 要求在 1991—1993 年，分三步走，依次完成合格评估、办学水平评估、选优评估工作 | 1991 年 1 月，原国家教委 |
| | 普通中等专业学校办学水平评估指标体系（试行） | 对所有批准招生满 5 年的中专学校，开展基本办学条件和基本教育质量评估 | 1991 年 3 月，原国家教委 |
| | 关于评选“国家级、省部级重点普通中等专业学校”的通知 | 明确重点学校的评选条件、评选办法 | 1993 年 5 月，原国家教委 |
| 职业高级中学 | 关于对职业高级中学开展评估，认定“省级重点职业高级中学”的通知 | 认定省级重点职业高级中学的办法 | 1990 年 8 月，原国家教委 |
| | 省级重点职业高级中学的标准 | 明确规定重点职业高中的办学指导思想、学制、办学基本条件、学校管理、教师、教学、德育、体育、美育、卫生工作、毕业生工作、经费，以及重点学校的审批认定程序 | 1990 年 8 月，原国家教委 |
| | 关于搞好省级重点职业高中评估总结并进行抽查的通知、关于开展省级重点职业高中评估工作抽查活动的通知 | 对 1990 年和 1991 年两次评估认定的 455 所省级重点职业高中和省级重点职业高中的评估认定工作进行检查 | 1992 年，原国家教委 |
| | 国家级重点职业高级中学标准、关于开展国家级重点职业高级中学评估认定工作的通知 | 对国家级重点职业高中的办学目的、方向、规模、设施、师资队伍、教育教学工作、经费、校办产业，以及学校管理、质量效益等明确规定 | 1994、1995 年，原国家教委 |
| 中等职业技工学校 | 国家重点技工学校标准 | 对国家重点技工学校办学要求提出标准 | 1992 年，原国家劳动部 |
| | 技工学校教育督导评估暂行规定 | 提出了技工学校的督导评估要求 | 1997 年，原国家劳动部 |
| | 关于印发《国家重点技工学校标准》（修订）的通知 | 对国家重点技工学校办学要求进一步修订 | 1997 年，原国家劳动部 |

为贯彻落实国家提出的《面向 21 世纪教育振兴行动计划》，1999 年教育部印发了《关于调整中等职业学校布局结构的意见》，《意见》要求做好 4 个方面的改变，改变“条块分割”的中等职业学校布局结构，建立由当地政府统筹规划的中等职业学校布局结构；改变按职业教育与成人教育分别规划管理中等职业教育的状况，建立按照学生的培养目标和规格要求统

筹规划的中职学校布局结构；改变分散办学、重复办学，资源配置不合理的情况；改变中等职业教育主要靠外延发展的状况。[①] 通过合并、共建、联办、划转等形式，将普通中专、技工学校、职业高中、成人中专，包括社会力量举办的各类中等职业学校进行规划和调整，实现教育资源的优化组合。新一轮的中等职业学校结构布局调整，使得原有的中等职业学校布局结构发生了很大的变化，一部分国家级重点中等专业学校、国家级重点职业高级中学，有的转办为高等职业学校，有的与职工大学、普通中职学校合并，有的转变为主要承担短期培训任务的培训机构，等等。

1999年以后，国家教育部对中等职业学校教育评估加大了政策引导，研究制定各类中等职业学校设置标准，统一组织合格评估。2001年，教育部发布《中等职业学校设置标准（试行）》，国家体育总局发布《中等体育运动学校设置标准（试行）》，文化部发布《中等艺术学校设置标准（试行）》，针对不同行业的中等职业学校明确了设置标准。2003年，教育部职成司下发《关于开展中等职业学校合格评估工作的通知》（教职成司函〔2003〕14号），在全国范围内对中等职业学校统一进行合格评估。2003—2006年，教育部组织专家制定了《国家级重点中等职业学校评估指标体系》，对国家级重点中职学校办学行为做出了全面、系统的要求。2011年，7月国家教育督导团发布《国家教育督导报告：关注中等职业教育》，提出了加强对中等职业教育的督导评估；12月，教育部印发《中等职业教育督导评估办法》，《办法》围绕中等职业教育发展的宏观政策建设与制度创新、经费投入、办学条件保障及发展水平与特色等方面，设计了《中等职业教育督导评估指标体系》《中等职业教育督导评估标准》及《中等职业教育督导评估的有关情况调查表》3项测量工具。

与同期我国高等职业院校人才培养工作评估相比，1985—2012年，我国中等职业学校开展的人才培养评估工作呈现以下一些特点。

1. 评估主体

评估主体多元化。1985—2012年，我国中等职业学校经历了两次结构性调整，《中共中央关于教育体制改革的决定》提出了“调整中等教育结构，大力发展职业技术教育”“中等职业技术教育主要由地方负责”的要求，各地加大了对中等职业学校的建设，到20世纪90年代初，我国中专学校管理体制出现了多部门管理或不同级政府管理的现象，1991年，全国部委所属中专学校约占12%，省属学校有45%，余下的分别由地、市所属。省、地直属的中专学校，既有教育部门直接管理的，也有业务部门管的。因此，我国的中等职业学校的评估主体多元，有教育部门组织开展的评估，也有地方教育行政管理部门组织开展的评估；有劳动部组织开展的评估，亦有行业主管部门组织开展的评估。

2. 评估要求和内容

由于评估主体的多元化，评估的标准各个时期各有不同。如20世纪90年代行业主管部门负责实施开展的中专教育评估，提出了合格评估、办学水平评估和选优评估的工作部署；由教育部负责实施的职业高级中学评估，则主要以评“省级重点校”和“国家级重点校”的方式展开；由劳动部负责实施的中等技工学校评估则先要求进行“合格评估”，在合格评估的

① 见1999年教育部发布的《关于调整中等职业学校布局结构的意见》。

基础上进行“省部级重点技工学校”“国家级重点技工学校”评估。2001—2008 年，国务院先后出台了一系列文件，加强对中等职业学校的教学质量监控要求。2002 年，国务院出台《国务院关于大力推进职业教育改革与发展的决定》，强调发展职业教育的主要责任在地方，要求各级人民政府的教育督导部门要把职业教育作为教育督导的重要内容；2005 年，《国务院关于大力发展职业教育的决定》要求建立职业教育工作定期巡视检查制度；2008 年，教育部下发《教育部关于进一步深化中等职业教育教学改革的若干意见》要求加快建立就业导向的教学质量评价检查制度，建立具有职业教育特点的人才培养与评价的标准和制度，要把教学质量、教学改革成效作为对中等职业学校评价检查的重要内容。① 这一阶段的中等职业教育评估从原先的综合评估（学校教育合格评估、推优评估）转向职业督导评估，更聚焦于学校人才培养教学质量、教学改革成效。

3. 评估方式

评估方式由单一转向多样，尝试借助第三方评估力量。评价方式由原先单一的检查性评估，逐步转变为将多种评价方法相结合，如学校自评与互评相结合，实地评估与网上评估相结合，定期评估与不定期评估相结合等实用又灵活的复合评估方法。2010 年，教育部联合人社部、财政部发布《关于实施国家中等职业教育改革发展示范学校建设计划的意见》（教职成〔2010〕9 号），提出 2010 —2013 年建设一批代表国家职业教育办学水平的中等职业学校的要求，对示范校的评审采取项目建设评审的方式，先由学校自己制定示范校建设实施方案，然后报送三部委待审批，审批通过后发放项目建设资金，项目建成后再由工作组进行验收评估。示范校评估建设，改变了以往拿指标体系对应检查评估的方式，强调了学校的自主建设，充分发挥学校的能动性、自主性。

2012 年，由中国职业技术教育学会牵头组织，教育部职业技术教育中心研究所、光明日报、部分地方教育科研机构、普通高校、职业院校、行业组织、新闻媒体和教育行政部门的专家学者及管理人员组成报告编写组，编写了《中国中等职业学校学生发展与就业报告》，对中等职业学校学生的发展进行了全方位的解析，这是中等职业学校借助社会第三方力量，第一次以第三方视角观察分析中等职业教育的发展及其存在的问题，是中等职业学校人才培养评估引入第三方评估的初步尝试。

4. 评估导向

评估导向从对学校综合性评估转向内涵建设评估。1999—2010 年，我国把中等职业教育学校的评估权限进一步下放，地方在中职学校评估中的权限越来越大，地方教育行政主管部门负责中等职业学校日常的评估，国家级重点中职校评选，也是由地方评选后报教育部审批。评估的导向逐步从学校人才培养工作综合性评估转向指向明确的专业建设评估。例如，上海从 2001 年开始探索中等职业学校专业评估的实践，逐步形成了新设专业备案评估、新设专业教学质量评估、省级示范专业评估等一系列专业评估方案。2010—2013 年，国家开展示范校建设要求：中央财政重点支持 1 000 所中等职业学校改革创新，形成一批代表国

① 见 2008 年教育部发布的《关于进一步深化中等职业教育教学改革的若干意见》。

家职业教育办学水平的中等职业学校。① 示范中职学校建设将中等职业学校的评估导向进一步从关注办学条件、办学水平评估转向关注中职学校质量内涵建设评估。

### (三) 地方层面开展人才培养工作评估情况分析

1993 年,《中国教育改革和发展纲要》提出,评估权限要下放地方;1996 年《中华人民共和国职业教育法》提出,县级以上地方各级人民政府应当加强对本行政区域内职业教育工作的领导、统筹协调和督导评估。1999—2010 年,国家将评估权限进一步下放到地方,地方政府承担了中职学校教育评估的组织、协调、监督的主要职责。

以上海为例,2001—2010 年,逐步形成了综合评估、专业评估、实训专项评估和德育专项评估等一系列操作性强、实施效果好的中职学校评估制度。特别是在学校总体建设和专业建设方面,加大了评估的组织与管理。

1. 加强专业和教学质量监控,连续出台评估措施

2001 年,上海颁布了《关于实施上海市百所中等职业学校重点建设工程的意见》,提出了加快中等职业学校布局调整,建设高质量、高标准的中等职业学校的目标。2002 年,上海市教委颁布了《上海市中等职业学校专业设置管理办法》,要求加强中等职业学校专业设置的宏观管理,完善专业备案与审批;同年,上海市教委颁布了《关于认定上海市中等职业学校重点专业(工种)的通知》,43 个专业被认定为上海市中职学校重点专业。2003 年,上海市教委下发了《关于开展上海市百所中等职业学校重点建设验收评估的通知》,组织开展"百校重点建设"的验收评估。2004 年,上海市教委对《上海市中等职业学校专业设置管理办法》进行了修订,提出要适时对学校专业设置、教学质量及学生就业等方面情况进行评估检查,并将评估检查结果向社会公布。2006 年,下发《关于开展职业教育开放实训中心建设验收评估的通知》,对建成的"开放实训中心"逐个开展验收评估。

2007 年,上海市教委下发《关于对中等职业学校第一批自主设置的目录内专业、目录外专业开展教学质量检查评估的通知》,以及《关于开展上海市中等职业教育课程教材改革特色实验学校遴选评估的通知》,要求对招生满两年的自主设置专业进行教学质量检查评估,对 2006 年确定的 42 所"中职教育课程教材改革实验校"进行遴选。2008 年,上海市教委下发了《关于开展中等职业学校自主设置专业教学质量检查评估的通知》,对已有一届毕业生的自主专业进行质量检查评估。2009 年,上海市教委发布《上海市中等职业教育全面提高教学质量行动计划(2009—2013)》,提出调整专业结构布局,提高校长领导力,改善教学保障条件,建立提高质量长效评估机制;同年,上海市教委发布了《上海市中等职业学校教学质量评估实施方案》和《上海市中等职业学校教学质量评估指标体系》,要求从 2009 年起,开展上海市中等职业学校教学质量评估工作。

2010 年,上海市教委下发《关于开展中等职业学校精品课程建设的通知》,全面启动精品课程建设。2010 年 11 月,上海市教委下发《上海市中等职业学校专业设置管理实施细则(试行)》,明确提出委托上海市教育评估院组织专家对本市中等职业学校专业和专业(技

---

① 《关于实施国家中等职业教育改革发展示范学校建设计划的意见》(教职成〔2010〕9 号)。

能）方向设置、教学质量及学生就业等方面进行论证、检查和评估。对学校设置目录外专业，在其试办第2年期间，检查评估其设置科学性、可行性及教学质量等；对学校设置目录内专业，在其有一届毕业生时，抽查评估其教学质量。

2. 评估主体多元，更具社会化、科学化特征

上海市中职学校的评估主体多元，既包括政府教育主管部门（上海市教育委员会、市教委职教处、上海市教育评估院），还包括行业组织（上海市教育评估协会、职成教育专业委员会）、中职学校。政府部门负责评估政策的制定、评估标准和评估方案的组织管理、具体评估工作的开展实施；行业组织则承担着为评估理论及评估工作经验的学习、交流、研讨及促进，提供机会和平台；中职学校按照政府部门制定的评估方案开展评估并总结经验。评估主体的多元及评估措施的不断出台，使上海中职学校的评估更具社会化、科学化的特征。

3. 评估分类更具象，评估项目分模块进行

上海市中等职业学校评估按照具体的评估项目大致可分为3个模块：综合评估项目、专业评估项目和其他专项评估项目。每个评估模块下又分为若干具体的评估项目，这些已经成为上海中职学校评估中的常态评估项目。从2001年开始，上海开展了多项综合评估项目，如百所中职学校重点建设验收评估、国家级重点中职学校申报评估、国家级重点中职申报评估、上海市全面教学质量评估、上海中职改革发展特色示范校立项评审等。开展的专业评估项目有"新专业备案""专业建设中期检查评估""精品特色专业评估""中高职贯通专业设置评审"等（见表8）。

**表8　上海的评估项目分类**

<table>
<tr><td rowspan="5">综合评估项目</td><td>百所中职学校重点建设验收评估</td><td rowspan="5">专业评估项目</td><td>新专业设置备案评审</td><td rowspan="5">其他专项评估项目</td><td>开放实训中心建设验收评估</td></tr>
<tr><td>国家级重点中职学校申报评估</td><td>新专业中期检查评估</td><td>开放实训中心运行绩效评估和星级认定</td></tr>
<tr><td>国家中职改革发展示范校立项申报评估</td><td>精品特色专业评估</td><td>行为规范示范校评估</td></tr>
<tr><td>全面教学质量评估</td><td rowspan="2">中高职贯通专业设置评审</td><td rowspan="2">德育工作专项评估</td></tr>
<tr><td>中职改革特色示范校立项评审</td></tr>
</table>

4. 评估更注重内涵建设，从评估检查转向申报评估

从上海的综合评估项目、专业评估项目、其他专项评估项目的内容来看，包括了示范校建设、教学质量、专业建设、行为规范示范校建设、实训室建设、德育工作等，这些都属于中职学校的内涵建设内容。评估的指导思想，更注重从中职学校的内涵建设开展评估，并逐步促使评估常态化管理。评估的方式，也由过去的政府组织专家开展评估转向中职学校开展自评与申报评估，评估更能体现中职学校的建设特色，评估结果比较恰当地反映中职学校建设成效。

## 四、中高职教育贯通人才培养模式建设现状分析

### （一）中高职教育贯通人才培养发展背景

中高职教育指目前我国国内教育领域里通常所指的中等职业教育和高等职业教育两个层次的职业教育。早在20世纪80年代初，我国就开始了涵盖中职和高职两个阶段学习的5年制或6年制职业教育的探索，招生对象为初中毕业生，或由中职学校内办高职班，或由高职学校内办5年制教育，学生通过5或6年的学习，直接获得高等专科层次学历证书。从20世纪80年代至2007年，各地出现了各种形式的中高职连续就读的人才培养模式，如“3＋2”“2＋3”“3＋3”“4＋2”等。随着中职、高职学校的发展变化，一部分不适应职业教育发展的中高职连续就读的模式逐步被淘汰，以“专业”为纽带的中高职贯通衔接教育模式获得了进一步发展空间，这一模式主要由中职学校和高职学校联合开展完成，强调中职学校和高职院校之间的衔接，学生在完成3年中等职业教育后直接进入相应的高职院校学习，获得高职文凭。在人才培养目标上，以高职院校为主开展教学设计，即根据高职的培养目标，统筹安排和整体设计中高两个阶段的教学计划，如上海地区。但在其他一些地区，仍由一批高职学校直接招收初中生，承担5年制职业教育，在教学上采取“3＋2”分段培养的方式，但在人才培养目标、教学安排上，强调了3年中职教学与2年高职教学的衔接，如江苏、广东等省市。

2010年，广东省发布《关于年高等职业院校面向中等职业技术学校开展对口自主招生试点工作的通知》和《关于做好年广东省职业院校三二分段中高职衔接招生试点工作的通知》，在顺德职业技术学院等高职院校，面向中职应届毕业生及相关社会人员开展对口自主招生试点工作，通过高校开展三二分段中高职衔接招生试点工作，试行中高职连读。① 2011年，广东省教育厅、广东省招生委员会下发了《关于开展年职业院校对口自主招生三二分段试点工作的通知》，继续扩大中高贯通三二分段连读专业布点。

2012年，江苏省扩大中高职衔接试点项目，下发《江苏省教育厅关于公布2012年现代职教体系建设试点项目的通知》（苏教高〔2012〕12号），批准了71个现代职教体系建设试点项目，②其中涉及中职和高职衔接的项目45项，占项目总数的63％。中高职“3＋2”分段培养（31个）、中高职“3＋3”分段培养（12个）、中高职“4＋2”分段培养（2个），在5年或6年的学习期间，由对口试点的中高职院校，统筹制定对口专业中高职理论知识课程和技能训练课程衔接的贯通教学体系，系统化培养高级技能人才。学生通过注册入学方式进入高职阶段学习。

### （二）中高职教育贯通人才培养的主要特征

从中高职教育近年来的发展情况看，中高职教育贯通人才培养呈现以下主要特征。

① 《广东省关于年高等职业院校面向中等职业技术学校开展对口自主招生试点工作的通知》（粤教职函〔2010〕32号）。

② 《江苏省教育厅关于公布2012年现代职教体系建设试点项目的通知》（苏教高〔2012〕12号）。

1. 职业教育的理念

《国家中长期教育改革和发展规划纲要(2010—2020年)》提出,到2020年,形成适应经济发展方式转变和产业结构调整要求、体现终身教育理念、中等和高等职业教育协调发展的现代职业教育体系,中高职教育贯通培养,实现了中等教育与高等教育的衔接。贯通培养的形式和人才输送途径,符合我国现代职业教育发展的需要,有利于中高职教育协调发展的现代职教体系的建设。

2. 以高等职业教育为主导

无论从教育发展的最高层次,还是从人才培养的发展规律角度,中高职贯通教育都应以高等职业教育为主导,帮助学生在获得高学历文凭的同时,获得专业技能水平的提高。

3. 教学一体化设计

中高职贯通教育强调教学的一体化设计,是区别于其他中职专业或高职专业的最明显的特征,也是中高职贯通培养发展的核心内容。连贯制的学制,在教学方案的设计上,以高职人才输出为目标,在培养目标、专业设置、教学课程安排、实训安排等方面统筹计划、系统安排,以适应初中生入学后成长发展需要,为其今后顺利完成高职学业做好教学规划。一体化的教学设计还需要根据社会发展需要,进行优化调整,提高专业建设质量,增强职业教育的吸引力和竞争力。

4. 管理以合作、协调为主基调

中高职贯通培养涉及中等职业教育和高等职业教育两个阶段。教学管理比普通专业的管理更具挑战。贯通教育在各地情况不同,既有两校合办贯通专业,也有一所高职学校开办贯通教育的情况。同其他专业的建设相比,贯通专业建设管理更需要多个部门协调合作,密切配合,若涉及专业由中高职两所院校合作办学的,更需要建立联合保障机制,加强管理合作,协调发展。

5. 强调职业资格证书

强调学生在就读期间获得职业资格证书,是中高职贯通教育一个重要体现。通过一体化的实训与实践,帮助学生积累与职业岗位要求相匹配的认知技能与实践技能,鼓励学生通过职业资格证书(不同等级)考证,获得高一级别的职业资格证书,促进学生个人的职业技能提高。

### (三) 上海地区中高职教育贯通人才培养模式建设发展

1. 贯通教育总体办学情况

2010年,上海启动了中高职教育贯通培养模式试点工作,首批试点在4所中职学校和3所高职学校进行,在试点的4个专业中,除1个护理专业的学制为6年外,其余3个专业的学制均为5年(见表9)。2010—2015年,上海先后有70个专业开展了中高贯通培养,以"3+2"5年制贯通为主,少数专业根据人才培养特点,进行"3+3"贯通培养。对贯通培养专业学生,原则上不分流,允许试点学校在学生学完一年课程后进行甄别,不适合继续学习或不愿继续在同一专业学习的学生,可转入中职校相近专业学习。前3年按中职学校学生学籍进行管理,后2年按高职院校学生学籍进行管理。对完成专业教学计划规定课程,考试成绩合格,符合毕业条件的学生,颁发高职院校毕业证书。

表 9　2010 年上海市中高职教育贯通培养模式试点学校招生专业

| 中职学校 | 高职学校 | 招生专业名称 | 2010 年招生计划(人) |
|---|---|---|---|
| 上海电子工业学校 | 上海电子信息职业技术学院 | 应用电子技术 | 160 |
| 民航上海中等专业学校 | 上海交通职业技术学院 | 航空机电设备维修 | 80 |
| 上海市交通学校 | 上海交通职业技术学院 | 汽车技术服务与营销 | 80 |
| 上海交通大学医学院附属卫生学校 | 上海医药高等专科学校 | 护理 | 160 |

2015 年,上海职业教育大会提出,按照职业教育技术技能人才培养规律,畅通不同层次职业教育衔接贯通渠道,继续深化中职与高职贯通衔接,进一步满足产业发展对高层次技术技能型人才的需求。2010—2016 年,上海"3+2"中高贯通试点招生 21 000 余人,逐年增加招生计划,2013 年、2014 年扩招幅度较大,到 2015 年、2016 年基本维持在相对平稳的比例(见表 10)。

表 10　2010—2016 年上海中高职教育贯通招生计划数统计表

| 年份 | 中高职贯通招生数(人) | 当年应届中考报名人数(万人) |
|---|---|---|
| 2010 | 472 | 9.24 万 |
| 2011 | 840 | 8.73 万 |
| 2012 | 1 108 | 8.48 万 |
| 2013 | 2 641 | 8.06 万 |
| 2014 | 5 152 | 7.7 万 |
| 2015 | 4 933 | 7.9 万 |
| 2016 | 5 316 | 7.7 万 |

中职学校增设"3+2"贯通培养贯通专业,吸引了一批中考成绩尚可的学生和家长,相对于同类中职专业,"3+2"5 年制教育的优势明显,学生通过 5 年学习就能拿到高校毕业证书,注重个人技能培养让学生更能适应社会对技能人才的发展需要,中职学校的生源得到了保障。此外,作为中高职教育有效衔接的一种模式,贯通培养教育得到了高职院校的呼应。2010—2015 年,上海中高职学校联合申报"3+2"贯通专业的积极性不断增高,出现了从一所中职学校 1 个专业对 1 所高职院校 1 个专业,发展到 1 所中职学校多个专业对多所高职院校多个专业,或者是 1 所高职院校专业对应了多家中职学校的不同专业的情况。从表 11 可见,有 10 所高职院校与 2 所及 2 所以上中职学校建立了中高职贯通专业。

表 11　2010—2013 年部分专业中高职院校贯通专业对应表

| 中职学校 | 高职学校 | 招生专业名称 |
|---|---|---|
| 上海市经济管理学校 | 上海第二工业大学 | 计算机应用技术 |
| 上海市工业技术学校 | | 数控技术应用 |

（续表）

| 中职学校 | 高职学校 | 招生专业名称 |
|---|---|---|
| 上海市西南工程学校 | 上海电机学院 | 国际商务 |
| 上海市群益职业技术学校 | | 数控技术应用 |
| 上海市信息管理学校 | | 数字媒体技术应用 |
| 上海市材料工程学校 | 上海电子信息职业技术学院 | 机电一体化技术 |
| 上海电子工业学校 | | 通信技术 |
| 上海电子工业学校 | | 应用电子技术 |
| 上海石化工业学校 | 上海应用技术学院 | 应用化工技术 |
| 上海信息技术学校 | | 应用化工技术 |
| 上海市建筑工程学校 | 上海建峰职业技术学院 | 建筑装饰 |
| 上海市卫生学校 | | 康复技术 |
| 上海市宝山职业技术学校 | 上海工程技术大学 | 数控技术应用 |
| 上海市高级技工学校 | | |
| 上海市公用事业学校 | 上海交通职业技术学院 | 城市轨道交通车辆 |
| 民航上海中等专业学校 | | 航空机电设备维修 |
| 上海市交通学校 | | 汽车技术服务与营销 |
| | | 汽车运用与维修 |
| 上海市农业学校 | 上海农林职业技术学院 | 动物医学 |
| 上海市工程技术管理学校 | | 果蔬花卉生产技术 |
| | | 园林技术 |
| 上海市贸易学校 | 上海商学院 | 电子商务 |
| 上海商业会计学校 | | 会计 |
| 上海市商业学校 | | |
| 上海市商贸旅游学校 | | 市场营销 |
| 上海市行政管理学校 | 上海新侨职业技术学院 | 文秘 |
| 上海市机械工业学校 | | 珠宝玉石加工与营销 |

2. 上海中高职教育贯通人才培养质量管理情况

2010 年，上海启动中高职贯通专业申报（沪教委职〔2010〕12 号），到 2016 年，上海的中高职贯通教育已经开展了 6 年，贯通专业的数量不断增加，为确保中高职教育贯通人才培养质量，上海在管理和监控方面加大了力度。

（1）以服务上海经济发展需要，每年适当扩招，建立招生年报制度。《上海市中长期教育改革和发展规划纲要（2010—2020 年）》提出了“促进中等职业教育与高等职业教育衔接，构建中等职业教育与高等职业教育课程、培养模式和学制贯通的‘立交桥’”的发展任务。上海中高职贯通培养，是以服务上海经济发展需要、适应现代职业教育发展而进行的试点尝试，这种尝试呈现小幅增长、适量增加的态势。作为质量保障的第一步，上海市教委规定，凡是报考中高职贯通专业的考生必须参加上海市初中毕业统一学业考试。招生录取工作在普通高中"零志愿"和"名额分配"录取之后、15 个志愿统一录取之前进行。从 2010 年起，上海建立了职业教育招生年报制度，从 7—11 月，对教育部下达的年度指导性招生计划和招生工作进展情况，每月向教育部报告 1 次，招生管理上的监控，使上海中高职贯通招生录取分数与普招看齐，有的甚至超过当年普招分数线（见表 12）。

**表 12　2014 年、2015 年上海市 6 所中职校"3＋2"专业录取分数情况**

| 学校 | 专业 | 2014 年录取分数情况 | | | 2014 年高中录取控分线 | | 2015 年录取分数情况 | | | 2014 年高中录取控分线 | |
|---|---|---|---|---|---|---|---|---|---|---|---|
| | | 平均分 | 最高分 | 最低分 | 提前录取 | 普通高中 | 平均分 | 最高分 | 最低分 | 提前录取 | 普通高中 |
| 上海商业会计学校 | 会计 | 521.9 | 558.5 | 509 | 550 | 510 | 514.4 | 552 | 507 | 530 | 475 |
| 上海市商业学校 | 会计 | 518.5 | 545.5 | 503.5 | | | 502.3 | 531 | 491.5 | | |
| 上海市商业学校 | 国际商务 | 490.9 | 538.5 | 457 | | | 498.1 | 546.5 | 487 | | |
| 上海市贸易学校 | 电子商务 | 495.7 | 544.5 | 470.5 | | | 482 | 534 | 462.5 | | |
| 上海商贸旅游学校 | 连锁经营 | 484.3 | 518.5 | 450.5 | | | 470.25 | 491.5 | 450 | | |
| 上海市南湖职校 | 金融管理与实务 | 470.6 | 526.5 | 399.5 | | | 477.5 | 519 | 462.5 | | |
| 上海市工商外国语学校 | 国际商务 | 532.5 | 546.5 | 519.5 | | | 513 | 521 | 506 | | |

（2）建立专业申报评议制度，对不符合贯通教育人才培养条件的专业坚决不予举办。对于贯通专业的设置，上海采取了严谨的态度，建立了贯通专业申报评议制度，要求贯通专业的中职学校和高职院校联合填写《上海市中高职教育贯通培养模式试点申报表》，对贯通专业的两校基本办学条件、师资、原有专业办学时间、课程、实训、招生、就业及校企合作等方面的情况进行详细描述，除了申报表外，还要求申报学校递交贯通专业的教学一体化设计构想、专业人才培养方案。专业的论证分 3 个层次进行，中、高职两校在递交专业申报时必须开展专业论证，邀请学校、行业专家对专业人才培养方案给出评审意见，递交专业申报材料后，上海市教委委托上海市教育评估院对材料再次进行审核，对通过材料审核的专业，还需要组织开展专业答辩评审，申报专业的两校组织团队参加由上海市教委、上海市教育评估院组织现场答辩会，阐述申报的观点、专业人才培养方案的可行性和合理性，凡通过三轮的评

审的专业，给予专业设置。

（3）强调教学设计与管理有效衔接。“专业”和“学制”是上海中职学校和高职院校联合举办中高贯通职业教育的纽带。从教育的不同层次和专业发展的需要出发，教育部对于中职教育及高职教育都分别确定了专业目录。各类学校基于自身资源，在国家规定的专业目录范围内，开展专业设点及教学活动。贯通教育从中职一直延伸至高职，首要的基础就是打破同一专业在中职教育阶段和高职教育阶段原有的课程壁垒，打通原专业的课程体系，重新构建专业教学方案，强化专业的有效对接，“学制”的叠加、联动，要求合作校双方在教学管理上延续一体化建设构想，实现有效衔接。2011年，上海市教委提出继续开展中高职教育贯通培养模式试点工作，提出“贯通培养试点方案要一体化设计，不分中高职阶段”①是各校申报“3＋2”专业的基本原则之一。除专业课程上要一体化设计，在实践教学上要求注重能力分级培养，能力分级培养与职业资格考核结合，帮助学生从低级别的考证开始逐步完成高级别考证，从而促进其能力提升。

（4）既分段管理，又动态衔接，加强对学籍与教学质量的监控。受不同体制的学校管理约束，中高职贯通教育人才培养在教学管理模式上呈现既分段管理、又动态衔接的特征。2011年，上海市教委就明确规定，学籍管理分两段实施，前3年按中等职业学校学生学籍管理规定进行管理；高职阶段按高等职业院校学生学籍管理规定进行管理。2015年，对贯通培养模式学生学籍管理相关事宜做出了更明确的规定：学生在中职学校就读的前3年，学籍原则上按《上海市中等职业学校学生学籍管理办法》进行管理，升入高等院校学习期间，学籍原则上按《普通高等学校学生管理规定》进行管理。为确保“3＋2”5年制职业教育的质量，促进中职学校对中高贯通专业建设的重视，上海对“3＋2”教学质量加强了监控，在3年的中职学习期间，在两个时间段设定了学业考评，学生在进入中职学校学完1年课程后进行甄别，对于不适合继续学习或不愿意继续在同一专业学习的学生，可转入中等职业学校相近专业学习；学生在完成中职3年学习后，由高职院校对其进行审核，凡是中职学校3年学习成绩符合升学要求的，则可以注册入学高职阶段学习。对完成专业教学计划规定课程、考试成绩合格、符合毕业条件的学生，颁发高等职业院校的毕业证书，同时颁发中等职业学校的毕业证书。在一年级学习结束，以及三年级学习结束后，及时对学生进行学业评定，是促使中职学校同高职院校动态衔接的重要手段，不仅对中高贯通教育人才培养过程加强了教学监控，同时对后一届中高贯通招生起到了助推作用，积极引导学生认真求学，关注教学质量，帮助学生顺利完成贯通学习。

（5）建立联动的管理机制，加强对过程的管理监控。作为联合办学的中职与高职学校，授教对象——学生为彼此共有，学历教育上的连贯要求中职学校与高职学校在管理上加强合作，大多数中高职贯通专业建立了合作办学机制，如联合管理领导小组、联合教研室等，这些联动的有效管理机制，确保了中高职教育贯通教学的有序开展。为加强合作校之间，以及贯通专业之间的交流，上海市教委充分发挥专业研究机构的引领作用，开展全市层面的专题研究和研讨交流，形成全市范围内的研究与交流平台；以专业大类为单位，加强试点院校之

① 《上海市教育委员会关于继续开展中高职教育贯通培养模式试点工作的通知》（沪教委职〔2011〕34号）。

间的横向交流，组建联合教研组，形成院校管理层面、教师层面相应的研究与交流平台，促进教学研究，共同探索中高贯通专业一体化建设内涵，加强一体化培养方案设计与实施的研究与指导，定期开展试点院校间的专题研讨，抓住典型，以点带面，共同提升。

（6）开展上海市中高职教育贯通培养试点情况跟踪调研。上海市教育评估院先后两次受上海市教育委员会委托（2012 年、2015 年），组织专家组开展中高职教育贯通培养试点情况跟踪调查。通过听取学校领导汇报、查看相关教学管理文件、组织召开学生和教师座谈会等形式，对已经开展中高职贯通试点的部分专业进行了调研。通过跟踪调研活动，充分了解各试点专业的实施情况，搜集试点专业的培养方案实施、一体化课程设计、课堂教学、实训条件、学生管理和甄别等第一手资料，发掘试点专业值得推广借鉴的相关经验，发现有待完善的相关问题。

（7）建立中等职业学校学生学业水平评价与综合素质评价。2015 年，上海市教委分别下发了《上海市教育委员会关于印发〈上海市中等职业学校学生学业水平评价实施办法〉的通知》（沪教委职〔2015〕34 号）和《上海市教育委员会关于印发〈上海市中等职业学校学生综合素质评价实施办法〉的通知》（沪教委职〔2015〕35 号），要求在全市中职学校学生中开展学业和综合素质评价。学业评价包括：①专业技能学习成果记录，主要反映学生在校期间专业知识与技能的学习水平及相关职业素养养成情况；②公共基础课程（包括语文、数学、英语和信息技术基础）考试，语文、数学和英语 3 门科目分设合格性考试和等级性考试，合格性考试为必考，等级性考试为选考，按要求中高职教育贯通培养试点班的学生须参加语文、数学和英语 3 门科目的合格性考试。[①] 学生综合素质评价包括 4 个方面的内容，即品德发展与公民素养、修习课程与学业成绩、专业技能与职业素养、身心健康与艺术素养。除此 4 个方面的综合素质情况记录外，还需提供学生个人的写实记录，包括学生个人的自我介绍、专业技能与职业素养专题报告。这些内容在学生结束中职阶段学习前公示并全部登记进入上海市中职学生综合素质评价信息管理系统（见表 13、表 14）。

**表 13　上海中高职教育贯通学生学业评价综合素质评价内容梳理**

| 学业评价内容 | 目的 | 记录内容 | 形式 | 依据 |
| --- | --- | --- | --- | --- |
| 专业技能学习成果记录 | 反映学生在校期间专业知识与技能的学习水平及相关职业素养养成情况 | 职业资格证书的名称、级别、颁证单位、颁证日期、证书编号，各级各类竞赛的项目名称、级别、主办单位、获奖等级、获奖日期等相关信息 | 表格登记 | 学生在校期间获证、获奖情况 |

① 《上海市教育委员会关于印发〈上海市中等职业学校学生学业水平评价实施办法〉的通知》（沪教委职〔2015〕34 号）。

（续表）

| 学业评价内容 | 目的 | 记录内容 | 形式 | 依据 |
|---|---|---|---|---|
| 公共基础课程（语文、数学、英语、信息技术基础）考试 | 对学生在校期间公共课考试成绩进行判断，作为学生综合素质评价一部分，作为用人单位录用和高等学校招生的重要参考评价和改进学校教学工作的重要依据 | 语文、数学书面笔试成绩；英语书面笔试成绩和听力测试成绩；信息科技上机考试成绩 | 按照“合格”“不合格”成绩评定登记 | 上海市中等职业学校语文、数学、英语、信息科技基础课程标准 |

**表 14　上海中高职教育贯通学生综合素质评价内容梳理**

| 评价内容 | 目的 | 记录内容 |
|---|---|---|
| 品德发展与公民素养 | 反映学生在践行社会主义核心价值观、弘扬中华优秀传统文化等方面的情况 | 爱党爱国、理想信念、诚实守信、仁爱友善、责任义务、遵纪守法等；重点记录学生遵守日常行为规范，参与志愿活动（公益劳动）、党团活动等情况 |
| 修习课程与学业成绩 | 反映学生学习兴趣、态度和方法，各门课程知识和技能掌握情况，运用知识解决问题的能力等 | 学生学业水平考试成绩、公共基础课和专业课相关科目及实习（实训）成绩 |
| 专业技能与职业素养 | 反映学生在职业规范、职业行为、职业精神和专业技能水平等方面的情况 | 学生职业规范、职业行为、职业精神和创新精神情况，学生参加实习实训情况、专业技能考证及各级各类技能大赛表现水平等 |
| 身心健康与艺术素养 | 反映学生的健康生活方式、体育锻炼习惯、身体机能、运动技能和心理素质，对艺术的审美感受、理解、鉴赏和表现的能力 | 《国家学生体质健康标准》测试结果，参加体育运动、艺术活动的经历及表现水平等 |

上海的中高职教育贯通人才培养从质量监控的构成情况看，主要包括了内外两个方面的监控：一是校内监控。校内监控主要通过中职学校和高职院校自身的教学检查、督导检查等教学质量保障监控机制来进行。二是校外监控。校外监控主要通过政府层面的专业设置评议、专业建设阶段性跟踪调查、学生学业水平评价、综合素质评价、甄别和转段管理来进行。

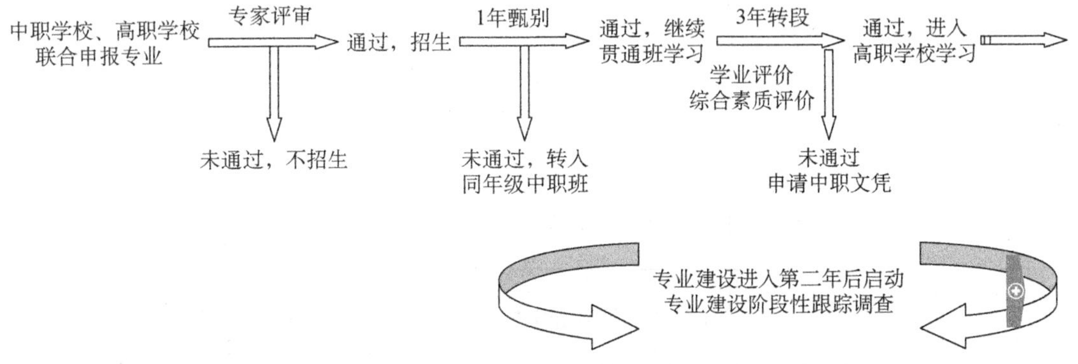


**图 1　中高职教育贯通人才培养质量监控**

在专业设置与建设上，采取严格的专业设置评审、建立阶段性跟踪调查机制，在学生学习评价采取学业评价、综合素质评价，在教学管理上，采取1年甄别、3年转段制度，这些措施确保上海自2010年开始启动首批中高职教育贯通培养试点的有序开展，试点专业的招生录取不仅在数量上逐年提高，在录取分数线上也体现了较高的水准。截至2016年，上海已建立中高职教育贯通专业点117个，涉及中职学校51所，高职院校28所；2016年上海中高职贯通录取新生5 325人，完成率100.17%；中高贯通学生在普高线上4 128人，比2015年翻番，生源质量与结构显著提升。

## 五、地方中高职教育贯通专业建设及管理情况调研及其数据分析

### (一) 调研基本情况

为了解地方中高职学校贯通专业建设及管理情况，研究小组对上海市2010—2013年申请设置中高职贯通专业的21所中职学校和17所高职院校的中高职贯通专业的部分授课及管理教师、学生，以及学生家长进行了调研。调研发现，对“3+2”贯通专业，在功能定位、教学目标、教学计划安排、教学内容适合程度、教材选择、实训实践环节等方面，教师、学生、家长在认知上的反应，反映了中高职贯通试点专业近年来建设及管理的一些基本情况(见表15)。

**表15　21所中职学校和17所高职院校的中高职教育贯通专业的教师、学生及学生家长调研问卷统计**

| 中高职教育贯通专业名称 | 中职校 | 高职院校 |
| --- | --- | --- |
| 数控技术 | 上海工商信息学校 | 上海第二工业大学 |
| 航空机电设备维修 | | 上海民航职业技术学院 |
| 计算机应用技术 | | 上海第二工业大学 |
| 供热通风与空调工程技术 | 上海科技管理学校 | 上海建峰职业技术学院 |
| 食品营养与检测 | | 上海工会管理职业学院 |
| 物流管理 | | 上海立达职业技术学院 |
| 会 计 | 上海商业会计学校 | 上海商学院 |
| 报关与国际货运 | | 上海东海职业技术学院 |
| 机电一体化技术 | 上海市材料工程学校 | 上海电子信息职业技术学院 |
| 环境监测与治理技术 | | 上海城市管理职业技术学院 |
| 建筑装饰工程技术 | | 上海建峰职业技术学院 |
| 室内装饰设计 | | 上海工艺美术职业学院 |
| 数控技术 | 上海市工程技术管理学校 | 上海电子信息职业技术学院 |
| 酒店管理 | | 上海城市管理职业技术学院 |
| 计算机应用技术 | 上海市经济管理学校 | 上海第二工业大学 |
| 计算机网络技术 | | |

（续表）

| 中高职教育贯通专业名称 | 中职校 | 高职院校 |
|---|---|---|
| 汽车检测与维修技术 | 上海市南湖职业学校 | 上海济光职业技术学院 |
| 金融管理与实务 | | 上海商学院 |
| 连锁经营管理 | 上海市商贸旅游学校 | 上海商学院 |
| 旅游管理 | | 上海旅游高等专科学校 |
| 文物鉴定与修复 | | 上海工会管理职业学院 |
| 会 计 | 上海市商业学校 | 上海商学院 |
| 国际商务 | | 上海商学院 |
| 建筑装饰工程技术 | 上海市西南工程学校 | 上海建峰职业技术学院 |
| 影视动画 | | 上海东海职业技术学院 |
| 国际商务 | | 上海电机学院 |
| 物流管理 | 上海市现代流通学校 | 上海邦德职业技术学院 |
| 航空物流 | | 上海民航职业技术学院 |
| 连锁经营管理 | 上海市现代职业技术学校 | 上海立达职业技术学院 |
| 旅游管理 | | |
| 信息安全技术 | 上海市行政管理学校 | 上海电子信息职业技术学院 |
| 文秘 | | 上海工商职业技术学院 |
| 烹饪工艺与营养 | 上海市徐汇职业高级中学 | 上海旅游高等专科学校 |
| 艺术设计 | 上海逸夫职业技术学校 | 上海出版印刷高等专科学校 |
| 会展策划与管理 | 上海市曹杨职业技术学校 | 上海电子信息职业技术学院 |
| 应用德语 | 上海市东辉职业技术学校 | 上海工商外国语职业学院 |
| 酒店管理 | 上海市奉贤中等专业学校 | 上海商学院 |
| 国际商务 | 上海市工商外国语学校 | 上海商学院 |
| 珠宝首饰工艺及鉴定 | 上海市机械工业学校 | 上海工商职业技术学院 |
| 电子商务 | 上海市贸易学校 | 上海商学院 |
| 备注：累计发放问卷教师 210 份、学生 750 份、家长 750 份；共回收有效问卷教师卷 190 份、学生卷 676 份、家长卷 632 份 | | |

## （二）调研分析

1. 家长、学生、教师对中高职贯通专业的功能定位方面的认知情况

通过表 16，可以了解家长和学生对中高职贯通专业的总体认知情况。

表 16　家长、学生选择就读贯通专业原因及对中高职教育贯通专业了解程度的统计

| 问题一 | 选项 | 家长的选择占比统计 | 学生的选择占比统计 |
| --- | --- | --- | --- |
| 选择就读贯通专业原因 | 可拿高职毕业文凭 | 44.94% | 41.86% |
| | 中考成绩所限 | 36.39% | 43.2% |
| | 就业前景好 | 54.27% | 52.37% |
| | 愿意选择职业教育院校 | 28.16% | 20.56% |
| | 父母的选择 | | 46.45% |
| | 其他 | 5.85% | 5.62% |
| 问题二 | 选项 | 家长的选择占比统计 | 学生的选择占比统计 |
| 选择中高职专业就读时，对中高职教育贯通专业是否了解 | 完全不了解 | 4.11% | 5.47% |
| | 有一点了解 | 53.8% | 58.73% |
| | 较了解 | 35.28% | 29.29% |
| | 非常了解 | 6.8% | 6.51% |

部分家长和学生对“3+2”贯通专业的认识停留在较单一的认知上，对中高职贯通专业就业前景及对专业的教学计划安排的关心超过了对专业本身定位发展的了解。在“选择就读贯通专业原因”方面，54.27%的家长认为“就业前景好”；44.94%的家长认为“可拿高职毕业文凭”；36.39%的家长认为是“孩子中考成绩所限”；只有 28.16%的家长选择了“愿意选择职业教育院校；而同样的问题，在学生方面，52.37%的学生认为“就业前景好”，46.45%的学生认为是“父母的选择”，43.2%的学生认为是“中考成绩所限”，41.86%的学生认为可以拿高职文凭，20.56%的学生“愿意选择职业教育院校”，5.62%的学生选择了“其他原因”。对于“选择中高职专业就读时，对中高职贯通专业是否了解?”这一问题，53.8%的家长表示有一点了解，35.28%表示较了解，4.11%的家长表示完全不了解，只有 6.8%的家长表示非常了解；而同样的问题，选择有一点了解的学生占比 58.73%，选择“较了解”的学生占比 29.29%，“完全不了解”的学生占比5.47%，“选择非常了解”的学生仅占 6.51%。

在教师方面，对专业教师、公共课教师、教辅管理人员进行了调研(见表 17)，30～45 岁教师占了 65%左右。就教师个人对中高职贯通专业在人才培养方案的一体化设计理念、优势、教学衔接模式等进行了调研问询，仍有 37.36%的教师对目前的贯通专业是否具有一体化设计表示疑惑，26.32%的教师对贯通专业的优越性认为“不具备”或“不清楚”，23.16%的教师仍认为分段式的培养方式更适合专业发展(见表 18)。

表 17　年龄占比统计

| 年龄范围 | 占调研人数比例 | 年龄范围 | 占调研人数比例 |
| --- | --- | --- | --- |
| 25～30 岁 | 10% | 40～45 岁 | 26.84% |
| 31～35 岁 | 21.05% | 45～50 岁 | 8.95% |
| 36～40 岁 | 22.63% | 50 岁以上 | 10.53% |

**表 18　教师个人对中高职教育贯通专业在人才培养方案的一体化设计理念、优势、教学衔接模式等看法统计**

| 问题一 | 选项 | 占比统计 |
|---|---|---|
| 认为目前已实施的中高职教育贯通专业人才培养方案是否具有一体化设计的理念 | 是 | 62.63% |
| | 否 | 7.89% |
| | 不清楚 | 29.47% |
| 问题二 | 选项 | 占比统计 |
| 同中高职或高职学校同类专业相比，中高职教育贯通专业在人才培养上是否具有优越性 | 具备优越性 | 73.68% |
| | 不具备优越性 | 7.37% |
| | 不太清楚 | 18.95% |
| 问题二 | 选项 | 占比统计 |
| 中高职衔接人才培养模式以分段式贯通还是一体化设计贯通模式为宜 | 分段式 | 23.16% |
| | 一体化贯通 | 76.84% |

2. 家长和学生选择就读中高贯通的主要因素

调研表明，大部分家长和学生选择就读中高职贯通专业主要的原因仍然是“就业”和“学历”选择，对于“贯通专业”和“职业教育”的了解是非常模糊的。这反映出社会对贯通专业的理解还存在一定“误区”，对贯通专业坚持的职教思想缺乏深入的理解，这不管对于学生专业学习，还是专业建设投入，都有一定的影响。

3. 家长、学生对中高贯通专业在教学实施、管理方面的理解和认识

调研发现，家长对中高职贯通专业发展寄予厚望，一些家长在调研中写道，“中高职教育贯通是很好的教育改革”“需要大力宣传中高职贯通模式的认可度”“希望在加强专业知识教学时，更加注重学生品德及其他能力的培养，让学生高职毕业后，尽快适应社会、融入工作”。但是仍有不少家长对教学实施、教学管理、课程设计等方面存在疑惑。表 19 反映了家长对贯通专业的教学整体安排、教学计划设置及安排、学籍管理等方面感受不一：在专业教学整体安排方面，49.21%的家长仅在学生刚入学有所了解，26.27%的家长在学生入学半年后才初步了解，有 4.11%的家长一点都不了解；相反，在学生中，绝大多数学生在刚入学就对专业学习逐步了解，但仍有近 30%的学生是在入学半年后，或者至今还没有认真了解过。在对教学计划的了解程度上，只有 33%左右的家长比较了解和非常了解贯通专业的教学计划，52.51%的学生有一点了解专业教学计划，5.77%的学生完全不了解专业教学计划。在对教学计划安排的合理性方面，大多学生和家长是较为认可的。在学籍管理方面，35%的家长和 39.35%的学生对贯通专业的学籍管理规定比较清楚。

**表 19　家长、学生对专业学习及管理制度等方面的认识情况统计**

| 问题一 | 选项 | 家长的选择占比统计 | 学生的选择占比统计 |
| --- | --- | --- | --- |
| 何时开始了解专业的教学整体安排 | 就读前 | 20.41% | 7.99% |
| | 刚入学 | 49.21% | 61.54% |
| | 入学后半年内 | 26.27% | 27.07% |
| | 学校没有专门宣讲过 | 4.11% | 3.4% |
| 问题二 | 选项 | 家长的选择占比统计 | 学生的选择占比统计 |
| 对就读专业的教学计划了解程度 | 完全不了解 | 12.34% | 5.77% |
| | 有一点了解 | 54.59% | 52.51% |
| | 较了解 | 28.96% | 36.24% |
| | 非常了解 | 4.11% | 5.47% |
| 问题三 | 选项 | 家长的选择占比统计 | 学生的选择占比统计 |
| 对就读专业的学籍管理了解程度 | 完全不了解 | 11.55% | 7.99% |
| | 有一点了解 | 53.32% | 52.66% |
| | 较了解 | 29.91% | 35.5% |
| | 非常了解 | 5.22% | 3.85% |
| 问题三 | 选项 | 家长的选择占比统计 | 学生的选择占比统计 |
| 专业教学计划安排是否合理 | 不太合理 | 10.76% | 12.13% |
| | 基本合理 | 83.39% | 82.54% |
| | 很合理 | 5.85% | 5.33% |
| 问题四 | 选项 | 家长的选择占比统计 | 学生的选择占比统计 |
| 中职阶段的学习对未来的高职学习是否有帮助 | 是，很有帮助 | 71.36% | 47.49% |
| | 是，帮助不大 | 23.73% | 50.15% |
| | 否，没有看出有衔接性 | 4.91% | 2.37% |
| 问题五 | 选项 | 家长的选择占比统计 | 学生的选择占比统计 |
| 何时开始了解高职阶段的学习内容、学习方法比较合适 | 进入高职就读前，中职教师授课指导 | 60.28% | 48.67% |
| | 进入高职就读前，自己通过各种方式了解 | 19.15% | 30.47% |
| | 进入高职学习后，开始了解 | 18.35% | 18.79% |
| | 没必要提前了解 | 2.22% | 2.07% |

（续表）

| 问题六 | 选项 | 家长的选择占比统计 | 学生的选择占比统计 |
|---|---|---|---|
| 哪些方式有助于高职阶段的学习 | 高职和中职教师联合授课 | 59.02% | 44.53% |
| | 高职和中职课减少重复内容 | 35.76% | 48.52% |
| | 中职对口学生单独授课 | 4.75% | 6.66% |
| | 其他 | 0.47% | 0.3% |

4. 家长、学生对学业评价方面、教学质量监控措施方面的看法

家长和学生各自对贯通专业的学业评价、教学质量监控措施方面的看法（见表20），表现出了较高的一致性。对于贯通专业的“甄别”与“转段”管理大多数学生和家长都比较明确，仅有一部分家长和学生不太清楚。对于中职阶段升入高职阶段，是否应当再进行一次统一考试，大部分家长和学生选择了“不需要另行组织考试，中职阶段综合学业评价就行”。

**表20　对贯通专业的学生评价、教学质量监控措施方面的评价调查情况**

| 问题一 | 选项 | 家长的选择占比统计 | 学生的选择占比统计 |
|---|---|---|---|
| 对中高职贯通专业一年甄别，3年转段的做法了解程度 | 不清楚 | 14.08% | 6.66% |
| | 比较清楚 | 65.19% | 75.59% |
| | 很清楚 | 20.73% | 17.75% |
| 问题二 | 选项 | 家长的选择占比统计 | 学生的选择占比统计 |
| 对于中职阶段升入高职阶段，是否应当再进行一次统一考试 | 是，对口高职学习自主考试 | 28.96% | 23.52% |
| | 是，全市中高职专业统一考试 | 16.3% | 35.5% |
| | 不需要另行组织考试，中职阶段综合学业评价就行 | 54.59% | 40.98% |
| | 其他 | 0.16% | 0% |

5. 家长、学生对贯通专业学习中较集中的一些具体问题

在对家长、学生问谈式调研的过程中发现，不少家长和学生在贯通专业管理规定、学习要求、专业学习方式方法上存在不少困惑（见表21）。

**表21　家长、学生对贯通专业调研中的一些具体问题**

| 家长的主观问题归纳 | 问题的折射分析 | 学生的主观问题归纳 | 问题的折射分析 |
|---|---|---|---|
| 1. 专业学习不够紧张 | 与初中、高中生有对比 | 1. 对如何有效进行专业学习有困惑 | 不清楚什么是职业教育 |
| 2. 高职和中职学习究竟差多少？专业方面的学习内容不清楚，中职转段到高职，能否安排一些高职学习前期课程 | 对中高贯通专业教学安排不理解、不熟悉 | 2. 专业学习压力大，复习抓不住重点，希望逐步加大难度 | 未能尽快适应职业教育的专业学习要求 |

（续表）

| 家长的主观问题归纳 | 问题的折射分析 | 学生的主观问题归纳 | 问题的折射分析 |
|---|---|---|---|
| 3. 课程过早偏向专业，同类专业，中职和高职在专业技能学习培养上的不同点在哪里？ | 缺少课程学习指导、宣讲，关注专业技能培养 | 3. 专业方面想在中职阶段就知道高职的一些内容，公共课方面对英语、数学感觉学习有难度 | 希望进一步在学习中了解高职学习要求，公共课的学习能力需要加强指导 |
| 4. 有的课孩子反映还有不少重复内容 | 课程内容衔接上要进一步调整 | 4. 课程内容希望不重复 | 课程内容衔接上要进一步调整 |
| 5. 实践环节要增加，加强职业技能岗位类的培训指导 | 希望加强实训实践 | 5. 增加实践指导和实践作业 | 希望加强实践，提高专业技能 |
| 6. 对甄别考试要求如何？类似中考还是高考 | 对甄别要求不清楚 | 6. 能否取消转段环节 | 对贯通专业的学业考评要求不太理解 |
| 7. 中职、高职如何过渡 | 对贯通专业有一定困惑 | 7. 专业技能、知识、能力的学习相关性不够明确 | 对贯通专业有一定困惑 |
| 8. 对未来工作、择业迷茫 | 对专业行业不了解 | 8. 高职毕业后的就业方向 | 对专业行业不了解 |
| 9. 管理上要加强衔接，最好不要换专业老师 | 管理的衔接要加强 | 9. 专业老师调换不利于专业学习 | 管理的衔接要加强 |
| 10. 教材要适应专业学习 | 教材的更新 | 10. 有的教材太难 | 教材要适宜专业学习 |

数据表明（见表22），上海的“3＋2”中高职贯通专业在教学计划的安排、实施，教学管理、学籍管理的制度方面的宣传还有待加强。只有让家长和学生对一体化教学内容有比较深入的认识和理解，在学习过程中加强对学生学习的引导，学生学习积极性才能提高，学习效果才能提升。

**表22　家长学生认为中高职专业建设中需要加强的主要方面**

| 选项 | 家长选择占比 | 学生选择占比 |
|---|---|---|
| 教材的及时更新 | 29.27％ | 26.18％ |
| 实训内容和时间加强 | 52.85％ | 58.43％ |
| 通识课内容尽量贴近实际 | 45.41％ | 57.54％ |
| 专业课体现中职和高职的链接 | 35.6％ | 46.15％ |
| 其他 | 1.58％ | 1.63％ |

从表22可以看出，家长和学生在中高职贯通的学习方面，更关注课程内容与现实岗位实际需求的贴合度；更关注实训的内容、实训练习的强度和频率；更关注教学一体化衔接的实效。

6. 教师对中高职教育贯通专业发展的认识

教师对贯通专业的设置建设非常支持、热情高，认为无论是专业数量还是招生人数都应当增加。对现在的贯通专业，教师普遍认为“3＋2”贯通人才培养方案具有一体化设计的理念，且专业教学计划能体现中职和高职教育的有效衔接。同中高职或高职学校同类专业相比，中高职贯通专业在人才培养上具有较大优越性，对课程一体化建设，培养贯通模式认可度较高(见表 23)。

**表 23 教师对中高职教育贯通专业发展的认识**

| 问题一 | 选项 | 占比 |
|---|---|---|
| 目前上海市已开展中高职贯通专业的情况，您认为是否需要进一步扩展专业数量 | 继续加快扩大 | 24.21% |
| | 逐步扩大 | 61.58% |
| | 需要暂缓 | 14.21% |
| 问题二 | 选项 | 占比 |
| 对中高职贯通每年招生人数，您认为是否需要进一步增加 | 继续增加 | 63.68% |
| | 维持目前招生人数 | 36.32% |
| 问题三 | 选项 | 占比 |
| 目前已实施的中高职贯通专业人才培养方案是否具有一体化设计的理念 | 是 | 62.63% |
| | 否 | 7.89% |
| | 不清楚 | 29.47% |
| 问题四 | 选项 | 占比 |
| 目前已实施的中高职贯通专业教学计划，中职和高职教育是否有效衔接 | 能完全有效衔接 | 13.16% |
| | 能较好衔接 | 78.95% |
| | 不能有效衔接 | 7.89% |
| 问题五 | 选项 | 占比 |
| 同中高职或高职学校同类专业相比，中高职贯通专业在人才培养上是否具有优越性 | 具备优越性 | 73.68% |
| | 不具备优越性 | 7.37% |
| | 不太清楚 | 18.95% |
| 问题六 | 选项 | 占比 |
| 中高职衔接人才培养模式以分段式贯通，还是一体化设计贯通模式为宜 | 分段式 | 23.16% |
| | 一体化设计贯通 | 76.84% |

7. 教师对中高职教育贯通专业建设方面的评价

"3+2"贯通模式无论在中职还是在高职教师群体中，支持的总体比例较高。但是，对贯通教学、专业、课程建设，不少教师也提出不少问题，希望得到及时有效的解决(见表 24)。其中，对于认为"课程内容衔接性差""中高职衔接互通机制需要加强""统筹管理不够协调""教学设计还不够体现一体化理念"成为影响和困扰教师开展贯通教学的主要因素。

**表 24 教师群体认为中高职教育贯通专业人才培养目前存在的主要问题**

| 选项 | 比例 |
|---|---|
| 培养目标定位不明确 | 16.32% |
| 课程设置重复 | 16.84% |

(续表)

| 选项 | 比例 |
| --- | --- |
| 课程内容衔接性差 | 31.05% |
| 教学设计还不够体现一体化理念 | 34.21% |
| 中高职课程评价区分度低 | 31.05% |
| 中高职衔接互通机制缺乏 | 46.84% |
| 统筹管理不协调 | 38.95% |
| 缺乏评价机制 | 23.68% |
| 专项经费支持不够 | 28.42% |
| 其他 | 2.11% |

96.32%的教师认为目前的中高贯通缺乏统一的教学标准，对授课教学要求同类专业各校之间也有不同的理解，建议建立比较明确的中高职贯通专业教学标准、授课教学要求；84.21%的被调研教师认为，担任中高贯通教学的教师，缺少专业化的培训与交流，在教学上需要对一体化教学理念进行指导，建议政府层面组织中高职贯通专业教师开展专门培训，提高课堂教学质量；67.37%的教师认为中高职贯通管理的方式应当中职与高职校建立联合管理机制，只有建立有效的联合管理机制，才能充分发挥中职学校和高职院校的专业教师合作开展贯通教学；93.16%的被调研者认为需要及时建立中高职贯通人才培养模式评价机制，对中高贯通模式开展评价，从而对专业的发展提出建设性意见，其中，52.63%的教师认为一轮中高职贯通培养结束后就应当开展中高职贯通人才培养模式评价，46.84%的教师认为两轮中高职贯通培养结束后开展中高职贯通人才培养模式评价比较适宜。对于中高职贯通人才培养模式评价机制，各主要项目的权重分析，被调研教师有着不同的看法，专业教学质量评价、专业贯通效果评价、专业特色发展评价依次被放在最重要的前三位(见表25)。

**表25　中高职教育贯通人才培养模式评价机制按权重总分20分计算的权重分配统计**

| 选项 | 比例 |
| --- | --- |
| 专业教育理念评价 | 1.58% |
| 专业教育管理评价 | 1.58% |
| 专业教学过程评价 | 4.74% |
| 专业教学质量评价 | 10.53% |
| 专业贯通效果评价 | 13.68% |
| 专业特色发展评价 | 67.89% |

通过对地方中高职贯专业建设及管理情况进行调研发现，2010年以后，我国各地开展的中高职贯通教育在数量上有了较大的发展。以上海为例，2010年开设中高职贯通专业点4个，2011年新批专业点7个，到2016年，已有79个中高职贯通专业(117个专业点)，涉及中职学校51所、高职院校28所，2016年录取中高职贯通学生5 316人(报考人数12 407

人），计划与报考比 1∶2.3，录取率达到 100.11%，平均线（分）达 493.59 分（2016 年普高分数线 495 分），前五名专业平均分 540 分以上（2016 年提前批次录取控分线 550 分），中高职贯通报考人数占当年毕业生人数（约 7.7 万人）的 16.12 %。数据表明，中高职贯通专业的发展是适应社会发展需要的。

除了专业数量上的快速增长外，在专业建设方面，中高职教育贯通领导小组加强了两个"一体化"建设的要求，培养方案"一体化设计"与培养方案"一体化实施"。这两个"一体化"建设要求势必促使中高职贯通专业毕业生"进出口"的中职学校和高职院校集聚两校优势资源共同合作共建专业，研究确定专业培养目标、专业课程体系、师资队伍配备、教材使用等，在人才培养方案实施的过程中，强调合作衔接式管理。

上海从 2010 年启动开展中高职贯通专业试点建设，至 2016 年已有 6 个年头，第一批第二批试点 11 个专业点已完成了 5 年贯通的一轮建设。从大多数已开展的中高职贯通专业点总体建设情况看，加强联合共建，已成为共识和主流：基本都建立了联合共建专业的机制、完成了人才培养一体化设计；教学管理逐步实现了学籍和考试管理的衔接；教学评价上逐步完善了评价机制和内容。

为加强中高职贯通专业建设管理，上海已经采取了一定的监督措施：第一，建立专业申报审批制；第二，建立专业建设跟踪调研；第三，建立联合教研组；第四，建立甄别及转段制；第五，建立学籍管理规定；第六，建立中职阶段学生综合素质评价要求。从调研对象反映的调研数据看，无论是家长、学生、教师还是管理者，都比较关注贯通教育效果评价，即专业建设成效评价，包括了多个方面的效果评价；如课堂效果的评价、实践效果的评价、教材选择的效果评价、联合管理的效果评价、学生学习能力效果评价、综合素养提高效果评价、教师教学能力提高效果评价等。此外，被调研对象都希望比较清晰地了解贯通专业的特色发展信息。

调研发现，家长、学生、教师对中高职贯通的两个"一体化"的理念，都表示了高度的认同，但是对于两个"一体化"具体实施，尤其在课程的教学实施方面，在认知感受上差异较大，理解不一。因此，有必要适时对近年来不断扩建的中高贯通专业建设情况开展研究分析，建立有效的评价体系，帮助专业的建设方和管理方进一步加强中高贯通教育工作，推动贯通专业持续健康发展，推动中高贯通教育人才培养建设。

## 六、中高职教育贯通人才培养模式评价体系建设构想

《国家中长期教育改革和发展规划纲要（2010—2020 年）》提出，要通过创新人才培养体制、办学体制、教育管理体制，加快解决经济社会发展对高质量多样化人才需要与教育培养能力不足的矛盾；要提供更加丰富的优质教育，促进学生全面发展，着力提高学生服务国家服务人民的社会责任感、勇于探索的创新精神和善于解决问题的实践能力。中高职教育贯通人才培养模式，适应了当前国家经济社会发展对知识型、发展型高素质技能型人才的需要，其核心是通过一体化的人才培养方案，集聚优质教育资源，一体化的教学实施过程，培养一批高学历、发展型、实践能力强的高素质技能人才。

中高职教育贯通，作为一种人才培养模式，涉及由中等职业教育向高等职业教育发展的两个层次的职业教育；人才培养的途径实现了从"入口到出口"的贯通发展，即从中职学校直

接进入高职院校；人才培养的知识体系打破了原有中职学校和高职学校的课程设置，建立了着眼于人才实践能力提升、学历知识发展的课程体系；缩短了原有的培养学制，通过中职学校和高职院校的合作共建，以创新发展为动力，培养符合社会发展需要的高技能人才。作为中高职教育贯通人才培养模式的载体——专业建设，其职业教育内涵需紧贴市场发展，紧贴企业人才培养岗位能力发展；中高职贯通专业建设的“一体化设计”及“一体化教学实施”，需要随专业对应的职业岗位群人才能力和素质变化需要而不断优化发展。因此，构建发展的、动态的评价体系，是中高职教育贯通人才培养评价构建的重要出发点。

### (一) 美国蓝带学校建立的启示

美国的蓝带学校，是指学校在领导、课程、教学、学生成就、家长参与等方面具有基础表现而接受表扬的卓越学校。以“卓越”和“均等”为核心，凡被确定为蓝带学校，必须是追求所有学生的卓越成就，具有强烈的使命感，主要特征包括：一是有清楚明确的愿景和共享的使命感；二是提供适时和挑战性的课程；三是建立有利于学生学习的政策并给予积极推动；四是家长高度的参与；五是帮助所有学生达到高标准的承诺。其遴选的标准主要包括：学生核心和支持；学校组织和文化；挑战性的标准和课程；主动的教学和学习；专业社群；领导和教育活力；学校、家庭与小区的伙伴关系；成功的指标。美国的蓝带学校，尽管从整体上看，它是一个对中小学校建设评价的“评优”方案，其主要的目的是评选优秀学校，树立卓越，但从教育的人才培养评价角度来看，既带有明显的“教育成效问责取向”，也具有“学校学生发展的取向”。

(1) 在着重考察申请学校办学优势的同时，更强调重视学生的学业成就，学生成就可以包括成绩优异，也可以包括“进步较快”。

(2) 在强调学校自身建设的同时，更注重学校和家庭、社区之间建立的友好的、合作的、合作的互动机制，包括：学校和家庭、社区、商业伙伴关系的发展目标和优先程度；家庭参与子女教育的情况；学校支持家庭需要的程度；学校和社区所拥有的教育资源能为学生、教师、家长扩大学习机会的程度。①

(3) 在申请评估前，强调学校对自身建设和发展有明确的认识，尤其对于学生发展的标准、课程建设的标准都有比较清晰的判断，这些能够成为学校继续发展的推动力。

由美国蓝带学校的建立标准可知，中高职教育贯通作为人才培养的一种类型，以 5 年一轮为建设周期，在每一个建设周期内，作为联合办学的两校必须对专业的建设有明确的建设目标，在教学和管理上，建立比较清晰的管理制度、管理措施，在教学成效评价上，既要对已有的建设情况有明确的认识，又应当在现有基础上，着眼于“发展”。

### (二) 中国香港的教学质量视学模式的启示

中国香港推行的是校本管理，目标之一就是改善教育质量，建立学校自评和校外评核两位一体的教学质量视学模式：通过学校的自评建立自评资料及数据，用数据和实证反映学校

① 赵德成，张东娇. 当前美、英、日三国学校评估的新特点级启示[J]. 比较教育研究，2010，245(6)：83.

的办学情况;通过校外评核,促进全校参与讨论、反思、分析学校办学的强弱项,清晰发掘学校持续发展的方向,建立有效的回馈系统,帮助学校决策层建立制定政策,为学生提供优质教育。

根据学校建设实证数据,建立系统化的自评,强化专业建设和管理,加强学校办学的透明度,通过自评加强校内质量保证和监控,提高专业建设实效,通过一定形式的外评,帮助学校理清办学优势,发掘尚可以改进的地方。

从中国香港的教学质量模式中发现,建立有效的学校自评,可以督促学校自觉检查人才培养模式办学成效,强化质量监控,促进专业建设发展;通过同地区办学基本标准的对比,发现自身的不足和办学可提升的空间,发掘办学特色。

### (三) 欧盟职业教育教师专业能力标准的启示

欧盟职业培训发展中心在 2009 年实施了"职业教育教师专业能力标准框架"。这一框架已经获得了 21 个欧盟成员国的认可,框架建立 4 个分析维度:管理、教学、专业发展与质量保障、建立人际网络。欧盟职业教育教师专业能力标准对每个维度的教师活动,以及相应的知识能力要求都进行了详细的分析(见表 26、表 27)。

**表 26 欧盟职业教育教师专业能力标准框架(一)**

| 管理方面 | 能力一:组织和规划 | 能力二:项目管理 |
|---|---|---|
| 具体要求 | 参与招收学生、参与学生选拔、记录学生成长、记录自己的活动、计划和组织课程、参与团队活动并与其他员工合作、指导新教师 | 书写项目申请书、建立合作伙伴、申请经费、管理项目、项目经费控制、汇报项目成果 |

**表 27 欧盟职业教育教师专业能力标准框架(二)**

| 教学方面 | 能力一:教学设计 | 能力二:学习指导 | 能力三:评价 |
|---|---|---|---|
| 具体要求 | 与同事和企业合作设计课程或学习项目;分析学生的学习需求及劳动力市场需求;将培训与政治和社会发展重点问题联系起来;规划学习活动和过程,包括结构、内容和材料;建立个人学习计划;与企业合作组织工作场所学习 | 管理和实施学习过程和活动;将培训与实践联系起来;指导学习;支持、激励和引导学生;处理紧急事件;创造并使用资源和素材;与家庭合作;支持和指导学生向工作本位培训和劳动力市场过渡 | 管理诊断性技能测试;与同事和企业培训师一起评价学生的学业成就;监督企业培训师;提供反馈以支持学生学习和培训师专业发展 |

教师的能力要求在中高职教育贯通人才培养评价中尤为重要。欧盟职业教育教师专业能力标准为我们在贯通专业教师教学能力评价方面提供了一些建设性的思路,即作为中高职教育贯通授课教师,教师个人的专业能力既要具备职业教育教师所必备的基本教学与管理能力,又要具备同一专业(非贯通培养)的授课教师所不具备的一些教学和管理的能力。

### （四）CIPP 评价模式的启示

CIPP 评价模式是美国教育评价专家斯塔弗尔比姆于 20 世纪六七十年代提出的，亦称决策导向或改良导向评价模式。斯塔弗尔比姆认为这种模式应能提供整体的、全面的信息，以帮助方案目标的确定、研究计划的修订、方案的实施，以及方案实施结果的考核。

CIPP 模式的基本观点是：评价最重要的目的不在证明，而在改进，主张评价是一项系统工具，为评价听取人提供有用信息，使得方案更具成效。CIPP 评价模式包括 4 个方面的评价，即背景评价（context evaluation）、输入评价（input evaluation）、过程评价（process evaluation）、结果评价（product evaluation）（见表 28）。

**表 28 CIPP 评价模式**

| 背景评价 | 输入评价 | 过程评价 | 成果评价 |
|---|---|---|---|
| 对教育目标的合理性进行诊断性评价，是根据社会需要和评价对象的状况，对所提出的教育目标进行价值判断，为计划决策服务 | 用以实现教育目标的教育方案进行可行性评价，即对实现教育目标所需要的条件、资源及各备选方案进行评价，为组织决策服务 | 对方案实施过程的形成性评价，对方案实施过程作连续不断的监督、检查和反馈，发现方案实施过程中存在的问题，通过对问题的分析，为决策的实施服务 | 对方案实施过程的形成性评价，对方案实施过程作连续不断的监督、检查和反馈，发现方案实施过程中存在的问题，通过对问题的分析，为决策的实施服务 |

CIPP 模式在评价活动中首先对目标进行评价，使目标本身的合理性得到评价，然后对教育活动过程中的不同阶段实施不同的评价，并强调评价贯穿于教育全过程；CIPP 模式重视形成性评价，将目标的达成和过程环节的评价视为同等重要。中高职教育贯通人才培养是五年一贯制教育，教学实施是一个发展的动态的过程，涉及面广，其评价应根据人才培养模式的组成要素和实施过程的各个环节，构建与人才培养模式运行实际相符的评价指标体系，将使评价贯穿于整个人才培养过程中的各个环节，通过评价为教育决策提供尽可能多的信息，使评价活动更具方向性和实用价值，使评价作为人才培养过程中的一个重要组成部分，帮助决策者和管理者改进工作和提高人才培养质量。

### （五）中高职教育贯通人才培养评价体系构架

1. 建立三级动态专业建设评价机制

作为中高职教育贯通人才培养，包括了两个层次的职业教育培养——中等职业教育及高等职业教育，在学制推行上一贯制，其载体为专业建设。因此，专业建设方面的评价应当是动态的、递进式的评价，包括专业设置评价、专业建设评价、专业发展评价。

2. 建立多元的评价主体

作为职业教育的一种培养模式，中高职教育贯通人才培养评价的主体应是多元的，包括政府管理层、学校管理层、家长、学生、同行教师、评估专家、企业行业专家等，其评价参与者范畴应当来源于上述的评价主体。

3. 建立学校自评和第三方评价相结合的评价方式

同中职学校中职专业建设或是高职院校高职专业建设相比，中高职教育贯通人才培养有其特殊的建设发展特点，其贯通式的培养路径，中高职教育合作办学模式等特点，尤其需要办学的主体学校加强自我评价，包括对专业建设目标、课堂体系设计和实施、师资队伍保障、教学管理过程等多方位进行自我评价。通过自我评价，明确贯通专业人才培养目标的定位，明确人才培养的教学管理运行模式，促进贯通专业的发展。同时，在适当的专业建设和发展阶段，邀请第三方进行评价，通过第三方评价发现专业建设中存在的问题，寻找解决问题的出路以及方法，促进贯通专业的再发展。

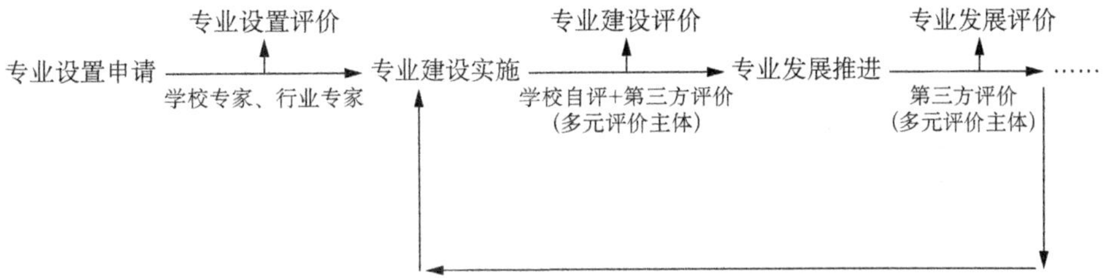


图 2　中高职教育贯通动态的、递进式的专业建设发展评价

4. 在专业建设评价的基础上，建立中高职教育贯通人才培养评价体系

建立一体化人才培养方案、建立一体化教学管理实施是中高职教育贯通人才培养两个显著特征，是贯通教育发展的核心，也是难点。在专业建设评价的基础上，以 CIPP 评价模式为指导，对贯通人才培养过程的各个环节及要素进行进一步进行分析，构建贯通专业人才培养目标评价、教学条件投入评价、人才培养过程评价、培养成果评价组成的多元主体参与的人才培养模式评价指标体系见表 29。

表 29　中高职教育贯通人才培养评价指标

| 评价方式 | 指标构成 | 主要观测点 | 评价参考依据 | 备注 |
|---|---|---|---|---|
| 背景评价 | 人才培养目标及总体建设情况 | 1. 专业人才培养目标 | 学校专业建设规划；同类专业调研情况报告；中高贯通专业人才培养方案；毕业生就业情况调研报告 | 学校自评及第三方评价 |
| | | 2. 专业建设思路 | | |
| | | 3. 一体化教学培养方案 | | |
| | | 4. 毕业生就业状况 | | |
| | | 5. 同类专业的数量、建设情况 | | |
| 输入评价 | 人才培养保障条件 | 1. 教学条件 | 实验实训条件(设备台账、面积、资产总值)；校企合作建设情况(建设报告)；校内外实训基地；数字化教学资源库、网络课程建设情况 | 学校自评及第三方评价 |
| | | 2. 教学师资及能力 | 教师名册、职称结构、学历结构、职业教育教龄、专兼教师比例、双师型教师比例、师生比；贯通教育教师教学能力标准(基本要求、较高水平要求) | |

（续表）

| 评价方式 | 指标构成 | 主要观测点 | 评价参考依据 | 备注 |
|---|---|---|---|---|
| 输入评价 | 人才培养保障条件 | 3. 课程设置 | 教学进程表；每学期课表；课程教材的选用清单 | 学校自评及第三方评价 |
| | | 4. 管理制度 | 各类管理制度文件；一体化教学管理实施的思路及具体措施 | |
| | | 5. 经费保障 | 经费预算报告及使用情况 | |
| 过程评价 | 贯通人才培养教学过程实施 | 1. 教学计划实施 | 教学计划实施记录（每学期开课计划表、实践教学计划及记录）、教学文件及执行记录 | 学校自评及第三方评价 |
| | | 2. 课程建设实施 | 课程建设的基本情况报告（包括通识课及课程资源库建设） | |
| | | 3. 教材建设情况 | 课程教材建设情况报告 | |
| | | 4. 课堂教学实施 | 每学期每门课程的教案、成绩登记情况及成绩评价分析 | |
| | | 5. 教师课堂教学能力 | 课堂听课记录、教师教学法评比记录、教师培训及学历提升证明、职业岗位证书获得的情况统计、教师课堂教学能力总体情况分析报告（对照贯通教育教师教学能力标准） | |
| | | 6. 教学条件使用 | 实验实训场地、设备使用登记记录、校内外实训日志 | |
| | | 7. 教学监控 | 教学监督控制过程记录、校内外第三方评价记录 | |
| 成果评价 | 贯通人才培养成果 | 1. 学生学业水平 | 毕业生“双证”获取率；学生综合素质评价表；用人单位对毕业生评价；学生自我评价；家长对学生成长发展评价；学生参与各类竞赛的获奖统计情况 | 学校自评及第三方评价 |
| | | 2. 学生就业状况 | 学生初次就业率、就业稳定率；专业对口率；初次就业平均月薪；毕业生对就业满意度调查 | |
| | | 3. 专业建设成效 | 专业建设报告（基本建设情况、建设成果、建设特色、发展建设思考） | |
| | | 4. 特色及发展 | 典型案例、贯通人才培养模式后5年建设发展规划报告 | |

5. 评价的时间、方式、评价结果

中高职教育贯通人才培养基本学制为5年，个别专业为6年。作为一种贯通式的培养模式，其基本载体为专业建设，因此，在专业设置及建设的第一轮周期内，在专业设置开始后，在专业建设的第一轮建设周期内（5～6年），采取跟踪调研、专业建设评价的方式，对专业的基本建设情况做出恰当的分析和评价，评价结果应当等同于“合格水平评估”，分为“合格”和“不合格”两个层次，对于“不合格”的专业给予整改建设，对整改后的专业继续进行跟踪调研，第二年继续进行专业建设评价，若评价结果仍为“不合格”，则停止当年招生。

凡通过专业建设评价的专业，建议在专业建设的第二轮周期期间或结束后，开展中高职教育贯通人才培养模式评价。人才培养评价以贯通专业联合办学的中职学校和高职院校联合申请并开展自评建设，在递交自评报告后，接受第三方评价。通过人才培养模式的评价，认识中高职贯通专业建设的优势和不足，推进专业建设发展。考虑到人才培养模式评价是一次过程性评价及诊断性评价，评价结果为“通过”“暂缓通过”“不通过”，或“可持续建设”“暂缓建设”“重点建设”。

# 立足上海　服务全国　职教师资培养培训创新实践

赵　宏①　陈　敏②　咸影波③　王　芬④



## 一、成果背景

教育大计，教师为本。面对上海教育要构建"现代职业教育体系"远景目标，上海市职业教育发展对职业院校师资建设提出了新要求。

2000 年，上海商学院列为首批 5 个国家级"高职高专教育师资培训基地"之一⑤，2008—2012 年，先后成为上海市中职、高职师资培训基地，教育部全国职业教育师资培养培训重点建设基地。早期培训模式比较传统，缺乏针对性和有效性，调研发现，学员普遍认为培训存在 3 个方面的偏差：方式单一，基本上都是讲座为主；缺乏职教特点和针对性；行业性不强，缺少"双师型"素养培养内容。面对职教发展，如何对职教师资培养培训进行整体化创新、探索与实践，势在必行。

职教师资培养培训探索与实践基于以下三点思考：

(1) 师资培训要体现职教理念，聚焦课堂教学。培训内容应当基于教育教学过程与职场工作过程的相结合，关注学员"双师型"素养提升。

(2) 师资培训要结合职业院校教改要求、师资队伍建设要求，坚持从实践中来，到实践中去的实施理念，无论是内容、形式还是管理制度都要体现针对性和有效性，提升教师教学和教研能力，为职教教师打造专业化发展路径。

(3) 师资培训项目化、精细化运作，做好"传、帮、带、教"，立足上海、服务全国，围绕职教内涵建设，争创品牌。

## 二、职教师资培训的创新实践

### (一) 基本思想

(1) 培训项目的实施，必须围绕上海经济特点、职教特色，使学员受训有益、回校能用，

---

① 上海商学院高等技术学院副院长。

② 上海商学院高等技术学院院长。

③ 上海商学院教育部全国高职高专师资培训基地日常教学管理负责人。

④ 上海商贸职业教育集团秘书处项目负责人。

⑤ 首批 5 个国家级高职高专教育师资培训基地：北京、上海、天津、河南、宁波。后增广东，减河南。

探索适用于职教师资培训新路，在上海形成口碑。

（2）从不同地区经济发展、院校建设和教师专业化发展的实际出发，以“需求”为导向，以项目为抓手，创设个性化培训方案①，立足上海，服务全国，开展多元培训模式的实践，丰富培训内容和形式，提升培训质量。

## （二）主要内容

### 1. 创建各级各类职业教育师资培训体系

经市教委批准，上海商学院 2005 年成为首批市级“名校长名教师培养工程”职教师资培养基地，②2008 年为首批市级“高职高专教学能力提升工程”师资培训基地，2009 年成为市级“中职骨干教师培训基地”，2012 年成为“教育部重点建设中职教师培训基地”，③培训项目日趋丰富，培训模式渐趋成熟，成效逐步突显。实现了由高职教师短期培训到各级各类职教师资培训周期多样化的培训，由单一的全国高职师资培训资质到涵盖市级中职、全国中高职师资培训资质，由一般教师的学习进修式培训提升到骨干教师乃至“名师”层次的高端职教师资培训跨越式发展，逐步建成以财经、商贸类专业和文化基础课培训课程为特色，面向财经和商贸类专业教师、文化课教师、教学管理干部、教学科研骨干、生涯发展教育教师等培训课程体系，凝聚了一支能满足培训需求的培训师队伍（专家库），组建了一支服务于各级各类职教师资培训任务的管理和后勤保障队伍。

培训数量不断增加，已培训全国高职高专师资 8 000 余人，全国中职教育师资 99 人，上海市级职教师资 885 人，市级教师下企业实践培训 76 人，市级中职“名师”培养 56 人。④

### 2. 创设的培训目标彰显职教色彩

以提升“双师型”素养和课堂教学能力为重点，以校企合作为平台，以教科研项目作为教学一体的主要方式，按培训类别和层次因材施教，培训项目目标具有职教特色、能满足职教院校专业内涵建设需要。

### 3. 探索建立多元培训模式

针对不同时长、不同培训对象的培训项目创设多元培训模式，实现几个突破：

（1）通过校企联姻，将培训与企业实践相结合，致力于“双师型”素质的锻造。依托上海商贸职业教育集团企业合作单位，如百联集团、东方（国际）集团有限公司等，⑤联合制定培训方案、组建培训师队伍，企业建立师傅带教机制，负责下企业阶段学习指导。短期培训项目规定学员直接下企业时间不少于 1/3，中长期项目则超过 1/2，文化基础课参训教师下企业调研时间也达两天。企业实践受到学员欢迎。

长期的校企合作，基地和企业形成了一系列共同的理念和默契，百联集团和东方国际集

① 见附件证明材料：培训方案选编（以 40、80、160、500 学时且类型有别的方案为例）。

② 上海市教育委员会关于公布首批“上海市普教系统名师培养基地”的通知，沪教委人〔2006〕2 号。

③ 教育部关于批准天津职业大学等 33 个单位为全国重点建设职业教育师资培养培训基地和神州数码网络（北京）有限公司等 2 个单位为全国职业教育师资专业技能培训示范单位的通知，教师函〔2012〕5 号。

④ 附件证明材料：上海商学院基地 2008—2017 年 6 月各级各类职业教育师资培训情况一览。

⑤ 百联集团和东方国际（集团）有限公司分别辖有数百家不同业态、不同类型的企业，有极强的吸附力和支撑力。

团有限公司成为本市中职学校教师下企业实践基地，还被评为市级中职学校教师下企业实践培训优秀企业实践基地。①

(2) 聚焦课堂，做教学一体化融合，致力于教法和课改瓶颈的突破。聚焦课堂，帮助学员正确理解和执行“任务引领”专业课改精神，②从理念、策略、步骤、方法、局限等方面系统诠释教学方法实施的要领，设置示范课教学环节，“头脑风暴式”互动，鼓励学员致力于教法和课改探索。

开设系列讲座③，帮助学员了解职业教育现状和未来发展趋势；鼓励学员走出去，不少学员赴国外参观学习。基地先后组团3批次50余名学员赴我国台湾地区考察职业教育，指导学员将“习得”转化为可行的课改项目和课堂“教法”。④

将授课与说课评课相结合。学员在导师的指导下，撰写教学设计，在本校同行中说课、进课堂授课，所授课程由学员自由选定，导师随堂听课评课。真学实练，帮助学员从实践到认识，又从认识回到实践，通过考核环节上升到新的认识阶段。

将案例教学与项目提升教科研能力相结合。鼓励参训学员做中教、做中学，短期培训完成1个教研项目，中期培训完成2～3个教研项目，长期培训项目常常多达3～5个。项目的遴选上，既有基地的规定项目，也有来自学员学校的实际项目，还有基地帮助学员申报的上海市教委及有关协会组织申报的项目。⑤ 基地还组织在训名师班学员到骨干教师培训班担任导师、班主任或授课，在项目实践中提升相应素养和能力。

将项目教学与复式教学相结合。针对学员专业背景不一和程度的参差不齐，既组织通用课程培训，又组织个性化课程培训，增加2～3天教学课时，有针对性地补充教学内容。

(3) 积淀品牌，优化与动态调整相结合，致力师资培训质量的提升。基地不断研发新项目，按需设置课程，充分听取学员测评反馈，逐渐优化、积淀了一批品牌课程和品牌培训师，课程模块不断得到动态调整和优化，保持了基地职教培养培训可持续发展能力。⑥

4. 创新制度和长效管理机制

(1) 创设基地、班主任、导师相结合的动态管理机制。建立动态的管理机制：建设一支专兼职结合的管理队伍，负责组织协调、校企合作、后期保障；建立“双导师”，负责学员个性化指导或团队项目指导；以项目负责人和班主任(校外专家组成)为管理重心，负责项目的策划和日常运作。动态的管理机制加上管理团队具备的凝聚力、战斗力、创造力和执行力，促

---

① 百联集团、东方国际(集团)有限公司被评为市级中职学校教师企业实践市级培训优秀实践基地荣誉证书照片打印件。

② 相应讲座有《职业院校公共基础课教改思想与实践》《国际商务专业与职业教育思想》《国际商务专业核心课程标准实施中问题分析》《会计专业与职业教育思想》《会计专业中高职衔接课标解读》《职业院校怎样说课》《职业院校课堂教学典型案例解读》等。

③ 主要有华东师范大学石伟平教授《中国台湾职业教育》、教科院杨黎明教授《德国双元制模式》、冯伟国教授《澳大利亚 TAFE 人才培养模式》等。

④ 部分学员通过到台湾考察，参加“海峡两岸职业教育论坛”，回学校后开发了新专业，进而申报成功主持上海市级专业教学标准的制定工作以及在随后的上海市教学法评优活动中取得了好成绩。

⑤ 如上海市教委授予的教育部项目“国际水平专业教学标准研发”；市级开放式实训中心建设等。

⑥ 附件证明材料：上海商学院基地品牌教师、品牌课程一览。

进了培训优化发展。

(2) 创设以过程记录为依据的全方位动态评价机制。创设“三册管理”制度(学员、导师及班主任手册)。“三册”既是全面、具体反映培训过程记录,也成为基地培训考评的重要依据。

建立过程和终结考核相结合的考核制度,培训评价呈现“项目多元化、评价主体多元化”的特点,其构成为:出勤记录,由基地评价(凡有缺勤就不能评优秀,凡缺勤超过10%就不能按期结业,须随下一期培训补课);聚焦课堂的授课评价,由导师评价;企业实践记录,由企业带教师傅评价;结业答辩,聘请基地内外有关专家评价。

注重学员对自己的评价和对基地的评价,成为培训项目发展的激励源泉。学员的自评、互评都呈满意状态。学员对基地的各项评价满意度综合平均达98%以上。

(3) 创设与学员派出单位动态联系的制度。组织学员开展随堂授课,其所在学校非常重视,校领导和教学部同仁主动参加一起听课;培训后,基地开展跟踪听课(调研)。2016年,基地专题组织对本市15所学校的60名中职教师(含特聘兼职教师)开展培训跟踪调研,所在学校非常欢迎,积极配合。

(4) 全心全意为学员服务的后勤保障制度。基地为学员提供完备的、全信息化的培训场所和设施,提供温馨用餐、用车等后勤服务。健全经费规范使用制度,严格按照国家财经规定和项目申报预算执行,两次审计都得到了“规范”的好评。

## 三、成果的创新意义和应用价值

### (一) 成果的创新意义

(1) 更新职教师资培训理念,聚焦提升“双师型”素养和课堂教学能力,与企业全方位开展合作,项目驱动,做教学一体,为创新实践职教师资培训模式奠定了基础。

(2) 较系统地创新实践了各级各类职教师资培养培训,较完整地创设出基于不同层次的培训对象、不同培训周期、不同生源区域要求的培训方案;培训中融入研讨、导师带教、说课、项目实操、企业实践等元素,使学员不拘泥于聆听,能主动参与培训,探讨发现的问题,实现思考总结、教学教研能力双提高;组建培训课程资源库和培训师资库,基本建成适应我国当前专业内涵建设和课改需要的职教师资培训体系。

(3) 较系统地创新实践并构建起具有职教特色的多元培训模式。其中,深度校企合作以提升“双师”素养、聚焦课堂以提升“让教法贴近学生”的教学能力,体现了上海特色,适应了全国需求,具有先导意义。

(4) 较系统地由制度创新到构建长效管理机制,双导师制、“三册”管理和注重过程考核等都具有首创意义。

### (二) 成果的应用价值

(1) 基地的创新实践,为职业院校师资培训闯出了新路。基地的创新实践具有鲜明的职业教育特征,具有明确的针对性和实效性。培训模式和管理机制等已经被兄弟师资培训基地借鉴。

（2）多元化的教学模块组合，特别是全面引入校企合作机制，为职业院校师资培训注入了新鲜活水，并通过全国职教师资培训平台产生一定的辐射作用。

（3）探索建立的“双导师制”“三册管理”管理制度在兄弟师资培训基地形成示范效应并得到推广。

（4）学员成果丰硕，培训效果显著。通过培训，学员或成为教学能手；或成为市级教研项目领衔者。学员中，2014 年获得市职业教育教学成果奖一等奖 16 人次，二等奖 13 人次；2017 年，5 名学员获得《上海教育》杂志专题报道。基地多次被教育部考评为高职高专师资培训基地先进单位，被市教委考评为市级中职教师培训优秀基地。15 人先后被命名为全国师德标兵、市级教书育人楷模、市级高校教学名师、全国和市职教协会教学名师、市黄炎培职业教育奖杰出教师奖等荣誉，7 人成为上海市名师培育工作室主持。编辑并出版《职业院校语文课典型教案评析》《职业院校专业课典型教案评析》《职业教育师资培养模式研究》《我们的光荣与梦想——上海市职业教育优秀教师典型案例集》等反映培训研究及成效的书籍。

# 课程主体　文化营造　立体育人

## ——商文化育人的实践探索

傅建东[①]　陈文珊[②]　冯　梅[③]　甘小的[④]　张熔[⑤]

## 一、成果的提出

商文化并不是商业文化的简写，“商”包含了各种商务活动。现代商文化是中国特色社会主义理论指引下的产物，而商文化的核心则是“德”。党的十八大报告提出，要坚持社会主义先进文化前进方向，树立高度的文化自觉和文化自信，建设社会主义文化强国。教育部2014年颁发了《教育部关于全面深化课程改革落实立德树人根本任务的意见》。如何结合学校特色，加强文化教育是上海商学院一直在探索的课题。上海商学院高等技术学院作为学校负责高职教育和教学管理的职能部门，也一直在探索和实践，并建立了商文化与专业相结合的育人机制。

上海商学院的办学理念是“以商立校，应用为本”，校训是“厚德博学，经世济民”。“商”和“德”是两个中心词。根据这两个中心，上海商学院高等技术学院打造商文化特色教育，培养商文化意识，提升学生的商文化软实力，将商文化的力量融入其中，形成“公正，包容，诚信，责任”价值取向，以实现“立德树人”的根本目标。在此过程中，逐渐形成了商文化育人机制和商文化育人特色，将课程、企业、环境和活动等有机结合，适应了全程育人、立体育人的需求。

十九大报告提出：“中国特色社会主义文化是激励全党全国各族人民奋勇前进的强大精神力量”。习近平总书记在全国高校思想政治工作会议上指出：“要坚持把立德树人作为中心环节，把思想政治工作贯穿教育教学全过程，实现全程育人、全方位育人，努力开创我国高等教育事业发展新局面”，“要更加注重以文化人、以文育人”。高等职业院校结合学校特色、结合专业特色，加强文化教育，探索并形成具有自身特色的文化育人机制应是新时代中国特色社会主义文化建设的重要内容。

## 二、商文化育人实践探索的成果

在长期的教育教学实践过程中，上海商学院高等技术学院探索文化育人的方法，并结合

---

① 上海商学院继续教育学院副院长。
② 上海商业会计学校校长、上海商学院高等技术学院交通路院区主任。
③ 上海市商业学校副校长。
④ 上海商业会计学校教师、上海商学院高等技术学院交通路院区高职办主任。
⑤ 上海商业会计学校教师、上海商学院高等技术学院交通路院区原办公室主任。

学校的专业特点，形成了文化育人机制和商文化育人特色。

### （一）明大道，善教化，发挥课程主渠道作用

第一，发挥思政课程的引领作用，以中国特色社会主义先进文化教育学生，并指引其他课程的开设和所有活动的开展。第二，将商业文化引入课堂，将文化育人通识课程融入人才培养方案，将《中国商业文化史》《商业文化》作为通识课程，供所有专业选修。第三，根据专业特点开设相关文化课程，例如，商务英语专业开设了选修课《中外文化比较（英文）》。第四，开设《今日新沪商》社团活动课，开办模拟公司，在操作中感受和领略商文化。

依托课堂教学，发挥课程和课堂主渠道作用，将商文化精神融入课程各个环节，构建凸显商文化的课程群，在为学校文化育人注入新的活力的同时，在引导学生树立正确的人生目标、价值取向上奠定了成功基础。

### （二）传承历史，展示成就，打造沪商文化馆育人平台

2013 年启动，2014 年高等技术学院建成沪商文化馆。文化馆用文字、图片、影像资料等形式，生动再现了上海开埠以来民族工商业的辉煌。3 年来，举办了包括“近代百年工商业品牌展”在内的主题展 5 次。文化馆建成后，成立了一支 20 人的学生讲解员队伍，学生写解说词，制作讲解卡片。在讲解过程中，学生既传递了商业文化精神，宣扬了上海发展成果；也体悟了专业。同时，聚焦沪商，加强沪商文化史研究，文化展示馆立项，出版《沪商抗战遗珍》等著作。

### （三）校企合作，文化融合构筑文化育人实践平台

1. 与优秀企业“联姻”，为校企文化融合育人搭建桥梁

学院与富有优秀企业文化的企业进行合作，共同实现文化育人。学校与知名企业合作，引名企文化入校，为实现校企文化融合育人搭建了一座彩虹般的桥梁，例如，富有“刚韧、无畏、探求、超越”精神的东方集团有限公司，“无限极”理念的上海思原物流有限公司，崇尚“服务、合作、发展”价值观的上海欣海报关有限公司等。

2. 开展校企合作主题活动，为校企文化融合育人搭建平台

学院将优秀企业的优秀文化融入学生的文化教育中，与企业开展了诸多校企合作的主题活动。定期邀请优秀企业代表，为相关专业学生开展有关企业文化、创业精神等方面的讲座，对学生进行商业文化价值观的教育。同时，我们还经常带领学生参观知名企业，让学生实地体验优秀企业的优秀文化和职场氛围。在企业里开展学生座谈会，让学生与企业领导员工进行深入的互动交流。此外，还与东方集团开展了校企合作冠名班，东方集团的能工巧匠每年都来为学生授课。

3. 以创业教育为载体，鼓励学生“勇当创业人”

引导学生自觉培养创新意识、创造能力和创业精神，实现创业教育与专业教育、创业文化与学校文化、创业实践与工学结合、创业教育与就业教育 4 方面的有机融合。我们开设创意集市，让学生丰富体验“创业”。创意集市开办已经 3 年了，创意集市是在校内创建一个真实的市场，在校内教师、企业导师的指导下，开展为期 1 天的商品交易活动。独立核算、自负

盈亏，真正做到学以致用，活学活用，切实培养学生的创业精神，创新能力，以及商品经营和企业管理能力。

### (四) 以“形”写“神”，环境创建润泽人心

1. 建设一厅两馆、一道两墙，营造“看得见”的文化

一厅，即教学楼大厅，开放的交流空间。两馆，即商业文化馆、图书馆。文化馆，按照过去——现在——未来的设计思想，展现上海开埠以来的工商业成就，为教学科研服务，与专业课程联动。图书馆和文化馆合璧，作为文化馆教育的一个载体，图书馆更现代，是未来商业人才的聚居地。一道是教学楼过道；两墙，办公楼、教学楼过道上的两面墙。墙壁上有马云和“支付宝”的介绍；有金融历史介绍；有物流人员必备的 7 个修养说明。开辟“人文走廊”，打造“过道文化”和“墙壁文化”，让墙壁思想化，让会说话的墙壁潜隐教育于无形，展现了学校文化教育内涵和文化育人的优美环境。

2. 整合一茶两座、咖啡和书，体验“摸得着”的文化

新改造的图书馆，明亮通透，格调高雅，现代大气。特别是“创吧”的开设，师生在这里不仅读书、学习谈人生，更多的是一杯咖啡在手，两种思想交流。这里不仅是读书的场所，这里也是创意、创造的集萃地。

3. 创办“尚商文化大讲堂”，品读“感受到”的文化

大讲堂是针对学生感兴趣的主题精心打造的文化教育活动。邀请校内外有影响力的专家学者如“百家讲坛”主讲、海归企业家、外籍设计师、非物质文化遗产传承人进校园。大讲堂内容贴近青年学生真实需求，或讲论语；或讲文化产业发展；或讲孙子兵法与现代商战；或讲商业业态和电商发展……讲座内容虽然包罗万象，但商文化仍然是一根主线。

### (五) 树立品牌，构建载体，活动引领促成才

1. 文化需要载体，文化育人更需要载体

各种青年学生喜闻乐见的文化活动是这些年学校潜心打造的。举办以“百年商海、匠心永传”为主题的“尚·商”文化节、近代百年民族工商业品牌展、“商业文化”寻访暑期社会实践、建设志愿服务基地和“尚·书荟”读书报告会等活动，因主题鲜明、内容丰富而获得了包括上海教育电视台、青年报、劳动报、上海热线等多家媒体的报道。

2. 举办近代百年民族工商业品牌展

积极争取社会收藏家的支持，沪商文化馆展出了标志我国民族工商业发展的各种品牌的商标，这些见证了我国民族工业的繁荣与兴衰的弥足珍贵的商标，背后都是一段波澜壮阔历史，也凝聚着永不消逝的工匠精神。慕名而来的不仅仅是本校师生和附近居民，百联集团、杉达学院、上海工商外国语学院、上海工艺美术学院等也组队前来观摩，形成了很好的社会效应。

文化寻访，树魂立根打底气。2012 年立项，2013 年暑假开始，组织 35 个队 100 余名学生参加“商业文化”寻访暑期社会实践，成为 2012 年上海市大学生最佳社会实践项目之一。文化寻访，学生的收获不仅仅是一次社会实践，一次对传统文化的亲密接触，寻访更是一次文化寻根树魂，是一次打底气的活动。学生在文化寻访总结里说“要成长为商业文化的传承人。”

3. 与社区签约，建设志愿服务基地

通过宜川路街道推荐、网络征集、实地走访等多种方式，联系了 8 家单位，在此基础上建成了志愿者服务基地。通过选拔，学生组成志愿者服务小分队，对基地内的联系对象开展定向式志愿服务。通过参与志愿服务，学生真正理解了“互相帮助、助人自助”的奉献精神，同学们通过自身的言行向社会播撒“奉献、友爱、互助、进步”的志愿服务精神。

4. 举办“尚·书荟”读书报告会

组织教师推荐必读书，发动全校学生参与投票，选出自己最喜爱的书，每年出榜《我最喜爱的 50 本书》。引导学生写读书报告，评选后组织 10 名优秀者在读书报告会上展演。选书、读书、交流，学生走近名家大师，全员学习、终身学习的氛围正在形成。

5. 举办“我是大诗人”诗词创作和“我是朗读者”诗词朗诵会

每年 5 月，组织学生诗词创作和诗词朗诵比赛，在传承华夏诗词文化的同时，扩大和培养了诗词文化受众，活跃了校园文化氛围。

## 三、成果解决的问题与创新点

1. 成果主要解决的实践问题

文化育人的本质就在于以人类文化的正向价值为导引，教化人走向道德、理性。充分认识文化的育人价值，让广大青年学生从人类优秀文化中得到滋养，增强底气，坚定文化自觉与文化自信。上海商学院在探索建立文化育人机制，拓展育人载体、创新育人途径上，着重解决了以下几个问题：

(1) 解决了文化育人的系统性不足的问题，从整体上进行设计，从课程、环境、活动和校企合作等多方面统筹考虑，建立文化育人机制。

(2) 解决了文化育人立体性不足的问题，文化育人仅仅依靠课堂教学是不够的，丰富的课外文化活动与课堂教学形成呼应，校园环境和网络空间的文化氛围起到潜移默化的作用。

(3) 解决了文化育人载体欠缺的问题，用心挖掘，精心设计，做到处处有载体，时时有载体。学习和生活环境、思政课堂、专业课堂、文化课堂、课外活动、网络空间等都是非常好的文化载体。

(4) 解决了高职院校在人才培养方面过分强调职业技能培养，忽略学生的文化熏陶问题。将专业技能与文化育人相结合，培养学生社会责任感，丰富学生文化底蕴，为学生的终身持续发展奠定基础。

2. 成果创新点

(1) 以立德树人为根本，以中国特色社会主义理论引导正确方向，以文育人，以文化人，弘扬工匠精神，将中国特色社会主义先进文化有机融入教育教学全过程中。在此基础上，将专业特点与文化育人相结合，逐渐形成了商文化的育人特色。

(2) 形成了以思政课程为文化教育主渠道，商文化为特色的文化课程体系。将文化教育与专业教育结合起来，构建了以“商文化＋专业教育”的系列课程。

(3) 课堂横向贯通，充分发挥第一课堂的主渠道作用，加强第二课堂的文化育人作用，提升第三课堂的网络教育内涵。3 个课堂相互联系、相互影响、相互补充。

(4) 环境设计全方位考虑,“一厅两馆”“一道两墙”,营造“看得见”“摸得着”的文化,使学生在校期间完全浸润在浓厚的文化氛围之中。

(5) 沪商文化馆填补了上海作为国际化都市、中国商业之都没有商业博物馆的一项空白,为上海保存了城市文化记忆。不唯如此,沪商文化馆正在成为沪商文化展览、教学和科研基地。

(6) 将商文化与创业教育相结合,培养学生的创业精神。

(7) 校企合作不再局限于技能领域,扩展到文化建设。

(8) 打造品牌文化活动,增强文化活动对青年学生的吸引力,加强互动性与参与性,使青年学生主动参与其中,在文化活动中,不仅受到熏陶,而且主动参与到文化建设过程之中。

## 四、成果的推广与应用效果

商文化育人模式,在结合学校和专业实际的基础上,解决了高职院校文化育人中存在的不足,找到了确立和巩固青年学生社会主义核心价值观和职业道德的方法,达到了立德树人的目的,成效明显。

### (一) 人才培养质量提高

学院培养了一批具有“大国工匠”精神的技术技能型人才,且有很好的商文化素养,深受企业欢迎。高等技术学院通过问卷星对 122 家学生实习企业进行了一项全覆盖、不记名的网络调查,其中一项调查是从企业视角看,学生非智力因素较弱,需要改进的选题,人文修养在 5 个选项(交际能力、学习精神、人文修养、主动性和自信心)中得票最低,表明企业非常认可学校高职学生的基本素质,这与学院的商文化教育是密不可分的。文化育人机制的成效在学生就业率中也可以反映出来。学校就业率从 2012 年的 96.93%,逐步提升到 2016 年、2017 年连续两年的 100%,签约率从 2012 年的 85.94%,提升到 2017 年的 98.12%(见图 1)。

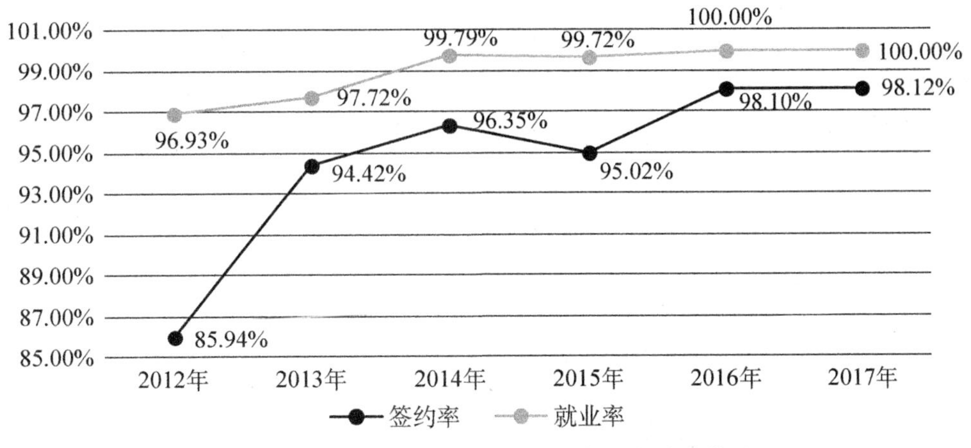


**图 1 上海商学院高职毕业生就业率、签约率走势图**

### (二) 文化建设取得丰硕成果

一是构建了以思政课程、商文化课程,以及与专业课相结合的课程体系;二是创建沪商文化馆,以此成为商文化教育的重要平台,依托这个平台,开设各类讲座,开展各类活动;三是确立了"商业文化寻访"暑期社会实践等系列品牌文化活动项目;四是开启了沪商文化研究之路,出版《沪商抗战遗珍》等著作。

### (三) 校企文化合作开拓崭新篇章

校企合作不再局限于技能领域,文化建设成为校企合作的重要领域。东方集团、思源物流、欣海报关有限公司等知名企业的文化成为学校商文化建设的重要组成部分。作为德国巴伐利亚州教育集团在上海的首家合作高校,学生在模拟环境下进行在线全球商务项目实战练习,体验发达国家企业文化,培养学生包容多元文化。

学院与人力资源社会保障局合作,成为人保局的"学生创业指导服务站"单位。学生创业指导服务站的落成,如同一块"试验田",学生在竞赛中提出的一个个创意丰富、可行性强的商业方案将会在这块"试验田"落地生根,开花结果。

### (四) 社会影响日益提升

沪商文化馆的商文化效应已经辐射周边社区。受到商文化熏陶和教育的学生在志愿者活动中与宜川街道阳光之家的智力不健全者结成了对子,把爱心、善意、责任和奉献精神融进血脉。沪商文化馆独特的功能作用及科研成果越来越受到社会各界的高度重视和充分肯定,迄今已义务接待社会各界来宾和社会公众参观,学生授课、实习及入学教育等近 8 000 人次,(百联集团、杉达学院等单位也组团前来观摩。上海教育电视台、青年报、劳动报、上海热线等多家媒体也进行了报道)。

### (五) 文化教育机制得以推广

成果已经通过教育部高职高专师资培训基地、上海市商贸职教集团等平台介绍和推广,受众有来自数百个学校的教师。商文化与专业相结合的特色给同行们以启迪,对职业教育中文化与专业建设的发展起到了推动作用,为"全程育人、全方位育人",提供了很好的范例。

# 中高职贯通人才培养模式的文献综述

张雅文①

**摘　要**：截至2018年5月，笔者以"中高职贯通""中高职一体化""中高职衔接"为关键词，在中国期刊全文数据库(CNKI)分别得到相关记录62篇、71篇和915篇；以"中高职贯通""中高职一体化""中高职衔接"为主题，在优秀博硕论文网数据库(CNKI)检索，共得到44篇博硕论文。笔者将于本研究主题相关的学位论文、报纸期刊和相关书籍等中文文献整理为4个方面内容：中高职教育贯通的内涵与必要性、现状与矛盾、培养目标与课程体系一体化设计，以及问题与保障措施。

## 一、国内外研究现状

### (一) 国内研究现状

1. 关于中高职教育贯通的内涵和必要性

李钰在"对中高职教育贯通培养模式的几点思考"②中提到从中高职教育贯通培养模式的内涵来看，影响这一模式实施有效性的核心因素主要有四个方面：第一，贯通培养专业的选择与确定；第二，贯通培养的中高职院校之间协调机制的建立；第三，贯通培养培养方案和课程的一体化设计；第四，贯通培养的教师团队及其素质。周奕珺在"中高职贯通模式在构建现代职业教育体系中的战略定位"③中提到中高职贯通培养模式的内涵中说到是中高职衔接的模式之一；一体化人才培养模式是核心；办学主体合作机制是保障。杨长亮在"我国中高职教育贯通培养模式探析"④中谈到中高职教育贯通与衔接的内涵：中高职教育应该是实现贯通。贯通一词强调中高职教育之间要衔接，另外一层含义就是两者要融合，最终成为一个有机联系的体系，达到体系内融会贯通的程度，也与我国未来着力于构建现代职业教育体系的思路不谋而合。中高职教育贯通培养是指中高职院校共同开发课程，招收初中毕业生进行培养，采取共同培养、共同管理，从而实现技能型、技术型人才培养的连续性、系统性。中高职教育贯通培养的必要性：高技能型、技术型人才匮乏；中高职教育人才培养的困境；职



① 上海旅游高等专科学校。

② 李钰，对中高职教育贯通培养模式的几点思考[J].职教论坛，2012:52-26.

③ 周奕珺，中高职贯通模式在构建现代职业教育体系中的战略定位[J].广州职业教育论坛 2015(05):11-19.

④ 杨长亮.我国中高职教育贯通培养模式探析[J]，职教论坛，2011:49-52.

业技能培养的需要；学生终身发展的需求。

2. 关于中高职教育贯通的现状与矛盾

兰小云在“现代职教体系内部有机衔接的现实思考——以上海中高职贯通为例”①中谈到上海中高职教育贯通现状是政府重视，政策予以保障；社会认可，招生规模扩大；规范管理，持续推进试点。同时谈到中高职教育贯通的现实问题有：一体化设计与培养层次界限的矛盾；较早的职业定位与个性化发展的矛盾；院校间的壁垒与资源整合共享的矛盾；招生规模扩张与生源质量保障的矛盾；课程难度前置与学生认知能力的矛盾。韩天学在“中高职贯通：5年制高职一体化培养模式的比较优势”②中指出，当前5年制中高职一体化培养模式实现统一教育理念下的一体化人才培养；避免了生源不同造成的教学两难的弊端；有计划地实施阶梯式的能力提升训练；有利于提高招收优质生源的吸引力；为构建现代职业教育体系奠定基础。刘英、高广君在“高校人才培养模式的改革及其策略”③中提到：我国高等学校传统人才培养模式存在人才培养目标与培养体系之间的矛盾；人才培养目标与人才培养过程之间的矛盾和人才培养目标与人才培养机制之间的矛盾；需要科学地确定人才培养目标；合理地设置人才培养体系；精心地设计人才培养过程；与时俱进地建立人才培养机制。

3. 关于中高职教育贯通人才培养模式的内容

雷正光在“现代职教培养目标定位研究”④中指出，根据人才类型结构理论，把社会人才按生产或工作活动过程来分，就可以分为这样的四类：学术型、工程型、技术型、技能型。对职业教育而言，它通常指向工程型、技术型及技能型人才的培养，中等职业技术的培养目标，即以培养技能型人才为主，高职的培养目标，即以培养技术型人才为主，同时说明技能型人才和技术型人才存在交叉。江才妹、丁勇、童清在“中高职食品药品监督管理专业贯通课程体系的一体化设计”⑤中提到中高职贯通课程体系一体化设计的原则：体现终身教育的原则；培养职业能力的原则；贯穿整体设计的原则。中高职贯通课程体系一体化设计的条件和依据：人才培养目标的准确定位是科学设计课程体系的首要条件；职业岗位要求、职业资格标准是课程体系设计的参照依据。中高职贯通既不同于普通高等教育和高中后的高职教育，又不同于中职与高职衔接的高职教育，其课程体系一体化设计应以学生自身的知识结构、身心成长规律和职业能力训练规律为依据。

4. 关于中高职教育贯通当前的问题与保障措施

刘志选在“现代职教高本贯通人才培养模式的几点思考”⑥中提出现代职业教育体系高本贯通培养方案核心问题的探究，包括：入学资格的界定是现代职业教育体系高本贯通培养方案的焦点；学习方式的确立是高本贯通一体化的根本；专业的合理设置是高本贯通模式比

① 兰小云.现代职教体系内部有机衔接的现实思考——以上海中高贯通为例[J].职教通讯，2015(7)：30－33.

② 韩天学.中高职贯通：五年制高职一体化培养模式的比较优势[J].职业教育，2016(8)：6－9.

③ 刘英，高广君.高校人才培养模式的改革及其策略[J].黑龙江高教研究，2011(1)，127－129.

④ 雷正光.现代职教培养目标定位研究[J].职教论坛，2003(9)：21－22.

⑤ 江才妹，陆国民，丁勇，等.中高职食品药品监督管理专业贯通课程体系的一体化设计[J].上海市医药学校，上海2000：18－19.

⑥ 刘志选.现代职教高本贯通人才培养模式的几点思考[J].陕西广播电视大学学报，2015(3)：71－75.

较棘手的问题。傅建东在"中高职贯通培养实践及招生制度改革——以上海市为例"①中谈到当前人才培养模式存在的问题,包括:生源结构衔接脱节;培养目标衔接脱节;课程体系衔接脱节和人才素质与岗位要求脱节。中高职贯通人才培养模式关键问题剖析,包括:专业选择;培养目标的衔接;课程体系的整合和教育资源的互惠。沈怡和董大奎在"职教集团化办学的中高职教育贯通研究"②中提出中高职教育贯通改革特点,包括:思想理念更新;政策措施稳妥;职教集团支撑;专业选择得当。保障措施包括:确立职业能力培养为核心的理念;强化实践性教学环节;充分利用职教集团化办学的优势;提升教学团队的素质;积极改革教学方法与形式。

### (二) 中国台湾地区的研究现状

中国台湾高等技职教育的主要实施机构有科技大学、技术学院和专科学校三类。科技大学以综合性系所为特色,以大学部及研究所为主力,但仍可附设专科部;技术学院区分为两类,第一类技术学院(含大学附设技术学院)以专业系所为特色,以办理大学部为主,研究所为辅,不设专科部;第二类是经专科改制的技术学院,保留专科部,原则上办理大学部及专科部;专科学校专办二年、五年制专科。

听中国台湾大叶大学的陈教授报告时,了解到中国台湾地区技职教育的新动力"产学携手合作计划",它是为了应对未来就业职能所需,结合高级职校、技校与产业界三方面所实施的弹性学习计划。其主要目的:第一,是为了优先提供经济弱势家庭子弟升学与就业机会;第二,提供产业技术人才的需求及稳定产业人力;第三,发展技校院系科本位课程。因小区发展和需求特色,提供完整培训系统,增加学习效能;采取校内与校外二元兼备学习模式;配合产业需求与兼顾学生需求;理论与实务得以相互辉映,提升学习动机;产学方共同规划课程,降低训练失败风险;产业界直接介入人才培训工作,提供优质实务学习环境与师资;符合学生兴趣,提供多样性学制衔接;兼具升学、就业及证照取得等学习资格,非常值得我们借鉴和学习。

### (三) 其他国家的研究现状

1. 澳大利亚

澳大利亚职业教育起步早、发展快,职业教育与大学在不同程度上相互沟通。经过多年的实践改革已经实现了一套较为完善的衔接机制。通过该机制的运作,澳大利亚各类教育互相开放,相互交融。在澳大利亚,职业教育的机构是 TAFE 学院。澳大利亚 TAFE 体系是完全建立在终身教育理论之上的教育和办学体系。TAFE(Technical and Further Education)的全称是技术和继续教育学院,它是澳大利亚一种独特的职业教育培训体系,

① 傅建东.中高职贯通培养实践及招生制度改革——以上海市为例[J].职业技术教育,2013(17):46-49.

② 沈怡,董大奎.职教集团化办学的中高职教育贯通研究[J].职业技术教育,2011(7):28-30.

是澳义务教育后最大的教育与培训组织，国家职业教育和培训(VET)的主要提供者。①TAFE既是教育机构，又是执行政府政策和经济政策的载体，它为各行各业培训技术工人、服务人员和技术人员。TAFE一般属于政府所有，由政府管理并资助，相当于中国的职业学校、技校、中专和高等专科学校的综合体。②

2. 美国

美国关于职业教育协调发展是CBE模式，能力本位职业教育是(Competence Based Vocational Education，缩写为CBVE)美国职业教育的典型模式，其核心是CBE(Competence Based Education)理论，译为中文即“以能力为基础的教育”或“能力本位教育”。它以全面分析职业角色活动为出发点，以提供产业界和社会对培训对象履行岗位职责所需要的能力为基本原，强调学员在学习过程中的主导地位，能力本位教育的核心是如何使学员具备从事某一职业所必需的实际能力。③

3. 德国

德国的职业教育模式是双元制模式，互通性是其教育体制的整体特性，在整个教育体系有较大的渗透性，普通教育与职业教育等各类教育之间相互沟通。德国作为职业教育高等发达的国家，高度重视改行、晋升和进修三类职业教育，职业教育不再是终结性教育，职前与职后实现了有效衔接。德国承认中等职业教育与普通高中毕业生具有升入大学的同等学历与资格。双元制是德国战后经济腾飞的秘密武器。双元制的核心是在专业人才培养方案中突出职业性，要求学生既在企业里接受职业技能方面的培训，又在学校里接受专业理论和普通文化知识教育。德国双元制模式给我们的启迪是，构建上海中高职贯通专业人才培养方案，应重点加强课程设置与职业岗位的匹配度、课程内容与职业工作的匹配度、教学过程与专业训练匹配度，以过程性知识为主、陈述性知识为辅，不强调理论深度和系统性，注重应用能力的培养，突出职业素质与职业道德的养成。

## 二、研究的理论基础

### (一) 建构主义学习理论

建构主义学习理论是由瑞士心理学家让·皮亚杰提出的，建构主义学习理论是行为主义发展到认知主义后的更深层次的发展。建构主义学习理论认为，第一，知识不是教师单纯教出来的，而是学生在某种特定环境下，通过他人的帮助及相关资料的辅助自己建构而来的。第二，教师的目的是激发学生的学习兴趣，使学生产生学习动机。第三，强调学习环境的重要性。建议教师通过情境、会话、演练、协作等教学环境要素，调动学生学习的主动性和积极性。第四，学习是以已有的知识做背景。根据已有的知识对新获得知识进行重组，建构

① 何学纪，唐伟志，邱庆荣，等.探索纵向衔接、横向贯通人才培养模式构建中职人才成长“立交桥”[J].内蒙古民族大学学报，2010(5)：55－77.

② 邓泽民，张扬群.现代四大职业教育模式第二版[M].北京：中国铁道出版社，2011：12.

③ 金盛.涨落中的协同：中高职衔接一体化教育模式研究[D].西南大学，2013.

知识并形成认识。第五，学生是学习的管理者，承担更多的学习任务，教师只是起辅助作用。在教师的正确引导下，学生不断地提高学习能力。① 这对中高教育贯通人才培养的教师和学生提出更高要求，教师在整个中高职教育培养过程中需要激发学生的学习动机和兴趣，拓展学生的视野，锻炼学生自主学习的能力，培养学生协作探索精神和综合知识技能，从而培养满足社会企业需要的高素质技能型人才。

### (二) 能力本位教育理论

职业教育与普通教育最根本的区别是"能力本位"，中高职教育贯通的课程体系必须彻底改变以"知识"为基础设计课程体系的传统，以"综合职业能力"为基础来设计课程体系，注重学生职业能力和创新能力的培养。能力本位教育（Competency-Based Education 简称CBE)是以从事某一具体职业所必须具备的能力为出发点来确定培养目标、设计教学内容、方法和过程、评估教学效果的一种教学思想与实践模式。能力本位教育主张教育的主要任务是提高受教育者的从业能力，其核心是如何使受教育者具备从事某一职业所必需的实际能力。其教学模式的主要特点是以综合课程、知识、能力为重点，以学生为主体，教师为主导，强调教学是"教"与"学"的双向过程。能力本位教育(CBE)的教育思想主要由教学模式体现，其教学目标的基点是如何使受教育者具备从事某一特定的职业所必需的全部能力。中职和高职不同层次对应不同标准的人才培养目标，同一职业领域对应不同等级能力要求，学习者在不同的教育阶段接受相应能力标准的教育，从而达到符合能力标准要求的技能水平。中高职贯通为不同学习者提供不同层次的职业教育，并且在一体化人才培养方案设计下，注重学生综合能力的培养，提供学生的职业素养，满足学习者自身职业发展的需要，提供社会需要的高技能型人才。

### (三) 终身教育理论

终身教育思想是 20 世纪在国际范围内最有影响力的教育思想之一，也是许多国家和地区制定教育政策的重要理论，其倡导者为保罗 · 朗格朗。终身教育是人的一生中所受到各种教育的总和，具有整体性特点，即面向全体社会成员，并且把一切具有教育功能的机构联系起来，也具有持续性的特点，它贯穿于人的一生的全过程。在横向上，它打破了各类教育相互分离的状态，实现了职业教育和普通教育相互沟通和渗透，正规教育和非正规教育的相互补充，学校教育、家庭教育、企业培训教育及社会教育的相互结合。在纵向上，它表现为教育的连续性和一贯性，强调学前教育、学校教育、学校后教育，以及老年教育相结合，强调终身教育在组织和内容上一体化。② 在职业教育中，中职教育只有向上衔接和延伸，才能改变"断头"教育的命运，职业教育体系的发展才能畅通无阻；高职教育只有把落脚点放在中职教育上，才能站稳脚跟，职业教育体系才能血脉相通，不断拔高。研究中高职贯通，打通中职与高职的学习通道，中高职教育贯通人才培养协调发展，有利于我国终身教育体系的完善。

---

① 田娟.卫生学校护理专业"3+2"人才培养模式研究——以河北省两所学校为例[D].河北科技师范大学，2014.

② 刘春生，徐长发.职业教育学[M].北京：教育科学出版社，2002：66.

（四）整体大于部分之和的系统理论

系统论的核心关注的是系统的整体。系统论具有整体性、动态性和目的性三大基本特征，强调整体与局部、局部与局部、整体与局部，以及整体与外部环境之间的关系。任何系统都不是几个部分的随意组合或简单相加，而是具有一定的秩序，系统是一个有机的整体，系统的整体功能是各个部分所不能单独具备的。① 运用系统论的整体性原则，整体大于它的各部分的总和，整体是由部分构成的，构成整体的各个部分以一定的结构方式组合在一起，每个部分都有自己的功能。组成整体的各个部分，结构合理、功能正常，这个整体就整体协调，运行良好，产生 1+1 大于 2 的效果，反过来，组成整体的结构不合理，功能不正常，整体就会出问题。就像一只没有指挥的乐队，尽管，每个乐手都是大师级的，但是演出来的只能是噪音。所以，中高职教育贯通人才培养模式就是可以产生 3+2 大于 5 的效果，这也是为什么我们需要做中高职贯通教育。中职教育与高职教育分别是中高职贯通教育的重要组成部分，中职和高职的顺利贯通，对发挥职业教育教学课程及人才培养效果的整体功能具有重要作用。

## 三、小结

根据上述的文献整理和分析来看，上海市中高职教育贯通研究由于年限较短，因此相对于国外来说较少。随着近些年职业教育的不断发展，中高职贯通教育的研究也相对增加。但是大部分的研究限于宏观的描述和经验的总结交流，研究比较零散，尚未形成一套比较系统的框架。此外，对于具体的实践问题的研究，也比较少。

第一，中高职教育贯通的内涵与必要性看法不一。在内涵上，大部分研究者认为，中高职教育应该是实现贯通，但是如何更好地实现贯通仍然是难题；在必要性上，有些研究者认为社会经济的发展推动职业教育改革，有些研究者认为是高技能型、技术型人才匮乏，还有的研究者认为这是学生终身发展的需求。

第二，中高职教育贯通的现状与矛盾层出不穷。有些研究者认为，目前中高职贯通政府重视，社会认可，规范管理；有些研究者提出几条中高职贯通的矛盾，但关于持续推进试点是否可行，有待于进一步验证。对于文献中，中高职贯通的矛盾是否解决，或是否出现新的矛盾，也有待于进一步实地调研。

第三，中高职教育贯通的培养目标与课程体系一体化设计实施困难。有些研究者认为，课程体系一体化设计应体现终身教育的原则；培养职业能力的原则；贯穿整体设计的原则。有些研究者提出，课程体系贯通实现的途径，包括各层次培养目标的确立；针对培养目标的课程体系开发和中高职贯通课程内容的贯通；也有些研究者认为，要从课程目标、课程设置、课程内容、课程评价四个方面来考虑课程体系一体化设计，以满足中高职贯通教育的需要。

第四，中高职教育贯通的问题与保障措施的操作性不强。有些研究者认为，中高职教育贯通主要问题包括学生文化基础差异大，教学难度大；"准大学生"的身份弱化了学生的学习

① 肖艳婷.中高等职业教育课程衔接的制约因素及其对策研究，天津大学，2013.

动机；新的教学任务对教师素养提出新要求；社会类等级考试与学校课程教学安排错位；中职与高职两个校区资源的共享问题。有些研究者认为，引领正确的中职学生的升学意愿，处理好中职学生的升学的顾虑与预期，高职院校的教师的积极性有待于提高；还有些研究者认为中高职教育贯通的发展要明确思想，构建教育体制；拓宽渠道，建立多种贯通模式；打通技能型人才深造发展渠道，值得学习借鉴，但是也要根据各个高校的实际情况。

关于中高职教育贯通的研究文献比较多，其中硕博论文较少。研究主要集中在内涵与必要性、现状与矛盾、培养目标与课程体系一体化设计，以及保障措施等角度探索中高职教育贯通研究。但是在中高职教育贯通培养模式方面研究的却非常少，硕博士论文中暂时还没有研究，仅有的几篇研究文章主要是简要概述中高职衔接的问题与对策，为什么要开展中高职教育贯通，其现状和成效如何，目前还停留在设计和探索中，对于真正实践中开展中高职教育贯通的原因和成效问题并没有进行深入调查，给出合理的建议。此外，关于上海市中高职教育贯通培养目前期刊文章很多，硕博论文没有，“中高职贯通”是上海的提法，期刊中提到较多，硕博士论文很少直接提到。国外的中高职教育贯通研究较成熟，中高职教育贯通的成功经验，对我国特色的中高职教育贯通人才培养模式具有重要的启示。

# 知识铺垫　实践能力　职业素养

## ——金融管理专业“三维渗透式”人才培养模式创新

张　琦[1]　李慧欣[2]　王　洁[3]　苏昌蕾　龚　影
倪俞莎　钟一杰　赵东雪　邵雯艳[4]

## 一、成果简介

上海商学院交通路院区金融管理专业以重点课程建设为抓手，以点带面，打破传统以理论教学为主的教学方式，采取知识铺垫、实践能力和职业素养养成三维并重的教材建设思路、教学模式改革，构建以促进就业为导向、能力为本位的“三维渗透”人才培养模式，有效解决了在人才培养中存在的问题，提高了人才培养的质量。主要采取如下四大举措进行试点：

（一）从工作岗位出发，开展“三维”并重的教材内容建设；

（二）突出“三个结合”，构建“三维”并重的教学模式；

（三）构建立体化网络教学资源库，提升教学资源利用效益；

（四）加强青年教师培养，建成具有双师素质和国际视野的教学团队。

在试点过程中，四大举措有效解决了当前中职金融管理专业面临的人才培养难题，在以重点课程建设为抓手，以点带面，在教学改革方面迈出了坚实的步伐，促进了人才培养质量的提高，有普遍的推广价值，也为高职教育的人才培养模式改革提供了范例，有很广阔的应用前景。

## 二、成果主要解决的问题及解决问题的方法

### （一）成果主要解决的教学问题

作为职业教育的重要组成部分，高职教育的人才培养目标定位于培养面对不同的职业岗位群，具有一定的知识结构和技术技能结构，具有良好的职业素养和职业发展能力，能够适应工作转移或岗位转换的应用型人才。但在实际培养过程中，高职人才培养的质量与企业的人才需求之间有一定的差距。金融管理专业办学和发展过程中需要解决的主要问

① 上海商业会计学校教师、上海商学院高等技术学院金融管理专业负责人。
② 上海商业会计学校教师。
③ 上海商业会计学校副校长、上海商学院高等技术学院交通路院区副主任。
④ 上海商学院高等技术学院交通路院区高职教师。

题有：

（1）金融行业发展瞬息万变，学校难以及时、准确地把握其最新发展现状、趋势及职业能力要求，专业发展方向不明晰。

（2）学校金融管理专业教学标准与企业的职业标准不对接，学生掌握职业能力与企业所需尚有差距。

（3）学生获得职业技能及职业素养的路径和模式单一，效果不佳。

（4）金融管理专业实践技能难以在真实工作情境中完成，需要借助教育信息化的力量来降低教学成本，提高资源利用效率。

（5）学生普遍存在专业认同感不高、专业认知能力较差等问题，敬岗爱业、沟通与协调、团队合作、诚实守信等职业能力和道德也普遍缺乏，直接影响学生职业生涯发展的动力、潜能和高度。

### （二）成果解决教学问题的方法

为了破解金融管理专业人才培养过程中面临的上述问题，专业团队进行了一系列改革试点工作，主要方法如下：

1. 从工作岗位出发，开展“三维”并重的教材内容建设

自2013年以来，上海商学院交通路院区金融管理专业教学团队持续保持改革活力和创新热情，建设了上海商学院院级重点课程“证券市场基础知识”“金融客户服务与管理”“个人理财”3门，“国际结算”全英语课程1门，教材内容的编写注重知识铺垫、实践能力和综合素质养成3个维度，通过渗透与融合实现对人才的全面打造，经过4年的探索与实践，取得了可喜的成果。重点课程的建设对其他课程起到带动和示范的作用，为“三维渗透”人才培养模式的形成打下坚实的基础。

（1）精要、实用的知识铺垫。按照岗位的实际需要，以应用为目的，以理论够用为度，侧重高职学生对理论知识基础性、全面性的认识，同时注重教材内容的实用性。如《经贸基础知识》教材的编写，打破了原有的学科体系，将学生的视野从生活中的经济现象引导到经济学理论和国际贸易与国际金融活动中，把现实中种种经济现象和经济学理论，以及经济领域中的国际贸易与金融活动串联起来，呈现了一定的逻辑关系。这样学生在完成课程具体的

某一项目或部分时，能够将课本知识拓展至生活环境和经济环境，懂得学以致用。

(2) 完善能力主导的实践教学内容。① 独立实践教学，构建"双元"体系。将实践教学作为独立的教学内容，构成与理论教学并列的"双元"体系。如《金融客户服务与管理》教材的每个模块结束后，以情境模拟练习(技巧篇)、技能训练(管理篇)进行操练，同时在课程学习的过程中，渐进地培养学生的各项能力，如信息搜集、资料利用、市场判断、分析整合、思维方式形成等，以增强学生自信，内化为分析问题和处理问题的能力。② 增加实训比重，突出技能培养。教材内容的编写以实用性强，与岗位对接为基本原则，采取理论教学与实践教学"双轨运行"的模式，采用"教与学、学与练、课上课下、校内校外"相结合的教学方式，突出高职教育"做人＋技能＋知识"的理念。如《国际结算》(全英语)教材的每一章节均以学习情境的方式展现，以实训任务结束，全面贯彻"以任务为中心，突出实践操作"的思想。

(3) 全方位、立体化、渗透式的职业素养养成课程内容。相对理论知识掌握的程度，现在金融类企业更重视学生的职业素养。职业素养的养成重点培养学生学会学习、学会合作、学会沟通、学会交往的能力，此外，还要具备一定的职业道德，如从事金融行业所必需的诚实守信、遵纪守法等，这些素养的养成需要相应的课程内容来支撑，并通过一定的教学方法加以实现。如《金融客户服务管理》教材中，首先有大量的在实际生活和职业实践中所出现的案例，供学生进行分析，学生在分析过程中，了解一名金融从业人员所需具备的职业道德；教材中的学习模块再细分成具体的任务、活动，学生在情景模拟的活动中，扮演客户、金融服务人员的角色，锻炼团队合作、与人沟通交往的能力。通过在课堂中全方位、立体化、渐进式的渗透，培养学生的职业素养。

2. 突出"三个结合"，构建"三维"并重的教学模式

(1) "教与学"相结合，构建师生互动的理论知识、教学模式。① 转变教学观念，坚持以学生为中心，树立教师是学生自主学习的"指导者""辅导者"的理念。在"证券市场基础知识"重点课程建设的过程中，始终坚持培养兴趣——以学生为主导的教学理念：以培养学生自主学习、探究学习、创新学习为目的，让学生参与资料搜集、学习交流、分析总结等教学全过程。在这个过程中，学生为主导，教师为指导。② 利用信息化平台构建互动式课堂，调动学生学习积极性。打破"一言堂""满堂灌"的传统教学方式，建立系统化的由学生参与、师生互动式的教学形式。"个人理财"重点课程在建设过程中，利用信息化教学平台改革教学模式，如"蓝墨云"班课、"超星"学习通，学生不分时间、地点，可在平台上提交作业、交流讨论，构建移动环境下的即时互动教学模式，实现师生互动，传统教学与信息化教学相融。

(2) "学与练"结合，构建虚拟场景下的实践教学模式。学生不仅要学习理论知识，而且要亲自实训、体验和操作。3门重点课程，1门全英语课程在建设过程中，大力推行如模拟经营、案例分析、情景教学等多种实践教学形式，将学生引进模拟实际的情景中。

比如，在"金融客户服务管理"重点课程建设中，进行了以能力培养为核心的教学方法改革，采用模拟训练法进行教学。教师在对基本的知识性内容进行讲解之后，设置模拟的情境和相关条件，让学生进行训练。由于设置的模拟情境的随机性，要求学生结合所学技巧随机应变。这样，通过模拟训练，既教会学生解决当前的问题，又传授给学生解决未来可能遇到的问题的方法，同时培养了学生的专业能力和方法能力。

“国际结算”(全英语)课程在教学过程中,充分运用现代化多媒体技术,尽量减少大篇幅的英语口语讲授,让学生在教师创设的情景中学习专业知识,反复训练学生的专业能力和英语能力。

(3)“校内校外”结合,构建多渠道职业素养培养的教学模式。① 建立激励学生自主学习、多渠道的、获取式的开放教学模式。打破以课堂为主的灌输式教学方式,探索建立多渠道的获取式教学方式,如网络、图书馆等,培养学生信息搜集、分析整合等多方面的能力。② 邀请企业专家举办专题讲座,探讨专项内容等。通过将校企合作引入课程教学,让学生了解最前沿的金融行业发展趋势、身临其境地感受金融服务企业的文化、客户服务规范和标准、金融服务企业相关岗位的环境和要求。③ 适应社会发展的需要,让学生走出课堂,融入社会。金融管理专业实行“2+1”的办学模式,即前两年完成通识课、专业课和校内实践课的学习,第三年采取集中实习和分散实习相结合的方式,让学生走进企业。学生在企业实践的过程中,将理论知识付诸实践,感受真实的工作环境,学习最新的金融行业知识和规则,培养自身的职业素养。

3. 构建网络化、立体化的教学资源库,提升教学资源利用效益

各门课程在教学资源的开发过程中,根据教学内容的特点和教学目标的设定,选定与之相适应的一种或多种教学方法,再综合考虑教学内容、教学目标和教学方法等教学要素的整合方式,开发能实现内容、目标和方法有效匹配的教学资源,做到教学资源的数量和种类能满足实践教学的需要,教学资源的表现形式与教学信息化水平、选定的教学方法相适应,教学资源的呈现方式和组合模式便于教师个性化设计和整门课程乃至整个专业的系统运用。

(1) 开发校外教学资源。银行、保险、证券,以及其他新型的金融机构网站及其资源,网上金融资讯和有关金融新闻,微博、微信、QQ 等交互式沟通平台,报纸、广播、电视等传统传播媒介,社会公共资源如金融城或金融带、金融市场,金融机构营业场所及其设施、设备、宣传资料、客户、职员,以及业务处理实况,学生及其家长、亲友、邻居,金融机构的行业专家、校友等都构成金融管理专业的教学资源,成为相关课程的实践性教学不可分割的一部分。

(2) 建设校内教学资源库。目前“证券市场基础知识”“金融客户服务与管理”“国际结算”(全英语)等课程已经形成了相对完整的满足整个课程教学需要的教学资源。自行开发课件、案例、习题、票据、凭证、图片、动画,以及其他辅助性教学资料、教学视频、模拟情景、学生作品等教学资源,初步建成校内教学资源库,“证券市场基础知识”“金融客户服务与管理”两门课程的教学资源已上网共享。

4. 加强青年教师培养,建成一支具有双师素质和国际视野的教学团队

(1) 实行青年教师导师制。金融管理专业专职教师以年轻教师为主体,在重点课程建设团队中,以老中青相结合为基本原则,形成金字塔式梯度结构。在教学过程中,通过组织试讲、听课、集体备课、录制视频课等方式,帮助青年教师提升教学能力。在教学资源积累的过程中,鼓励青年教师承担多媒体课件制作、教材建设、教学资源收集、整理等工作,锤炼其对课程内容的理解和深化,共同提高教学质量。

(2) 国内外访问、进修相结合,提升教师职业能力,开拓国际视野。在重点课程的建设团队中,陆续有教师赴德参加双元制职业教育理念进修,赴美参加影子教师培训,参加国内

重要的学术会议，在国内参加各种教学方法和信息化技术培训，极大地提高了教师自身的教学和科研水平。

（3）鼓励青年教师到金融类企业实践，了解最前沿的金融行业发展动态，最新的行业规则，深刻理解金融类企业的用人需求，并将所看、所学融入自己的教学。不仅提升了自身的双师素质，同时反哺学生。

## 三、成果的创新点

1. 创新了金融管理专业人才培养模式

在金融管理专业人才培养模式的探索和实践过程中，根据金融管理专业的特点，以及目前存在的教学问题，从教材内容建设、教学模式、教学资源和教师培养等方面提出了一套全新的人才培养模式。

2. 拓展了人才培养模式的内涵和外延

目前的人才培养模式改革多停留在人才培养模式理念和校企合作教学模式层面，而本成果的人才培养模式除上述内容外，还体现在人才培养内容、具体形式、教学资源与师资队伍等各个要素，形成了知识铺垫、实践能力和职业素养养成"三维渗透式"人才培养模式，拓展人才培养模式的内涵和外延。

## 四、成果的推广应用效果

"三维渗透式"人才培养模式于2013年开始应用，在学生培养、教师成长等方面取得了良好的效果。

1. 人才培养质量显著提高

几年来，金融管理专业毕业生整体基础理论扎实、专业技能强、综合素质较高，获得用人单位的普遍好评。包括信和财富投资管理有限公司等多家金融类企业，主动与我院建立长期的实习及用人关系，就业率一直保持在100%。

2. 教材建设取得丰硕成果

自2013年以来，金融管理专业完成3本教材的编写，其中《经贸基础知识》作为1门高职通识通用课程教材，已在本校各个专业中使用，并于2012年公开出版对外销售；《金融客户服务技巧与管理》自2013年完成后，又于2014年进行修订，一直在本校金融管理专业中使用；《国际结算》（全英语）教材自2012年编写完成，已在本校会计和金融专业中使用。

3. 教学模式辐射其他专业、院区

经过4年的实践，重点课程建设以点带面，已经将理论、实践和职业素养三维培养的教学模式辐射到其他各门课程中。在"保险实务""金融营销实务""证券投资分析"等课程的教学过程中，教师普遍采用任务引领，体验式学习，合作式学习，角色扮演等实践教学模式；同时网上教学资源通过视频课程，教学设计方案，学生作品展示，客观、立体地呈现教学过程。此外，专业教师通过说课、公开课等方式，将先进的教学模式辐射到其他专业、院区。

4. 培养优秀的师资队伍

教师通过参与重点课程建设，可以站在一个更高的平台来提升自身的专业能力。在重点课程建设过程中，金融管理专业青年教师有4名由中级职称晋升为高级职称；1名教师成为金融管理专业带头人；多名教师获得信息化教学大赛、高职高专说课比赛等教学类奖项。通过本成果的建设，锻炼培养了一支教育理念先进、实践操作能力强、教学水平高、素质过硬的专业教师队伍。

# 发挥企业联盟资源优势 打造校企协同育人模式

施小蓉①

## 一、实施背景

近年来，通过对物流行业、企业的调研获悉，企业对物流管理专业毕业生普遍感觉不是很满意。主要问题有：专业能力尤其是动手操作技能薄弱；沟通、协作的团队精神缺乏；融入企业的意识与实践不够；愿意奉献、吃苦耐劳的准备不足等。这些问题的解决，除了要通过改革课堂教学外，校企协同育人应该是一个重要途径。

学校院区高职物流管理专业对应的校企合作企业大都规模较小，很难满足整班学生的专业实习或者工学交替，所以学校物流专业老师一直在思考，如何突破上述瓶颈，寻找适合该专业学生的培养模式。在大量调查研究的基础上，探寻一个新型的人才培养模式：搭建企业联盟平台、实现校企协同育人。

## 二、主要目标

实行与企业联盟协作育人的新模式，希望通过发挥企业联盟的专业优势、人才优势等强大资源，可以克服原先与单一企业合作的企业资源不足，或者与众多企业合作的管理困难等弊端，实现校企合作育人的主要目标。

1. 以市场需求确定培养目标

通过对物流行业企业调研信息的分析及行业、企业专家的指导，重新科学合理地提出本专业的人才培养目标，即培养高素质、高技能型的专业人才，以使人才培养更贴近市场需求。

2. 以岗位要求设置教学计划

按照物流企业岗位职业能力的需求分析，与行业、企业专家反复沟通，商定培养岗位能力匹配的课程结构，从而制定紧贴岗位要求的教学计划。

3. 以工作需要改革课程内容

根据物流企业岗位操作实际需求，对部分实务性强的专业课程，由企业专家与学校专业教师共同打造原有课程，保证课程内容与实际工作的接轨。

4. 为提升教学特聘兼职教师

在物流企业的支持下，一批一线岗位能手被学校特聘，走进教室实施专业教学，把企业

① 上海商学院高等技术学院交通路院区高职教师。

实务带进课堂，让学生直接学习岗位操作内容，以落实新的教学计划和课程内容。

5. 为强化能力实行工学交替

物流企业对学生的许多负面评价，一是源于学校教学严重脱离实际；二是学生鲜有机会理论联系实际。工学交替给学生更多的渠道参与企业实践、接触工作岗位、融入企业文化、接受师傅指导，将会在很大程度上提升学生的职业能力。

## 三、工作过程

1. 广泛调研企业，搜集分析信息

院区充分利用就业办公室的学生顶岗实习企业资源和以往校企合作企业资源等，对思原物流、东方国际、百联集团等大型企业，利用暑期教师下企业实践的机会，和公司的负责人进行深度访谈。另外，还通过调查问卷的形式，对 40 余家中小型进出口公司、报关企业、货代公司等相关企业进行了问卷调查。

通过深度访谈和调查问卷，获取了大量有价值的信息。这些信息集中反映了这些企业的用人意愿、人才定位、岗位职业能力需求、员工综合素养要求等，为项目组寻求校企合作方向、制定完善的物流管理专业人才培养方案提供了方向。

2. 搭建联盟平台、挖掘企业资源

在明确校企合作是职业教育人才培养的关键途径后，如何解决原来校企合作难题，实现切实有效地合作，突破口找到了，那就是与热心支持职业教育、愿意校企合作共赢的集团公司及小企业联盟合作。

2012 年 7 月，商学院交通路院区物流管理专业与思源物流集团正式建立校企合作关系。该集团是一家集外贸、报关、货代、仓储、运输等公司的大型综合民营集团，其业务范围与院区物流专业对应。集团老总是由教师岗位下海经商的，非常支持职业教育，对院区的物流专业建设提出许多有益的建议。

3. 组合教学团队，参与育人全程

借助思源物流集团的资源，通过各种途径，聘请企业专家与能工巧匠担任专业兼职教师。专业兼职教师都是来自物流企业、外贸企业、货代企业的老总、部门经理、一线能工巧匠。同时，院区派出专业教师下企业一线岗位业务实践，企业专门派出业务能手指导带教。

目前，院区物流专业已经建立了一支由思原物流集团领衔的特聘兼职教师与院区物流专业骨干教师组成的教学团队。这支团队的形成，将有力地促进并保证院区物流管理专业的建设步伐。

这支教学团队全面参与物流专业建设，从专业人才培养方案的完善、专业教学计划（主要是课程设置）的修订、校本教材的编撰、冠名课程的开设（设计课程目标、思路，编写课程内容，参与授课与指导实践）到企业兼职教师全程讲课。新的培养方案、教学计划、校本教材、冠名课程等与以往相比，明显贴近企业、贴近岗位，学校教师与学生受益匪浅。

4. 实施工学交替、全面塑造人才

校企协同育人的一个重大突破，就是要以此克服学生之前存在的一些不足。充分利用合作资源，谋划开展工学交替活动，在学校专业课程讲授过程中，让学生到企业实践。一方面，学生在师傅带教下直接上岗操作，培养学生的实际动手操作能力，提高学生解决业务问题的专业水平；另一方面，让学生融入企业文化，锻炼学生吃苦耐劳的意志，树立学生勇于奉献、善于合作的团队精神，以此塑造全面发展的、适应企业需要的物流专业人才。

## 四、条件保障

1. 制度保障

院区建立了校企合作管理制度，制度包含校企合作工作章程、经费使用管理办法、联席会议制度、绩效考核制度；与合作企业签订了人才培养协议、工学交替工作方案；订有年度校企合作工作计划等。这些制度章程与协议，明确了校企双方的权利义务、工作规程、合作任务等，有力地保障了校企协同育人的持续有效。

2. 机构保障

院区专门成立了物流专业校企合作工作小组，由物流行业、企业专家、人力资源领导、企业能工巧匠及院区物流专业骨干教师、专业主任组成，明确分工、职责，保证小组成员在合作过程中各其责，互补相携，共同育才。同时，针对专业实习、工学交替等专项活动，还组建企业与校方人员共同组成的管理小组。

3. 经费保障

交通路院区给予物流管理专业固定的校企合作经费，用于校企合作育人专项的资金在数十万元。这些资金按院区制定的校企合作经费使用办法，精准计算、合理分配，从而促进该项工作的顺利开展。




## 五、实际成果

新型的校企协作育人模式，以集团公司、企业联盟为合作对象，以企业兼职教师为载体，以实践育人为途径，使院区的物流专业建设和人才培养取得了丰硕成果。

1. 建成了有效工学交替的校企合作实践基地

校企合作实践基地关系学生工学交替的效果。2012 年 7 月，商学院交通路院区与思原物流集团正式建立校企合作关系，以物流 121 班作为校企合作的载体。通过一年多的运转，学校与思原物流集团(下设达原物流、新思原物流、荣恒物流、润原物流、涛原物流、龙原物流、箱运 1+1、伽特维货代公司等 9 家子公司)在润原物流有限公司举行了校企合作交流会，会上正式宣布双方成立校企合作联盟。揭牌仪式的举行，标志着校企合作实践基地的正式成立。

校企合作实践基地克服了前述物流专业普遍面临的企业规模小、业务单一，不能从量与质上满足物流专业学生切实有效地实习、实训的弊端。2014 学年第二学期暑假，物流 121 一个班 51 名学生在思原物流集团下属 8 家企业开展工学交替。企业专门安排带教师傅，指导学生进行业务操作，对学生在专业上的提高，提供了很大的帮助。

2. 培育了能够深度牢固合作的兼职教师队伍

思原物流集团董事长作为学校物流专业的特聘兼职教师，对校企合作项目高度关注，积极参与各项活动，如专题讲座、专业授课等。截至 2014 年，院区物流专业已经建立了一支由思原物流领衔的物流专业特聘兼职教师团队，分别由来自物流企业、外贸企业、货代企业的企业老总、部门经理、一线能工巧匠等行业专家构成，“以点带面”，实现了组建物流专业特聘兼职教师团队的目标，这支团队的形成将加快我院区物流专业建设的步伐。

特聘兼职教师无论是否在学校兼课，对与学校各方面的合作都是倾心投入。从一起参与完善人才培养方案、修订专业教学计划、改造专业课程内容、编撰校本专业教材、接待学生企业参观、讲授企业文化精髓，到指导学生专业实习等各方面，充分体现了平台阵容强大的优势。

3. 创设了真正体现企业业务活动的冠名课程

高职的学生如何突破实践操作瓶颈是一个亟待解决的问题。2012 年 9 月，特聘兼职教师团队提议开发以思原集团冠名、完全反映公司物流业务的“思原物流”课程，并就“思原物流”课程的目标、设计思路、课程内容、工作步骤等进行深入探讨。2013 年 8 月底，全面完成了“思原物流”课程的各项准备工作，2013 年 9 月顺利开出了“思原物流”课程。课程由企业专家亲自参与理论授课（1～5 周）、思原物流集团旗下各子公司安排学生进行仓储、运输、货代的实践观摩与操作（6～17 周），通过“思原物流”课程的实施，解决了学生实际操作能力差的问题，实现了理论与实践的对接。

4. 合编了符合岗位能力要求的校本教材

2013 年 12 月，物流专业教师与物流企业专家展开座谈，结合院区物流专业学生实际情况，明确校本教材“货运代理操作”开发的课程内容及体系。校本教材编写过程中，企业专家积极参与，提供行业最新资讯，畅谈企业相关看法，为校本教材的编写出谋划策，提供大量真实的案例，极大提高了学生的操作能力，缩小了理论与实践的偏差，充分考虑了企业的需求。

5. 开展物流“双证融通”指导“星光计划”

“双证融通”“星光计划”两者密不可分。目前物流管理专业涉及的证书主要是物流服务师（国际货代）三级、物流服务师（仓储配送）三级，而上海市“星光计划”技能大赛针对高职物流管理专业的项目主要是物流管理（国际货代）、物流管理（仓储配送），两者的内容有较大的重合度。无论是星光大赛还是双证融通，院区的师资、软硬件都有一定的欠缺，为此校企联盟平台从各方面给予了全力支持。

2012 年至今，思原物流实践基地积极帮助院区物流管理专业开展“双证融通”工作。物流 121、物流 151 分别进行“助理采购师（高级/三级）”“物流服务师（国际货代）（高级/三级）”考证，物流 141 由于劳动局证书取消合并原因未参加考证，但专业实习依然正常开展。同时，在上海市第六届“星光计划”物流管理（国际货代）、物流管理（仓储配送）两个大赛项目缺乏训练场地和基础设施的情况下，思原物流实践基地及特聘兼职教师与学校多次协商、商讨解决方案，共同参与指导，最终获得了两个团体一等奖的优异成绩。

2017 年，院区物流团队（专兼职教师）带领学生再次荣获上海市第七届“星光计划”物流管理（国际货代）、物流管理（仓储配送）两个项目团体一等奖的优异成绩。

6. 成立物流“小薇沙龙”，成就学生创业之梦

就业不再是中职教育的主要目标，创业才是职业教育的更高目标。2015 年 6 月 4 日，中国青年报刊登“教育部：把创新创业教育贯穿人才培养全过程”。学校的特聘兼职教师团队

拥有足够的先见之明，在校企合作实践基地的推动下，于 2014 年 11 月成立物流“小薇沙龙”，为物流专业学生的就业和创业提供了平台，帮助有志向的学生走上创业之路。

在“小薇”沙龙的帮助下，已经有多名学生成功创业。

## 六、体会与思考

通过探索新型的校企协同育人模式，正确认识校企合作对培养专业人才的重要性，认真思考如何开展教书育人，体会很深。

1. 端正思想、提高认识

当初，学院在同思原物流集团洽谈合作时，集团总裁就表示，希望能真正合作、深入合作、长期合作。他说，以前与其他学校也合作过，但是签好协议、挂好牌子、拍好照片，就没有下文了。这样的合作根本无法真正实现校企合作功能，更谈不上有培养专业人才。

院区在对行业企业的调研分析中，已经深刻认识了校企合作对培养专业学生的重要性。所以一开始，就与企业认真研讨如何借助校企合作实现联合育人的目标。有了这个认识，就为深入、广泛、持久、有效的合作奠定了良好的基础。

2. 领导重视、全员关注

有了比较正确的指导思想，还必须认真对待、倾心投入，这也是决定校企合作能否成功的重要因素。首先，新型校企协同育人模式的探索得到了院区领导的支持，无论是人力、财力，还是其他资源，院区都全力扶助。领导的支持，企业的协作也就更有力了。其次，院区专业部从专业主任、专业带头人到骨干教师全力投入其中，组织工作机构、制定管理制度、设计合作项目、配备合作教师直到具体开展工作，包括教师下企业实践、工学交替学生的管理等，全体物流专业教师无不倾心深入，企业员工也被感染。这样，就形成了强大的合力，极大地推进了合作项目的开展。

3. 相互助力、谋求共赢

光是学校依靠企业，单向索取、使用企业资源的校企合作必定不会持续有效的，要走出校企合作短命的死胡同，院区一定要有所作为。学院积极与企业沟通，找出校企合作共赢的结合点。

一方面，学校按企业要求，与企业联合培养学生，在学生去企业实习或工学交替的过程中，学生也逐渐被企业文化融入，为企业储备了人力资源；另一方面，通过调研，学院也找到了为企业提供服务的机会，即为企业员工进行专业理论培训，利用物流专业教师的优势，提高物流企业员工的专业素养。

这些还只是开始，学校还与企业一起开展课题研究，为企业的发展贡献院区物流专业教师的智慧。通过这样的互助，校企合作充满生命力。

# 高职学生顶岗实习管理机制的研究与实践

傅建东① 陈 敏② 赵 宏③ 冯 梅④ 曹国跃⑤ 张志华⑥

在高职学生实习管理的实践过程中，一直存在着一些疑惑。为了改进实习这个重要的教育教学环节，“高职学生顶岗实习管理机制的改革与探索”课题，于2013年向学校申报并获批为上海商学院教育教学改革(高职)项目的重点课题。课题于2015年顺利结题。在研究和探索的过程中，增加了对高职学生实习工作的理解，并在实践中获得了较好的成效。

## 一、背景与意义

高职生顶岗实习制度是一项高等职业教育基本教学制度。这是由高等职业教育的性质决定的。高等职业教育要以服务为宗旨，以就业为导向，走产学研结合的发展道路。《国家中长期教育改革和发展规划纲要(2010—2020年)》明确提出，职业教育要“把提高质量作为重点。以服务为宗旨，以就业为导向，推进教育教学改革。实行工学结合、校企合作、顶岗实习的人才培养模式。”原上海市劳动和社会保障局等部门也颁布了《关于本市推进校企合作培养高技能人才工作的实施意见》，对促进高职院校校企合作、顶岗实习有很大的推动作用。改善高职生顶岗实习的管理机制，提高高职生顶岗实习质量，是培养和提升高职生就业创业能力的有效途径。

顶岗实习阶段由于学生的专业不同、实习企业不同等原因，学校对学生的实习状况并不非常了解，因而实习的针对性及实习这一环节的实际效果就难以达到目的。针对这一情况，在调查研究的基础上，把握高职学生顶岗实习的实际现状，开展学校高职生顶岗实习管理机制的研究，改进学生实习的管理机制，对完善高职生顶岗实习制度，提升高职生的实践能力和就业能力，推动内涵发展有着重要意义。

## 二、高职学生顶岗实习管理机制的研究

在确立研究方向之后，分别对就业办和专业教学部负责学生顶岗实习的老师、工作人员

① 上海商学院继续教育学院副院长。
② 上海商学院高等技术学院院长。
③ 上海商学院高等技术学院副院长。
④ 上海市商业学校副校长。
⑤ 上海商学院高等技术学院赤峰路院区副主任、上海市贸易学校副校长。
⑥ 上海商学院高等技术学院共和新路院区副主任、上海市商业学校副校长。

和学生辅导员等进行了访谈，了解了顶岗实习的相关情况，同时也访谈了部分企业人事处的领导，了解顶岗实习的相关情况，以及企业对待顶岗实习工作的想法。

在访谈的同时，相关人员认真研读了有关文献，进行一定的理论研究，并了解国内同行在这方面的工作经验及研究成果。结合小组访谈的结果，设计了两套问卷，一套是针对企业的；一套是针对在企业顶岗实习的学生的。在对问卷进行反复研究之后，通过问卷星发放进行调研，回收了 122 份具有独立 IP 地址的企业问卷和 506 名学生问卷，基本覆盖了大多数高职实习学生和实习企业。

1. 高职学生实习企业基本情况

学生实习企业大多数是中小企业，接纳学生实习的能力不强，能同时接纳实习学生总数在 5 人及以下的占 59.02%，而能同时接纳 30 人以上的企业仅占 6.56%。并且，很多企业不会将所有的接纳能力用来接收 1 所学校的学生实习。企业普遍不喜欢短期的实习，希望每次接待学生实习的时间长度在 1 个月以内的仅有 3.28%，企业比较喜欢较长时间的稳定的实习。

多数企业把实习学生当作员工对待。在问卷调查中，有 61.48%的企业把实习学生与员工同样对待，24.59%把他们当做准员工，11.48%认为他们是来实习的学生，只有 2.46%认为他们是不久将会离开的临时工作人员。从企业的态度看，顶岗实习满足了顶岗的要求。也可能正是企业这样的态度，他们并不希望学校过多地介入学生实习的管理，66.39%的样本明确表示希望学校不要参与，由企业按员工要求进行管理，学校管理人员可通过电话、短信等了解情况；希望学校派管理人员定期来企业了解情况和适度参与管理的分别占 10.66%和 20.49%。而希望学校派管理人员参与过程管理的仅占 2.46%，这一数字与企业把学生当作很快会离开的临时工作人员一致，一定程度上，这部分样本所反映的是企业把实习学生看成了一种负担。

学生在企业实习，学校是否需要派专业教师参与指导，学界一直有争论。但从调研结果来看，大多数企业希望学校不要派专业老师到企业，由企业师傅按企业要求独立进行指导，这一比例占到了 57.38%，而希望学校派专业老师来企业了解情况和派专业老师与企业师傅共同指导的比例都是 18.03%，希望学校派专业老师定期来企业参与指导的仅占 6.56%。

2. 影响实习企业接纳学生实习的因素

企业的本质属性是营利。在企业接收学生进行顶岗实习的时候，会有很多因素对企业决策产生影响。曾经参加过一些学校座谈会，不少人认为学校与企业保持良好关系是保证学生实习的重要途径。但从调研结果来看，企业在考虑接收学生实习时将其作为最主要因素的仅占 15.57%，而主要影响企业决策的因素是“招聘的有效方式，希望挑到合格员工”“学校专业与企业对口”和“学校学生素质符合企业要求”。企业决策是从是否符合企业利益的角度去考虑的，这与另外一个调研“大学生顶岗实习，给单位带来的益处”的结果基本一致，排在前三位的分别是“为企业挑选员工提供了机会”“缓解了企业的人力短缺问题”和“降低了企业的运行成本”，而“对企业的形象进行了宣传”“为教育做出了贡献”占比相对较低。

3. 企业对实习学生的评价

学生在企业顶岗实习结束时，是有一个实习成绩的。很多学校的做法是学校和企业都给一个实习成绩，按一定比例折算成实习成绩，计入成绩系统。从企业的角度，学生顶岗实习成绩应该由谁评定呢？33.61%的样本认为，应该由“企业师傅（或管理层）和学校老师分别评定，按一定比例计算成绩”；但是，认为由“企业师傅评定”和“企业师傅和管理层分别评定，按一定比例计算成绩”的分别占到了23.77%和31.97%，两者之和达到了55.74%，也就是说大多数人认为，实习成绩应该由企业来评定，而不是学校；仅有10.66%认为，应该由“企业提供信息，学校老师评定成绩”。

4. 影响学生实习稳定性的因素

根据调研发现，实习稳定率与企业是否指定带教师傅、是否有定期培训、学校老师是否到企业参与指导，甚至实习期间的薪酬待遇、学生对实习单位和行业的认可度等皆没有发现明显的正相关或负相关的关系。

如果连薪酬待遇这样人们通常认为会影响学生实习稳定率的东西都没有明显影响，什么样的因素才是影响实习稳定率呢？从调查结果分析中，发现以下几个因素对实习稳定率是有影响的：一是不同专业实习稳定性不同；二是不同性别影响实习稳定性；三是专业是否对口；四是实习合同的签订；五是顶岗与否的工作状态。虽然有不少学生即使签订实习合同，仍然会更换单位，但是实习合同签订与否，确实影响了实习稳定率。另外，学生对工作本身状态是较为关注的，顶岗与否，明显影响了他们的稳定率。学生注重工作本身的价值。

## 三、高职学生顶岗实习管理机制的实践探索

结合研究成果，对顶岗实习管理机制进行了改进，并取得了很好的成效。

1. 加强校企合作，培养企业需要的人才

企业在接受学生实习时所考虑的因素可能很多，但最终能够左右他们的决定因素还是能否符合企业利益。企业在决策是否接收学生实习时，考虑较多的是企业的利益，希望能挑选符合企业要求的专业对口、素质较高的合格员工。因而，学校努力寻找与学校专业对口的企业，并加强与这些企业的沟通和联系，了解他们的需求，改进课程设置，培养符合企业需要的人才。

2. 加强与企业联系，提高校企合作工作人员的专业水平

寻找行业中相对生产力较为先进的企业，让学生实习，提高顶岗实习的专业对口率，并且努力与企业商讨以落实学生在实际岗位上工作，从而实现真正意义上的顶岗实习。专业对口，顶岗工作，并且能在行业领先的企业中工作，会最大限度满足学生工作需求，为实现就业打下良好基础。

3. 切实签订学校、企业和学生三方实习协议

协议签订，不仅可以保障学生的权利，同时也对学生的离职形成了约束，并且可以培养学生遵纪守法、诚实守信的意识，有利于将学生成为合格的职业人。

4. 实习期间的管理，以间接管理为主

企业比较多地将学生作为员工或准员工对待，并不希望学校过多地参与管理。因而，尊重企业意见，在学生顶岗实习期间，学校不过度参与学生的实习管理和业务指导，以企业为主，让企业将学生按照员工的标准进行管理。学校以了解情况、掌握动态和间接管理为主，如发生突发事件，需要学校介入时，学校才参与学生的直接管理工作。毕竟实习是学生完成

从学校到社会的转换阶段。根据企业要求参与实习工作，对学生了解企业的真实情况，学习工作技能，以及对毕业后的工作都是非常重要的。

5. 增强教师与学生之间的有效联系和沟通

教师在学生遇到困难时，能够及时提供咨询，帮助化解学生心中的困惑，至少可以避免因细小问题导致学生离职现象。同时，教师在与企业和学生有效沟通的过程中，也可以及时了解学生的工作状况。一旦出现问题时，可以及时介入，加以化解，防范学生被动离职的现象出现。

6. 包容学生实习期间的离职现象

学生顶岗实习是一个并不完全依赖学校的教学过程，学校在这个过程中起的作用非常有限，主要是落实实习单位和跟踪管理。即使是在落实实习企业的过程中，不少学生是依靠自己或家庭关系落实实习单位的。无论哪种落实方式，都存在着错配的可能。无论这种错配产生的原因是什么，变更实习单位是解决错配的重要方法。学生实习不稳定性本身是对实习安排错配的自我校正。

7. 尊重企业意见，改善实习成绩评定方法

学生顶岗实习成绩评定要尊重企业的意见，增加企业的业务人员和管理人员评价的比重，更加真实反映学生的实习表现。

## 四、高职学生顶岗实习管理机制研究与实践的成效和应用价值

1. 高职学生顶岗实习管理机制的研究和实践成效明显

高职学生顶岗实习最重要的成效体现在高职学生就业率和签约率（见图 1）的提高上。学校高职学生 2012 届毕业生的就业率为 96.93%，签约率只有 85.94%，从 2013 届开始，就业率和签约率逐步有所提升，虽然中间也略有波动，但总体趋势向上，2016 届达到历史最好水平，就业率达到 100%，签约率也达到了 98.10%。

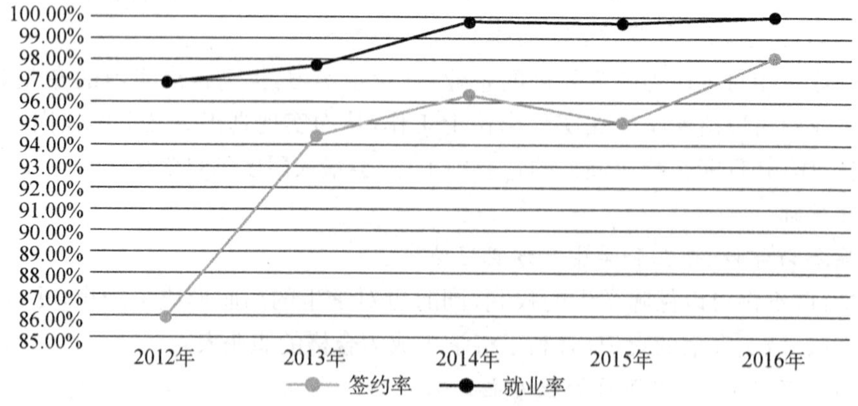


**图 1　高职学生就业率签约率汇总表（2012—2016 年）**

2. 在就业率和签约率提高的同时，学校高职毕业生的就业质量也得到了同步提高

根据麦可思提供的毕业生就业质量年度报告提供的数据，上海商学院 2013—2015 届专

科毕业生(2016 届毕业生调研工作正在进行中)半年后的月收入分别为 3 643 元、4 191 元和 4 436 元,分别高出全国高职平均数 703 元、991 元和 1 027 元(见图 2)。

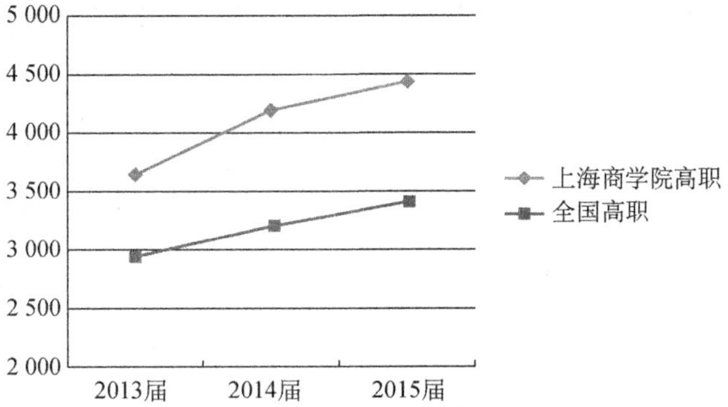


**图 2　上海商学院高职学生月收入变化趋势**

数据来源:麦可思——上海商学院高等技术学院应届毕业生培养质量评价报告(2016)。

3. 职业教育研究成果明显

在顶岗实习管理机制的研究和探索过程中,本教学成果奖的主申报人在《职教论坛》2015 年第 21 期上发表了论文"高职学生顶岗实习不稳定性的案例研究",在《中国职业技术教育》2016 年第 5 期上发表了论文"顶岗实习——企业与学生需求之间的平衡"。这两篇论文分享了顶岗实习机制研究的部分成果,这些成果具有明显的新意,为职业教育研究提供了很好的案例,也增强了人们对顶岗实习机制的理解。

4. 本研究和探索不仅在理论上有研究成果,在实践中进行了探索,且取得了很好的成效

这样的成效很多职业类院校难以企及,一个重要的原因是他们对顶岗实习的内在规律把握得不够,因而在管理机制上也无法适应企业发展和学生发展的需要。相信本成果具有很好的推广应用价值,其推广和应用将会对其他院校的顶岗实习工作起到积极推动作用。

# 基于职场与生活语用的高职英语教学改革与实践

盛文娟　史晓虹　王红美　傅瑞芳　诸秀炯[①]

## 一、成果研究背景及拟解决的问题

1. 成果研究背景

随着经济全球化的迅速发展及上海国际化大都市的区域经济定位，上海将更加广泛融入国际社会。与商贸类专业相关的行业如外经贸、海关、旅游、管理等涉外工作部门获得前所未有的发展契机，上海及长三角地区对商贸类人才的需求数量越来越大，在一个较长的时期内，商贸类专业仍会继续保持良好的就业及升学前景。近几年的劳动人事部统计数据表明，商贸类专业毕业生的就业率一直在各专业中居于前 10 位。

上海商学院赤峰路院区每年招收 3 个班级，以培养应用型现代服务业人才为主。大学英语是必修课程。第一课堂上，我们确定了大学英语“教师主导、学生主体、实践为主、活动为辅”的应用实践型教学模式。第一层次侧重教学内容的输入，即第一、第二学期在教学规定课时之外，赤峰路院区大学英语课时每周加推 2 节，供学生选择的教学内容：第一学期为职场英语《步入商界》，第二学期为生活英语《原版电影欣赏》《学唱英语歌曲》，大学英语计划课时内再配套改革教学模式、教学方法、作业模式，等等；第二层次侧重教学内容的输出：大学英语四级考证、职场英语实践报告、各类大学生英语赛事。根据《基于职场与生活语用的高职英语教学改革与实践方案》关于着力培养商贸类专业学生“英语语用”能力的特色，并基于需求分析理论，对 2013 级、2014 级各班学生在一年级第二学期初的英语学习现状、学习兴趣、学习需求、课程开设时间与学习目的和动机等进行了问卷调查。从需求调查统计结果中，欣喜地发现有 85％的学生“非常希望”或“希望”在高职学习期间开设基于职场英语的教学内容，90％的学生“非常希望”或“希望”在高职学习期间开设基于生活的英语教学内容，在英语环境中完成工作任务或现实生活中的英语交际需求。因此，从 2013 级开始，课堂教学在加推的 2 节课上，把教学重点由语言知识传授转变到语用能力培养，特别是培养与职场和生活两个方面相关的英语应用能力。

以“语用”为导向，实施英语教学内容的改革，从“职场”与“生活”两个维度配套设置课程，职场英语内容主要设置了《步入商界(原版引进)》，生活英语内容主要设置了《学唱英语歌曲(校本教材)》及《原版电影欣赏 1、2(校本教材)》。借助信息化手段，优化教学模式，实施“教”和“学”在课前、课中、课后的配套改革实践；重构教学流程：知识的学习是通过教师推送

---

① 上海商学院高等技术学院赤峰路院区教师。

微视频至微信群在课前完成的，课中教师通过设置各种情景活动，运用“三点一线”的教学策略，在师生、生生、生本的互动中，让语言知识迁移为语言应用能力，课后通过置放开设性作业巩固“语用”能力，例如：英语趣配音作业，解决了英语口语作业形同虚设的问题。通过跟踪 2013 级 4 个教学班大学英语四级累计合格率数据、2013—2017 年学生各类英语比赛获奖数据，并加以对比分析，成效显著。

2. 拟解决的问题

此次教学改革，拟解决的问题是：

(1) 如何从兴趣入手，改革高职英语教学内容（或者说，对教学计划内内容做必要补充），重构教学流程，还课堂于学生，满足学生的学习需求（提高语用能力）。

(2) 如何探索更优化的“英语教学模式”（课前：信息化支撑下的“翻转课堂”模式实施学生对知识的自主学习→课中：三点一线的课堂教学策略让知识内化为能力，实现语言知识迁移为“语用”能力的口语教学目标→课后：信息化支撑下作业模式及评价标准的改革，让学生在职场与生活的模拟真实环境下，巩固口语能力的输出，如：运用“趣配音”软件，完成一段经典电影配音的音频作业等），实现学生、教师、语料、教法、信息化手段、评价等教学要素的有机融合，提高英语教学效率（跟踪 2013 级、2014 级的教学改革实践过程，汇总四级累计合格率、学生比赛获奖、教师成果材料汇总等各类数据）。

3. 解决问题的举措

本着为学生步入职场及继续学习而实施教学过程的宗旨，根据高职院校培养应用型人才的目标定位，结合商贸大类专业特点，确立了以服务业岗位群为导向，以补充职场与生活内容为出发点，以信息化支撑下改革教学流程为核心，以提高学生在职场与生活中的英语应用能力为目标的高职英语教学改革指导思想，即：职场英语内容配置《步入商界（原版引进）》，生活英语内容配置《学唱英语歌曲》《原版电影欣赏 1、2》；在 2013～2016 级高职各班实践了“职场＋生活”英语教学改革并取得实效。

(1) 职场英语教学改革与实践。通过比较实验与行动研究的方法，对学生的学习过程进行了重构：“信息传递→知识学习”是学生在课前进行的，学生通过视频自主或小组学习；“吸收内化→知识巩固”是在课堂上通过互动来完成的，教师能够针对学生的学习困难，在课堂上给予有效的辅导，同学之间的相互交流，更有助于促进学生知识的吸收内化过程。盛文娟老师撰写的论文“创新教学模式、推进教学改革——‘翻转课堂’模式下英语口语教学的比较研究”，获 2016 年度中国职业技术教育学会商科专业委员会论文评比一等奖。

(2) 课堂教学方法改革与实践。通过跟踪 2013 级 4 个班的教学改革过程，在 2016 年 5 月采集汇总了 4 个班的大学英语四级累计合格率（89.92%），成效显著。实施了教学方法的改革试验，即通过课堂实验的方法，探讨了“学课文→讲故事→促写作”三点一线的递进式课堂系列教学策略，通过设置由易到难的情景学习任务，配合有效的课堂教学策略，培养学生的“语用”的能力，让英语知识迁移为能力的目标，在教学过程中得以基本实现。满足工作岗位对学生英语语用能力的要求及学生未来发展的需要。

(3) 生活英语教学改革与实践。2013 年，根据学生的学习兴趣，在第二课堂试验了《原版电影欣赏》课程，2016 年 3—6 月，在第二课堂试验了学生英语配音作业，主要以实验研究的方法，改革英语口语的作业模式。长期以来，英语口头作业的“吸收内化”阶段，常常会让学生感到挫败，丧失学习的动机和成就感。“英语趣配音”的配音练习，对学生的知识迁移为能力的巩固过程，进行了趣味性强化。学生通过“英语趣配音”软件完成配音视频作业，再通过手机终端发送至微信群；“吸收内化”是通过小组合作录制视频来完成的，教师能够针对小组的视频作业，在课堂上或微信群中给予及时有效的指导，同学之间的相互交流，更有助于促进学生知识的吸收内化过程。从而改变了长期以来困扰的英语口语作业形同虚设的问题，提高了学生课后巩固语用能力的学习效率。

## 二、成果的研究方法及主要内容

在多年的教学改革探索与实践过程中，坚持更新教学改革理念，以提高高职英语教学质量和提升学生的职场与生活英语应用能力为原则，从优化教学模式和深化课程内容改革研究两个宏观层面入手，以信息化手段为支撑，形成了院区“目标清晰、实践相彰、过程融合”的高职英语教改思路，构建了完善的职场英语 +生活英语内容体系。

### 1. 成果的研究方法

本成果采用了“行动研究法”“实验法”“文献法”等研究方法，在继承课堂教学优势的同时，建设了短小精悍的视频集 38 个(职场英语 18 个、生活英语 20 个)，从 2013 级的 3 个自然班开始实践，在第一、第二学期第二课堂加推的 2 节课中实施，推送至班级微信群，供学生英语自主学习，给学生提供了内容丰富、形式多样的英语学习和英语实践的良好环境，提高了英语教师们的信息化水平，同时发挥了信息化手段对英语教学的促进作用。汇总了大学英语四级累计合格率数据、学生各类比赛获奖数据、教师各类成果数据，用实验数据检测教学改革成效。

### 2. 成果的主要内容：目标、实践、融合

(1) 目标清晰。目标清晰，即改革高职英语内容；以学生需求为本，利用信息化手段，重构教学流程；提高学生在职场和生活两大环境中英语的实际语用能力。因此，在教学改革过程中，坚持以学生为本，深入调研了学生的学习需求及兴趣爱好，重视学生在英语学习中的主体地位和作用，并将以学生为本的教学理念贯串于高职英语教学的全过程，从而达到提高学生英语实际语用能力的教学目标。

(2) 实践相彰。实践相彰，即利用信息化手段，重构教学流程，加强大学英语的第一课堂形式多样的实践教学(输入)和第二课堂丰富多彩的实践活动(输出)，构建以英语应用能力为主导的实践教学体系。

首先，第一课堂上，确定了大学英语“教师主导、学生主体、实践为主、活动为辅”的应用实践型教学模式。第一层次，侧重教学内容的输入，即第一、第二学期在教学规定课时之外，赤峰路院区大学英语课时每周加推 2 节，供学生选择的教学内容有：第一学期为职场英语《步入商界》，第二学期为生活英语《原版电影欣赏》《学唱英语歌曲》，大学英语计划课时内再配套改革教学模式、教学方法、作业模式等；第二层次，侧重教学内容的输出：大学英语四级考证、职场英语实践报告、各类大学生英语赛事等。

其次，充分发挥第二课堂开放、灵活和广泛的特点，有计划、有目的地组织学生开展与第一课堂配套的第二课堂活动，成立英语实践教学项目小组，并使英语演讲、英语演剧、英语

影评社、英语海报比赛等课外活动常态化、规范化。采用分组学习与共同实践，以及自主学习与自主实践相结合的模式，培养学生的团队合作精神和终身学习的能力。

(3) 过程融合。过程融合，即信息化手段支撑下的课堂教学与学生自主学习相融合、课程过程性考核与大学英语四级证书的终结性考核相融合、教学与科研相融合。

① 信息化手段支撑下的课堂教学与学生自主学习相融合。在继承课堂教学优势的同时，2014 年申报信息化课题，建设了短小精悍的视频集 38 个(职场英语 18 个、生活英语 20 个)，从 2013 级的 3 个自然班开始实践，在第一、第二学期第二课堂加推的 2 节课中实施，推送至班级微信群，供学生英语自主学习，为学生提供了内容丰富、形式多样的英语学习和英语实践的良好环境，提高了英语教师们的信息化水平，同时发挥了信息化手段对英语教学的促进作用。

② 课程过程性考核与四级大学英语证书的终结性考核相融合(课证融通)。为全面有效地评估学生对大学英语的真实学习情况，掌握学生对大学英语课程的学习动态，对课程考核形式、考核内容和总评成绩的构成进行了改革。由过去单纯在学期末进行笔试的测评转变为伴随课程进行的全过程评估，并把考核重点转移到英语应用能力上来，突出对听、说能力的考核，使传统考核方式与过程性考核、实践性考核，以及英语能力考核相结合，构建了多元化的开放式、全程性、综合性的课程考核模式。跟踪汇总大学英语四级证书考核结果，并进行数据对比分析。跟踪汇总了赤峰路院区 2013 级各班级四级大学英语证书的累计合格率数据，并与之前两个年级的数据进行分析对比，用数据得出结论。

③ 教学与科研相融合。为保证高职英语教学改革的顺利进行，以教科研研究为纽带，使教学科研相长。将研究课题聚焦于英语语用教学改革的不同层面，把团队成员按照各自研究的兴趣和方向分为相应不同研究目标的项目子课题组，如课题方案与实施研究、信息化手段支撑研究、教学资源建设研究、实践教学研究、课程建设研究、教材建设和试题库建设研究等，并以课题小组为单位进行实践推进及数据记录；以课题研究、教材研发带动教改，指导教学，检验教学成效，用数据得出实验结论。将教学过程与教学研究紧密结合，设立阶段性研究任务，确保研究的常态化。经过近三年的教学与研究相融合的实践过程，打造出了一支英语教学研究型师资队伍，形成了三个层次的英语教学梯度团队，为英语教学与教科研工作的可持续发展提供了保障。

## 三、成果创新与特色

1. 教改理念明确、先进，职场＋生活高职英语教学内容实用、创新

以学生为本，将职场与生活的内容与高职英语课程内容相结合；注重英语应用能力培养，与就业市场的对接，体现英语工具性的特征，达到用英语为就业与升学服务的目的，形成富有特色的职场英语内容，即《步入商界〈原版引进〉》；在调研的基础上，设计深受学生欢迎的生活英语内容，并形成自编校本教材，即《学唱英语歌曲》《原版电影欣赏 1、2》；以应用为主，实现同一教学目标的职场＋生活英语内容体系。

2. 利用信息化手段，实施"课前、课中、课后"有序相融

利用信息化手段制作短小精悍的微视频 38 个，推送至班级微信群平台，重构教学流程。课前：信息化支撑下的"翻转"模式，实现学生对知识的自主学习→课中：设置各种语言情景，运

用三点一线的课堂教学策略，让知识内化为能力，实现语言知识迁移为"语用"能力的教学目标→课后：信息化支撑下作业模式及评价标准的改革，让学生在职场与生活的模拟真实环境下，巩固英语语用能力的输出，如：运用"趣配音"软件完成一段经典电影配音的音频作业等)，实现学生、教师、语料、教法、信息化手段、评价等教学要素的有机融合，提高了课堂教学效率。同时，配套实施丰富多彩的第二课堂英语活动，使课内外实践活动融为一体，并不断优化实践实训配置、信息化教学资源和各类英语竞赛的实践环境，培养学生的自主学习能力，提高学习效率。

3. 课程改革与教科研同步，教学改革实施具有师资团队保障

以课题为平台实施课程改革，以课题子项目研究为核心，同步推进师资团队建设。课题研究与教学团队的支撑，保障了大学英语改革的实施，推动了教学改革的创新，提高了赤峰路院区大学英语课程的教学质量。

## 四、成果应用效果

经过3年多的课堂实验，坚持以"语用"为导向，改革高职英语教学内容，重构教学流程，实施全程信息化支撑下的"课前""课中""课后"相配套的高职英语教学流程改革显现出了明显的应用效果，有效提高了2013级赤峰院区3个班级的英语教学质量，提升了高职生的英语语用能力。在这种模式下，将课中知识学习迁移至课前，课堂知识的吸收内化通过实施三点一线的教学策略、设置有效的课堂活动，在师生、生生之间互动完成。教师能够针对学生的学习困难，在课堂上给予有效的辅导；同学之间的相互交流更有助于促进学生知识的吸收内化过程，从而改变教师课堂教学行为，改变学生课堂学习行为，提高课堂教学效率，推进高职英语学科建设。

为了调动学生学习的积极性，激发学生的学习兴趣，提高教学的有效性，本次实验引入了视频和人机对话口语测试等信息化手段及"趣配音"APP软件，充分利用多媒体设备，训练形式多样化，采用了视听结合、听说结合、听读结合等方法；充分利用课堂时间，锻炼学生的语用能力，提供各种机会让学生运用所学的知识结构；利用"趣配音"APP软件和"魔方秀"APP软件完成开放性原版电影配音作业，提高了学生作业的趣味性和有效性；充分结合课外英语活动，组织了英语演讲比赛，英语短剧表演等，增加生活及职场交际性活动的含量，为学生毕业后走上职业岗位的真正交流打好基础。

1. 学生的收获

(1) 课堂焕发生机。

课堂教学实验：(一堂公开课的视频录像)——见支撑材料

以《步入商界》My budget Plan公开课为例，以课文为素材，教师完成课前微视频制作。

①课前是知识学习：制作短小精悍的教学视频，使教学信息清晰明确，使预习方便快捷(可通过微信推送到手机终端——班级微信群或QQ群)。

②课中：把课堂还给学生。"吸收内化"是在课堂上通过互动来完成的，教师实施三点一线教学策略：学课文→讲故事→促写作，设置不同情景下由易至难的学习任务推进教学过程。教师能够针对学生的学习困难，在课堂上给予有效的辅导，同学之间的相互交流更有助于促进学生知识的吸收内化过程。这样的教学使课堂焕发生机，教学效果明显。

(2) 学生英语语用能力的提高。

Ⅰ. 以 2013 级赤峰路院区高职学生大学英语四级累计合格率结果为例。

**表 1 2013 级高职学生大学英语四级成绩统计(赤峰路院区)**

| 序号 | 班级 | 学生人数 | 通过人数 | 通过率 |
| --- | --- | --- | --- | --- |
| 1 | 2013 物流 | 30 | 29 | 96.7% |
| 2 | 2013 电商 | 29 | 24 | 82.8% |
| 3 | 2013 国商 1 | 35 | 27 | 77.1% |
| 4 | 2013 国商 2 | 34 | 30 | 88.6% |
| 5 | 总计 | 128 | 110 | 85.7% |

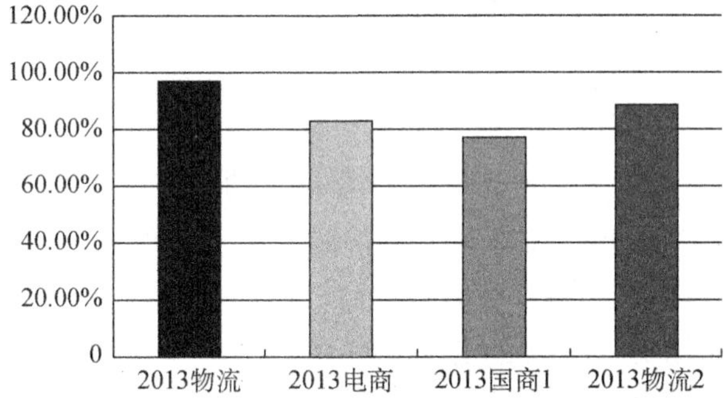


**图 1 大学英语四级通过率**

Ⅱ. 以 2013 级赤峰路院区高职学生大学英语四级累计合格率的横向(与各院区 2013 级的累计合格率比较)、纵向(与本院区 2012 级的累计合格率比较)比较结果为例。

**表 2 与各院区 2013 级(2016 届)大学英语四级累计合格率比较(横向)**

| 院　区 | 2013 级(2016 届) |
| --- | --- |
| 赤峰路院区 | 85.7% |
| 共和新路院区 | 48.7% |
| 交通路院区 | 61.7% |
| 国权路院区 | 58.7% |

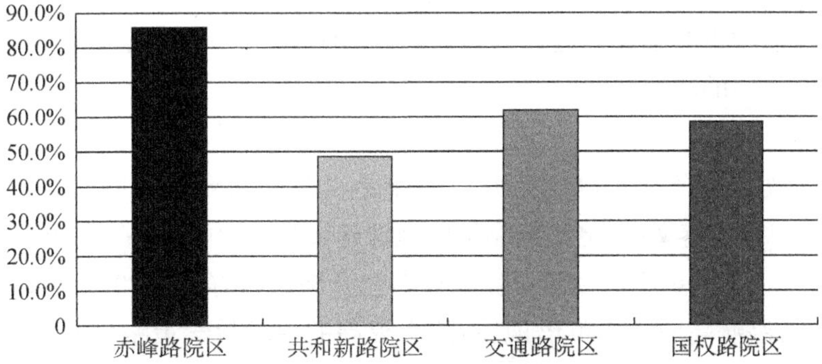


**图 2 大学英语四级累计合格率(横向)**

表 3　与本院区 2012 级(2015 届)大学英语四级累计合格率比较(纵向)

| 院　区 | 2012 级(2015 届) | 2013 级(2016 届) |
|---|---|---|
| 赤峰路院区 | 49.3% | 85.7% |

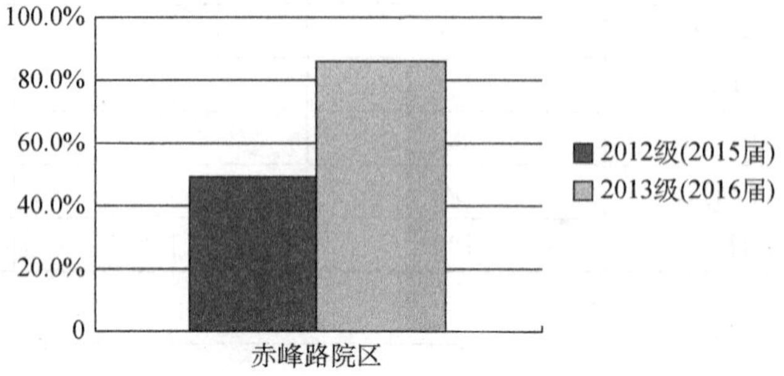


图 3　大学英语四级累计合格率(纵向)

从以上 2013 级各班级大学英语四级累计合格率的图表及横向(与各院区 2013 级的累计合格率)、纵向(与本院区 2012 级的累计合格率)比较图示可见,高职英语教学改革与实践的成效明显,学生英语语用能力得到了显著提高。

(3) 彰显生活和职场英语语言的真实运用的能力——(高职学生英语课外活动)。从 2013 级的 3 个自然班开始实践,在第一、第二学期第二课堂加推的 2 节课中实施,聚焦职场与生活两大真实语言环境,检验学生的英语运用能力,彰显语言的真实运用。项目组设计了两个活动项目供学生选择:英语短剧表演、英语影评比赛。

(4) 学生学习兴趣与自主学习能力的提升——(以第二课堂"原版英语趣配音"作业为例)。改革作业模式:"英语趣配音"作业模式是利用现代信息技术和资源,强化学生为主体的一种高效的作业模式,即:①学生递交视频配音作业,使视听说作业形象直观;教师制定评价标准,使作业评价更客观公正。学生反映,知识巩固更有趣高效;教师感觉,评价检测更客观公正。②强化知识迁移为能力的巩固流程。"趣配音"的配音练习,对学生知识迁移为能力的巩固过程进行了强化。学生通过"趣配音"软件制作配音视频,通过手机终端发送至微信群;"吸收内化"是通过小组合作录制配音视频来完成,教师能够针对小组的配音视频作业,在课堂上及微信群中给予及时有效的指导,同学之间的相互交流也更有助于促进学生知识的吸收内化。以学生的学习兴趣作为切入点,借助信息化手段,使课堂得到了延伸,有效提升了学生自主学习的能力。

2. 教师的收获

(1) 教师的教学综合素养得到提升。本课题组成员综合素养明显提升(见支撑材料 10)。2014 年 12 月,由盛文娟、诸秀炯领衔的微课建设项目《国际商务实用英语(1 - 18)》已完成评估验收。2015 年 6 月夏玲老师院区教学公开课获得好评。2015 年 12 月,盛文娟老师的商学院重点课题《高职学生英语说、写能力提高的课堂教学策略研究与实践》已通过结题评估验收。2014 信息化课题《"翻转课堂"模式下英语口语教学的比较研究》已通过结题评估验收。盛文娟老师撰写的论文《创新教学模式、推进教学改革——“翻转课堂”模式下英语口语教学的比较研究》获 2016 年度中国职业技术教育学会商科委员会论文评选一等奖。

(2) 推动教学团队从“教书匠”转变为“研究型”教学团队。教研部教学团队正从“教书匠”转变为“研究型”教学团队。

① 盛文娟老师领衔的课题《翻转课堂模式下英语口语教学的比较研究》(课题资金:5 万元)获得上海市教委的批准并结题(2014 年 10 月)。

② 盛文娟、诸秀炯、王兴浩老师的微课《国际商务实用英语》已完成评估验收(2014 年 12 月)。

③ 傅瑞芳、王冬燕老师的校级课题《思维导图在中职英语文法结构中的应用与研究》已完成评估验收(课题资金:3 万元)(2015 年 4 月)。

④ 盛文娟老师领衔申报并获批的 2016 年上海市信息化课题《“英语趣配音”软件在〈原版电影欣赏〉课程中的应用研究》(2016 年 9 月 29 日)。

3. 不足及努力方向

在课题研究的过程中,我们发现教师们观念更新为课堂带来了积极变化,但教科研意识还有待加强。可见现代职业教育的教师对教学内容、教学对象及教学模式的融合性研究是个永恒的话题。本次改革教学流程将教学的中心前移,教学活动延伸到学习者课前进行,这种扩展对教学设计提出了新的挑战。当今社会已发展到互联网+的时代,全新的时代需要教师综合素养的全方位运用能力,这种能力为教学改革的实施提供了前提保障。顺应大职教理念,教师从知识传授者转变为课堂的组织者、参与者、出谋划策者、鉴赏者,同时也是收获者,这是时代赋予教师的职责。我们的实践与追求永远在路上。

## 五、成果影响、评价及应用前景

1. 促进了校际之间的教学改革交流

几年来,本成果主持人及其他完成人先后通过研讨会、经验交流会,以及宣读会议论文等渠道介绍本成果,使本成果得到了推广。2015 年 12 月,上海商学院陆家浜路院区、上海商学院共和新路院区,以及上海行健技术学院的同行曾经上门取经。

2. 获得了同行专家的较高评价

校外专家,如上海建峰职业技术学院的窦征仪,上海商学院陆家浜路院区孙怡、上海商学院共和新路院区卢宁宁、上海工商外国语学校陈明娟等领导和教师均对学校大学英语近几年来的教学改革所取得的成效给予了充分肯定的评价。

3. 本成果的应用前景

本成果具有很强的针对性、系统性和创新性,在高职英语教学改革方面迈出了巨大的步伐,取得了一定的人才培养效果,推动了高职英语教学改革的发展,有利于人才培养质量的提高,有推广价值,也为高职商贸类专业人才英语教学内容和课程体系改革提供了范例。

## 六、成果研究提出的观点

(1) 高职英语教学内容的设计,应满足社会需要和学生的个体发展需要,符合学校的办学定位。在进行课程设置时应进行社会及行业岗位需求分析和学生学习需求分析，将需求分析贯穿于高职英语课程设置的始终(基于职业岗位及学习需求的导向)。

(2) 教学模式是课程教学目标实现的保证。实施信息化支持下高职英语“课前、课中、课后”相融合的教学模式改革的前提，在于高职英语课程教学体系的改革与课程设置的优化，关键在于教学流程的重构、信息化手段的支撑、教学理念的创新，教学内容的拓展，以及在教学中突出实践，强化应用(基于高职英语教学内容优化及信息化支撑下教学流程重构的课前、课中、课后的配套改革导向)。

(3) 在设计课程教学方案时，要注重实践教学，要将第一课堂教学和第二课堂实践活动紧密配套，使两者融为一体，强化学生的英语实践环节，营造英语学习的氛围，切实提高学生的英语语用能力(基于任务型教学方法的课堂实践导向)。

(4) 教师教学理念的转变，以及参与改革的积极性，是进行教学改革成功必不可少的条件。要实现教学改革的目标，必须有一支齐心协力、锐意进取、业务过硬的教学团队(基于教师团队为决定性因素的课程改革理念)。

## 七、成果支撑材料目录

1. 调研分析报告 2 份

(1) 社会及岗位需求分析。

(2) 学生学习需求分析。

2. 教学成果改革方案

(1) 高职英语教学改革方案。

(2) 高职英语教学内容 3 份[职场英语 1 份:《步入商界(原版引进)》，生活英语 2 份:校本教材 2 本(《学唱英语歌曲》《原版电影欣赏》]。

3. 高职英语改革与实践的过程材料

(1) 高职英语课前改革方案过程材料。

① 2014 课题立项批复 1 份。

② 信息化成果—含课件清单 1 份(38 个)。

(2) 高职英语课中改革方案过程材料。

① 课堂教学策略研究材料《递进生成式三点一线的“学课文—讲故事—促写作”的课堂系列教学策略报告》1 份。

②《2013 商务英语专业班学生英语听、读输入—说、写能力输出的研究与实践的实验报告》1 份。

(3) 高职英语课后改革方案过程材料。

① 高职英语作业模式改革过程材料《原版电影趣配音》音频作品集 1 份(配音视频约 50 个)。

② 高职英语第二课堂学生大型活动视频(英语演讲＋英语演剧＋英语电影影评＋英语海报视频材料)1 份。

③ 2016 课题立项批复 1 份。

4. 高职英语改革与实践成果性材料

（1）信息化成果1批（含课件38个、配音视频50个、学生大型活动视频1个）。

（2）教师收获：发表及获奖论文6篇（其中高职本项目组成员3篇），近3年成功立项课题4个；公开课录像2堂。

（3）学生收获：2013级高职学生四级考证累计考证合格率85.7%（表1：2013级4个班大学英语四级考证累计合格率数据汇总1份；横向比较表2：与其他院区2013级四级合格率的数据比较；纵向比较表3：与本院区2012级四级合格率的数据比较）。学生获奖统计表：在2013—1017年4年中，学生获市级以上各类英语奖项：特等奖1人次，一等奖3人次，二等奖9人次，三等奖7人次。

# 中高职教育贯通联合运行管理实践探索

## ——以上海市南湖职业学校为例

诸　慧[①]　裘燕南[②]

为了贯彻落实《国家中长期教育改革和发展规划纲要》和《上海市中长期教育改革和发展规划纲要》的精神，以十八大提出的“努力办好人民满意的教育”为总目标，以“为了每一个学生的终身发展”为核心理念，积极探索职业教育体系建设，加快培养适应社会经济发展需要的高素质技能型人才，上海商学院、上海市南湖职业学校在金融事务/金融管理专业实施中高职教育的贯通培养，于2014年秋季开始招生，目前已有两届学生转段进入高职段学习。

中高职教育贯通项目，进口在中职，而出口在高职。作为贯通高校方的上海商学院，目前已与7所中职校合作进行相关专业的教育贯通培养工作。为了做好多院校管理，同时也为了响应市教委提出的“上海市中本、中高贯通培养试点联合教研”的相关精神，深化中高职贯通、5年一贯制等人才培养模式改革，深化课程一体化设计，推进中等职业教育和应用技术本科教育贯通等衔接模式试点，提出了“八个统一”的原则，即统一教学计划（标准）、统一教学大纲（标准）、统一授课计划（进度）、统一教学管理（秩序）、统一教材（教学内容）、统一考试（教学评价）、统一教研（师资提升）、统一督查（教学质量）。作为中职教育阶段学校，在试点期间，积极实践探索，旨在统一管理背景下形成具有学校特色、促进项目建设的管理体系。

### 一、专业课程体系一体化设计

专业课程体系设置决定了中高职共计5年的时间里“教什么、学什么”的问题，课程的设置不应该是简单的叠加，衔接的目的在于消除人才培养途径上的隔阂，将中职和高职的优势进行叠加，达到“1＋1＞2”的效果。

#### 1. 课程一体化设计，关注学生能力发展

以职业能力为核心，贴合中高职教育贯通学生的心理、认知特点，以及成长发展规律，有效整合课程体系，注重课程结构的合理性、连续性、递进性，重视人文课程、优化专业课程，加强专业实践课程，从而提升人才培养的效率与质量。

整个课程体系由职业通识通用课程、职业核心课程和职业拓展课程和实训实习课程构成。职业通识通用课程设置意在提升人文修养，综合素养，为学生继续学习、终身发展提供支持；职业核心课程设置与职业岗位相匹配，旨在培养学生职业意识、职业技能、职业素养；

---

① 上海市南湖职业学校教务科科长。
② 上海市南湖职业学校金融管理专业负责人。

职业拓展课程设置意在拓展岗位群，拓宽知识面，使学生就业时有更多的选择。实训实习课程通过企业认知实践、校内模拟实训、企业实习，为学生提供实践机会，增强实践教学效果。

2. 动态优化，适应现代服务业发展新趋势

金融行业的变化可谓翻天覆地，互联网金融的闯入打破了金融行业的思维定式，新兴的金融相关机构如雨后春笋般萌芽发展，因此课程也必须随科技发展和市场需求变化而动态优化。在以现代服务业为背景，以大金融发展为平台，在培养金融业为高效优质的服务能力基础上，加强双语课程的开设比例，以适应现代经济社会发展全球化趋势；新增互联网相关课程以适应互联网与金融深度融合发展趋势，如职业核心课中增设互联网金融，职业拓展课中开设互联网基本知识，实训实习课程中开设互联网金融实践课程，以适应互联网金融的发展。

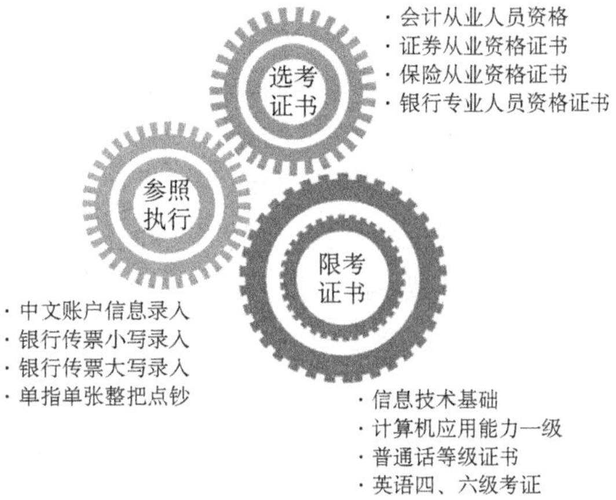


**图 1　双证教学推进**

3. 考证要求明确，强化实践教学

加强专业课程内容与职业标准的相互沟通与衔接，规定限考科目、选考科目和参照相关职业标准执行的科目，教学内容能够覆盖职业标准的相关内容，学生技能能够达到职业标准相关要求。



## 二、师资队伍一体化建设

优秀的师资和教学团队的配备是基础，中高职教育贯通师资的素质提升是关键。按照优质教学资源配置原则，学校选派优秀教师任教贯通班教学，其中高级教师占比 25%，专业带头人为商学院名师基地学员，市名师培育工作室主持人。在此基础上，利用中高职合作平台优势，多渠道打造中高职教育贯通师资。

1. 参加中高职联合教研，提升理念，转变思想

借助中高职合作平台资源优势，通过联合教研，将教师领进中高职贯通教育的大门。此外，在贯通实施过程中，加强与高职段教师的沟通与联系，从课程设置和教学计划的制定，到证书一体化的探讨，以及深入课堂相互听课研讨。通过这些途径，一方面，增强了教师对中高职教育贯通培养模式的理解，明确贯通培养的核心理念，打破中高职教育各自体系，对 5 年的教学进行一体化设计，明确自身定位；另一方面，增强对教育对象的理解，能以“准大学生”的标准来看待中高职贯通学生，恰当把握教学对象的心理特点、认知规律，在目标导向下积极探索教育教学方法。

2. 课堂实践，积极探索贯通理念下的教学方法

在试点期间，老师们积极探索实践中高职贯通专业课程教学改革，特别是在通识课程的教学方面，充分发挥职业通识通用课程提升人文修养、综合素养的功能，以便为学生继续学

习、终身发展提供支持。通识教育是一种人文教育,重在"育"而非"教",通识教育超越功利性与实用性,旨在开发、挖掘出不同个体身上的潜质与精神气质。

德育课程旨在让学生正确认识自我、学会规划人生;树立正确的世界观、人生观、价值观;树立正确的人才观、就业观;培养良好的职业道德;增强社会责任感;增强自信心和独立面对社会处理各种问题的能力。在《职业生涯规划》课程教学中,任课老师指导学生进行职业生涯规划设计,鼓励他们参加职业生涯规划设计比赛;在《职业道德与法律》课程教学中,将下企业调研整理出来的具有专业特点的《专业岗位职业道德手册》融进教学内容中,以提高学生适应职场新环境的能力。

在语文课程的教学方面,老师们注重培养学生口头表达能力、逻辑思维能力。每节课设计的3分钟话题练习,范围可以是教材中所涉及作家作品,也可以是社会热点新闻。通过持之以恒的练习,学生的口头表达能力有了明显的提高,能从多角度分析问题,学生的思维品质也得到了锻炼。

数学是研究现实世界数量关系和空间形式的科学,一直是和各种各样的应用问题紧密相关的。在教学中,老师们有意识地培养学生识模、建模、解模的能力,通过教学使学生了解如何利用数学理论和方法去分析和解决实际问题,提高他们分析问题和解决问题的能力。

英语课程教学则采用"综合知识+综合素质"的教育模式,以语言教学为媒介,通过课堂学习、师生互动和课外阅读,把英语、西方文化和其他学科知识系统地融入英语教学之中,为学生提升跨文化交际能力搭建良好平台,使学生逐步树立自信,不断提升能力。

## 三、落实一体化的评价体系,监控教学质量

中高职贯通教育"进口在中职,出口在高职,过程在中高职",老师教的怎么样。学生学的怎么样。过程监控是把控项目成功的关键,一体化评价是衡量项目成功与否的准绳(见图2)。

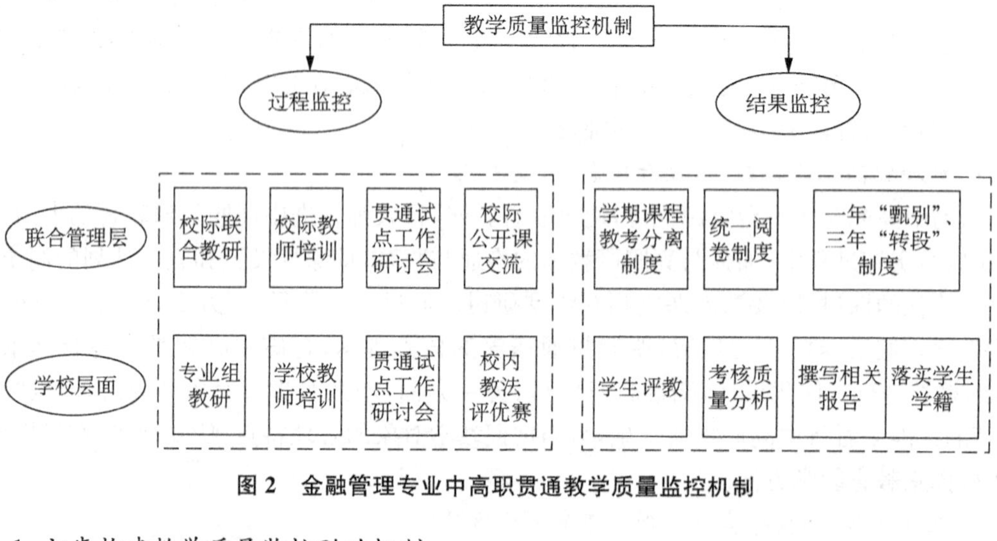


**图2 金融管理专业中高职贯通教学质量监控机制**

1. 初步构建教学质量监控联动机制

(1) 质量监控团队对接。为保障各专业的教学质量,由上海商学院牵头,搭建了中高职

贯通教育管理团队(见图 3)。

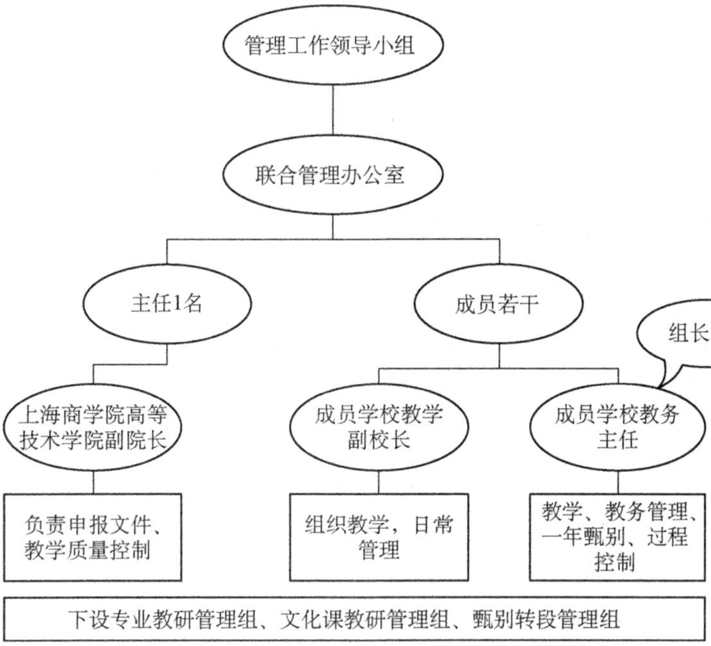


**图 3　中高职贯通项目校际联合管理团队**

管理工作领导小组负责监控项目运行的规范性;联合管理办公室负责日常工作管理、教学方案实施、课程建设和质量保障;各教研管理组负责日常教学方案实施、专业及课程建设,贯彻落实管理办公室的有关要求和指示精神。

为了更好地落实联合管理组布置的各项具体工作,成立学校金融中高职教育贯通项目管理工作小组,由校长直接监控项目的规范运行,教学副校长负责项目具体协调工作。教务主任、政教主任、招生办主任分别负责中高职贯通项目建设环节中的各项具体工作(见图 4)。

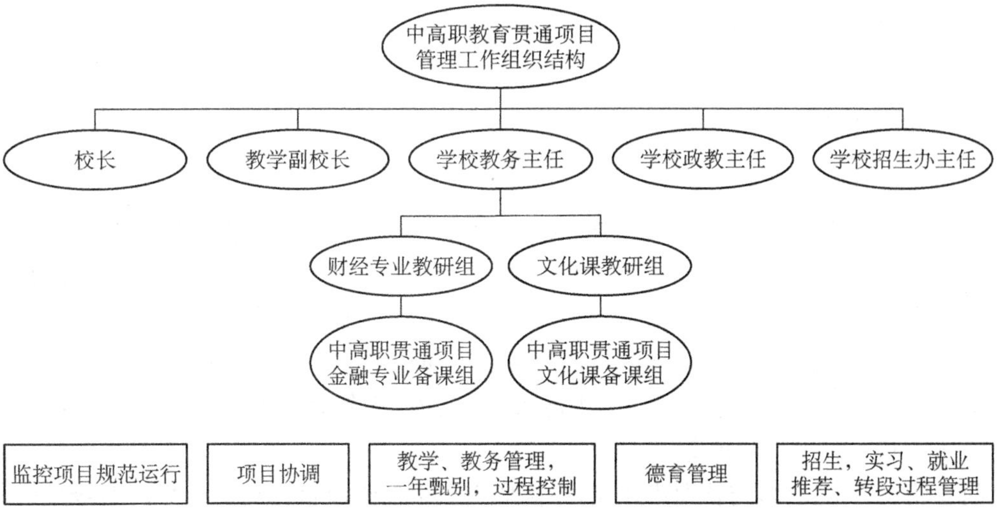


**图 4　金融管理专业中高职贯通项目管理团队**

（2）质量监控措施扎实落地。通过校际联合教研活动、校际公开课交流活动等方式，统一教学内容、教学计划，探讨中高职贯通专业课堂教学方法，讨论教学中碰到的问题和解决方法，交流各学校和院区学生的学习情况和思想状况等。而学校财经专业组及相关文化课教研组则可以就金融贯通专业学生学情进行针对性分析，研讨落实联合教研组布置的工作，统一课程标准，优化课堂教学方法。通过校际教师培训，统一贯通理念和思想。而学校教师校级培训包括组织金融专业教师暑期下企业实践，则提升了教师专业素养，增强了落实理念的能力。此外，学校还通过积极参加高校组织召开的校际联合贯通试点工作研讨会，及时、详尽地了解项目运行的新规范、新信息、新举措。同时，主动邀请高校项目负责人，一起有针对性地研讨金融管理中高职贯通试点工作目标，以及实施过程中的重点和难点，交流贯通的方法及举措，以增进合作双方彼此的了解，加深对该项目的理解。

2. 过程监控与结果监控并举

积极组织相关老师参加校际联合教研、校际教师培训、校际公开课交流，以及贯通试点工作定期研讨会，组织学习联合管理各项制度，以确保项目建设过程监控质量。配合落实学期课程教考分离制度、统一阅卷制度，特别是一年“甄别”、三年“转段”制度，从项目建设的阶段成果上，对质量进行严格的把控。以 2014 级学生为例。在 2014 级金融贯通专业学生面临一学年后甄别时，学校严格按照“甄别”的相关规定，开展各项工作[“甄别”制度规定学生在第一学年学完教学计划规定的课程，经考核（含补考）考试课程不及格 2 门及以上者甄别为不合格；学生在第一学年内缺课达三分之一，或发生严重违纪受到学校行政记过及以上处分，则甄别为不合格。甄别不合格者转出贯通班，若达不到普通中职升级标准，则留入下一届非贯通班]。学校教务处负责审核每位学生的课程学习情况及在校表现，撰写《上海南湖职业学校 2014 级中高职教育贯通培养金融管理与实务专业一年甄别工作报告》，并提交联合管理办公室审核确定甄别结果。在获得中高职贯通领导小组批准的批复后，及时将甄别结果通过学校数字化管理平台进行公示。而甄别出中高职贯通项目的学生则按规定办理相关手续，并转入非中高职贯通的中职相近专业学习。

## 四、阶段成果与项目展望

### （一）阶段成果

1. 自主管理模式初见端倪

以传统文化的熏陶和企业文化的植入为切入点，突出企业文化与校园文化的深度融合，通过打造德育微型修身课、引入企业 6S 管理模式进班级等途径，构建班级生态文化，聚焦学生的终生职业发展。2014 级、2015 级、2016 级金融贯通班级均获得虹口区先进班集体称号，年级干部、团学联干部、学生自主管理委员会干部和学生道德仲裁委员会成员、中贯通班学生都发挥骨干作用，1 名学生被评为上海市三好学生，2 名学生获虹口区三好学生。

2. 专业认知程度有所提高

问卷调查结果反馈，与普通班相比，中高职贯通班的学习目标更加聚焦。对今后的就业方向 67.86％的学生选择互联网金融企业，51.14％选择银行，50％选择证券公司；对于职业技能竞赛的态度，82.14%的学生认为通过参赛，既能够提升职业技能，又可以锻炼个人品质。67.86%的学生参加过校级技能竞赛，7.14%的人参加上海市“星光计划”职业技能大赛，1 人参加上海市金手指擂台赛。

3. 学习积极性明显提升

在联合管理办公室统一组织的历届甄别考试中，除个别学生本人提出申请转出中高职贯通试点专业，其余全部通过甄别考。计算机操作员初级专业证书考试通过率也远高于学校的通过率和全市通过率。22 人次获上海市奖学金，51 人次参加全国文明风采各项目比赛并获奖，9 名同学参加上海市“星光计划”职业院校职业技能大赛并获奖，参加区级以上各级各类比赛并获奖的人次累计达 146 人次。

### (二) 项目展望

1. 长学制学习动力保持

学生没有升学压力，学习积极性高。根据职业生涯发展特点，通过定期开展企业认知社会实践、开设专业讲座、组织云平台模拟竞赛等方式，帮助学生认识中高贯通的就业和升学优势，了解贯通专业的培养目标和能力规格，明确甄别与转段的要求，认识学习的艰苦性，引导和激励学生通过持之以恒的努力，从而达到目标。

2. 优秀课程资源的开发

在联合管理办公室的组织下，语文、数学、英语已经完成一体化教材开发，学校也针对新设课程开发了反映新业态的《互联网金融基础》教材，但在课程资源方面还需进一步丰富和完善。选修课方面，因贯通规模较小，有些课程开设起来具有一定的难度，学校通过延伸课和社团活动的方式，共享学校其他专业的优质资源，丰富学生的课余生活，提升综合素养。

3. 专业教师知识更新速度急需提升

金融行业的变化可谓翻天覆地，互联网金融的闯入，打破了金融行业的思维定式，新兴的金融相关机构如雨后春笋般萌芽发展。教师的知识更新速度亟待提升，进一步发挥联合教研组功能，加强师资培训，加强行业联系，加强中高职教师的沟通。

# 高端化　国际化　精致化

## ——中高职教育贯通连锁经营管理专业人才培养实践探索

王翎等①

## 一、背景与主题

为贯彻国家和上海市中长期教育改革和发展规划纲要，落实《教育部关于推进中等和高等职业教育协调发展的指导意见》，促进中等职业教育与高等职业教育衔接，构建中等职业教育与高等职业教育课程、培养模式和学制贯通的“立交桥”，加快培养适应本市经济社会发展需要的知识型、发展型、高素质、技能型人才，学校于 2013 年起探索实践中高教育贯通人才培养。

试点工作开展 6 年来，学校对这座“立交桥”的认识也经历了从困惑到清晰的过程，在过程中积累了不少经验。首先，中高职教育贯通培养不是简单的“3＋2”的时间延续或是课程相加；更不是中职和高职各自为政开展教学，最后只是学生的学习空间和时间转移而已。就这些在中高职教育贯通培养中存在的显而易见的困境和教育教学上的难点，在实践中边走边思考，边探索总结。

中高职教育贯通培养的特殊形式，需要学校根据社会需要和企业相关职业岗位的工作要求，按照国家相关职业（行业）标准和职业资格鉴定考核要求，明确专业培养目标，整体设计人才培养目标，改革技能型人才培养模式，制定相应的专业教学计划、教学考核要求和考试大纲。

根据现代商贸业发展的特点，紧紧围绕上海市国际化贸易中心的发展需求，结合学校地处南京路商圈的优势，充分利用精品特色专业建设和示范性品牌专业建设的成果，以建成“高端化、国际化、精致化”的示范性品牌专业为目标，精准定位连锁经营管理专业发展方向，明确专业发展模式。

## 二、管理与监控

为保障项目运行和管理的质量，在项目运行之初，学校与合作高校双方成立了中高职教育贯通培养项目联合管理领导小组、工作小组和联合管理办公室，共同协商建立针对中高职教育贯通专业的教学与管理机制，制定相应的教育教学管理文件，组织实施教育教学（实习实训），加强学生的职业指导，努力探索合作专业中高职贯通培养人才的最佳模式。

### 1. 严格教学常规管理

中高职教育贯通培养试点班在教学运行与管理方面，严格按照联合管理办公室提出的

---

① 上海市商贸旅游学校教师。

8 个统一(授课计划统一、授课周数统一、使用教材统一、教学要求统一、教研活动统一、统考命题统一、考试时间统一、监控标准统一)开展工作。克服与学校中职班级运行不同步的困难,确保中高职贯通联合管理办公室的统一安排落实到位。在学校的日常管理之外,中高职贯通培养试点班定期召开中高职教育贯通教学工作会和家长会,按规定使用教材,有序安排期中期末考试。定期举行教研活动和积极参加中高职教育贯通联合办公室组织的集体教研活动,并保证集体教研活动出席率。

2. 完善教学质量监控体系

试点班严格按照联合管理办公室的考试质量分析要求,做好期中和期末教学质量分析。开展教师满意率考评,定期开展教学专项检查,召开学生座谈会,组织教学问卷调查,听取学生反馈。学校聘请职业教育专家及专业学科专家,对全体教师进行专业能力评估,确保试点班教师的能力和水平达到和超过项目要求的水平。

3. 参与联合教研和专题科研项目

学校中高职教育贯通培养工作小组积极参与联合教研,配合完成联合教研组的各项研究任务。同时,学校将中高职贯通培养试点专项工作列入上海市特色示范校建设项目,搭建了更好的试点平台,借力示范校的东风,重点推进。

学校坚持以科研为引领,依托示范校建设,组建由专家、参与项目教师、教学管理人员组成研究团队,针对项目管理与运行过程中的问题和方法,进行深入的实证研究。特别申报区级课题——连锁经营管理中高职教育贯通培养管理与运行的实践与研究,以及多个校内中高职贯通培养相关课题,开展专题研究,为项目的开展提供智力支持和理论支撑。

4. 开发教材与教学资源

积极参与文化基础课的一体化开发,完成《中高职贯通语文》第一、第二、第四册的教材开发和《中高职教育贯通数学》第一、第二册教材的开发;同时,文化课还充分利用联合管理办公室的平台,积极开展公开课教学交流。专业课教学在商学院指导下,研究中高职教育贯通专业教学特点,探索专业课实践教学的有效模式。

积极联合高校资源,在联合完成专业教学计划设计前提下,主编完成连锁经营管理的核心课程贯通培养教材和实训手册,如《市场营销实务》《门店营运基础》《商品经营技术基础》《商品基础知识》等,并已正式出版并投入使用。

为能有力支撑中高职教育贯通专业教学改革,学校充分利用现代信息技术,丰富教学资源种类,积极开发中高职教育贯通数字教学资源,包括精品课程、电子教材、实训软件和教学资源包等,为专业课程教学提供更为生动逼真的教学资源。

5. 加强信息技术与课堂的整合

为探索实践中高职教育贯通培养课堂教学模式改革,学校组织开展教学开放日活动,邀请企业专家、中高职兄弟学校同行及家长代表走进课堂。同时,加强中高职教育贯通班级的公开课展示活动,让全校教师参与中高职贯通班的课堂教学研究。学校中高职教育贯通班任课教师在 2015 年上海市中等职业学校信息化教学大赛中获一等奖 2 个,二等奖 2 个;在 2015 年上海市中职德育课程"精彩一课"评比活动中获一等奖。

同时,学校还建立保障机制,积极探索课程与教学模式创新,开发相配套的课程与教学资源，强化跨学科实践教学，增加中途实习；通过各种社团活动，加强对学生学习兴趣的培养和引导。

## 三、过程与成果

1. 建设面向高端商品营销的人才培养体系

开展对现代商贸高端服务业人才需求调研，对接国际水平的教学标准，参照国际职业资格证书，与高端时尚商品经营企业建立深度合作，创新人才培养模式与运行机制，探索校企深度合作的经营管理人才培养模式。

(1) 开展高端商品营销人才需求调研。配合上海市商贸发展的定位，开展对现代商贸高端服务业营销人才需求调研，了解现代商贸高端商品营销的人才需求，创新经营管理人才培养模式。

(2) 形成高端商品经营人才培养模式。实现与高端时尚商品经营企业建立深度的企业合作，研究探索基于深度校企合作的以师徒形式为支撑的高端商品经营人才培养模式，打造全国最优、示范引领的高端商品经营人才培养体系。

(3) 提升专业教学的国际化水平。引入国际水平的营销教学标准，提升专业教学的高度，引入国际化营销人才综合课程，探索国际课程与营销专业课程的融合，对接国际水平的市场营销教学标准，参加国际营销课程的结业考试，对接营销人才的国际职业资格证书。

2. 构建有特色、精致化的专业课程体系

建设提供学生自主学习的社区平台，融合人文素养、国际人文教育、营销精品课程等丰富的教学资源，开发营销创业教材，搭建创业平台，建设面向多层级不同教育对象的创业教育基地，实现教学与企业岗位标准对接。

(1) 建设学习型社区平台。营造学生自主学习氛围，通过学习社区的个人空间对专业学习轨迹记录，实现对教学效果的过程化、精细化管理。

(2) 形成创业教育教学体系。开发创业教材、课程大纲、教学计划和创业系列软件等教学资源，建立营销创业指导社区，搭建学生创业中心平台。建设面向多层级不同教育对象的创业教育基地。

(3) 引入仿真实训教学软件。通过对现有实训室的能级提升，打造营销新模式实训中心。引入营销实训软件，如汽车营销、珠宝营销等高端商品营销仿真实训软件，实现对学生的精致化培养。

(4) 记录学生专业能力成长档案。设计和编制学生专业能力成长手册，对学生专业能力培养情况动态的记录，为专业质量诊断提供研究素材，为专业人才培养改进提供依据。

3. 打造精英教学团队

学校在中高职教育贯通培养试点工作上已形成以专业带头人为引领的运行机制。具体以专业带头人的专业造诣和学术影响为引领，从专业建设出发，着重思考专业发展方向、专业人才培养方案和专业教学实施计划。

(1) 发挥名师工作室的带教功能。以名师工作室为核心，打造"大师+名师+双师"的一流专业教师团队。鼓励教师参加国际水平的职业认证，提升专业教师的国际化水平。

(2) 项目引领教师个性化发展。配合多元化的专业方向课程，编写上海特色专业校本教材系列；通过参与校级、市级课题研究，提升专业教师科研水平，通过教师下企业锻炼提升专业教师的双师型、高级教师比例。其中，双师型比例达到100%，高级教师比例占50%，80%的专业教师取得国际化职业资格证书。

4. 发挥专业建设的示范引领作用

充分发挥商贸财经专业建设指导委员会的功能，建立校企合作教学机制和评价机制；与百联集团、文物商店、永安珠宝、永达汽车等多家知名企业签订校企合作协议书，共同开发和更新专业课程设置。

(1) 建立教师培训基地。建立上海市营销专业教学实训基地，同时建立辐射全国教学与实训一体化的市级专业教师培养基地。

(2) 举办各类学生竞赛。通过举办"海峡两岸营销专业技能大赛""营销节""来伊份O2O营销新模式零售之星营销大赛"等一系列活动，加强对学生职业道德教育、职业技能训练、社会服务能力和终身发展能力的培养。

5. 拓展创业实训中心的社会服务功能

利用上海市现代商贸开放实训中心的区域资源共享、高水平、示范性、开放式功能，为学生提高实践能力，为社会服务提供新的平台。发挥"I未来"学生创业基地的引领和辐射功能，拓展创业实训中心的社会服务功能。

(1) 探索学生创业服务管理机制 。与黄浦区人力资源与社会保障局、黄浦就业促进会、上海来伊份股份有限公司合作成立营销创业学生服务站，以创业管理团队、创业导师团队、创业服务团队、学生创业社团为支撑，统筹管理创业基地各创业项目建设和运营，构建政府支持、社会扶助、行业企业协作、学校主导的开放性创业管理运营机制。

(2) 形成一套完整的创业教育教学资源体系。组织专家队伍撰写创业指导用书，研发创业学习数字教材及课堂教学系统，引入上海市创业模拟实训平台、淘宝大学网络营销课程，开展在校学生创业教育，以及面向社会的创业培训，建立网络社区，使之成为创业尝试、交流、解惑、找投资、求专家的合作、交友、共建、创新平台。

(3) 建立一支专兼职结合的校内外创业导师团队。校内创业导师与校外专家团队共同组成专兼职结合的校内外创业导师团队。校内创业导师由学校市场营销专业创业指导教师，以及有创业实践经验的教师组成创业指导教师队伍。校外专家创业导师团队，由选聘的黄浦区知名专家和行业企业技术带头人和创业拔尖人才组成。不断完善激励机制，充分发挥专家团队对创业学习实践的指导和引领作用。

## 四、特色与总结

1. 注重学生养成教育

学校注重对学生的养成教育，将行为规范教育与礼仪教育相结合，从细节做起，实现规范与风范的统一。作为学生展示自我形象的一个窗口，细化"值星班"制度内涵，建立规范的"值星周服务要求"，以"标准化"强化"服务意识"，"示范意识"，展示学生日常行为规范，展示校园文明礼仪，在定岗定责劳动实践中培养爱岗敬业精神，使"值星班"这一传统得以光大。

2. 强化学生文化素养

学校注重对中高职教育贯通班学生进行文化基础学科教学，以大学生的标准实施教学，使学生的文化基础知识与能力达到一定要求，满足终身学习需要。此外，为做好上海市教委组织的语文、数学、英语学业水平考试，自2015级开始，将语文、数学、英语的每周课时数增加到了4节；学校还专门进行午间技训，为学生复习巩固，提高文化知识掌握度。

3. 巩固学生专业技能

学生的职业技能训练与职业资格考核、岗位技能考核相衔接。中高职教育贯通班的学生在日常技能训练时就有倾向性的与未来职业挂钩，开展专门的职业资格能力培训。除此之外，学生还参加了信息技术基础、普通话水平测试等考证，为未来的职业可持续发展道路打下坚实的基础。

4. 关注学生体质健康

加强体育课的教学研究，积极采取针对性措施。通过选项教学、选修课及社团活动，不断提升学生体能素质，学生全面参加"国家学生体质健康标准"测试，确保达标率与优秀率。

5. 发展学生特长

注重学生的特长发展，提高学生的综合素养。根据中职生特点，学校积极开展形式多样的"专业技能"和"文体素养"两大类社团活动。并组织学生参加各级各类竞赛项目，如中职生写作、普通话、古诗文、运动会、时政知识、文明风采等比赛项目，重在锻炼和提高学生素质。

学校还通过举办"商旅外语节""营销节"等节庆活动，以丰富多彩的竞赛及活动为载体，进一步营造学习氛围，丰富校园文化生活，培养学生专业能力，并通过系列活动，发掘培养一批各方面有特长的学生。

## 五、反思与启示

学校在开展中高职教育贯通培养过程中，坚持德才兼备的培养目标。秉承质量至上的原则，深入细致地开展各项工作，确保向高校输送合格的学生，激发了更多学生的学习积极性，保证了中高职教育贯通班的整体质量水平。中高职教育贯通班的学生，在日常学习和校、区、市的各项活动中都取得了丰硕的成果。反观3年多的探索之路，学校的特色经验主要有

1. 专业实践教学贯通，逐步提高学生能力

基于教学计划的一体化设计，专业课程实现了5年一贯，为中高职教育贯通班学生的专业能力提升搭建了一步步上升的台阶。如何在专业实践中同样建立起一个实践操作技能也逐步提高的平台，学校与上海商学院在专业实践课方面的合作提升显示特色。特别是通过连锁店长管理技能实践连锁经营管理创新两个大型专业实践教学项目的锻炼，学生的专业实践能力已有显著增长。

2. 资源和政策倾斜，保障试点工作顺利运行

为确保教学与管理的质量，学校为试点班配置了优秀教学与管理资源，安排教学经验丰

富有一定知名度的学科教师任教，安排经验丰富的优秀班主任带班。对待中高职贯通班，由于教学时间与中职班不同步而造成的工作超量，学校行政予以课时津贴补贴。鼓励中高职教育贯通班教师进行公开课交流，并予以奖励。教师学期绩效考核时，对该班班主任和统考科目教师都予以倾斜。

3. 院校全程全面合作，有效凸显高职引领

学校与上海商学院携手，开展全程全面的合作。上海商学院领衔贯通的各项工作，全程参与、深度介入学校的中高职教育贯通试点培养工作。大家精诚合作、协同行动，在申报、招生、教学计划设计、教学管理与督导、学生管理、学籍管理、教学研究与改革、师资队伍建设、校企合作、实践性教学安排与实施等多方面予以全面具体的示范和指导，在实践探索、动态优化的过程中，凸显了高职院校的引领作用。

当然，在试点工作的开展中，学校仍面临有待完善的地方，例如，如何甄别和筛选中高职教育贯通班的不同层次的学生，满足有不同需求的学生的发展；如何进一步完善试点学生的激励制度和考核制度，保持试点班学生的学习热情等。在今后的试点工作中，学校将继续探索与创新，攻克新的问题与挑战，让这座“立交桥”更加牢固，为职业教育的春天增添新的色彩。

# 面向国际　优化资源
# 引领人才培养模式创新

## ——会计专业中高职教育贯通一体化人才培养模式创新

王莉萍[①]　龚如彦[②]　黄　兵[③]　李　茉[④]

面对日益激烈的国际竞争和经济发展方式转变的迫切要求，高素质技术技能人才的匮乏将是经济社会发展的重大瓶颈。为适应经济发展方式的转变，满足会计行业对会计专业人才日趋高端的需求，顺应现代社会对人的全面发展的要求，遵循会计相关岗位专业技术训练周期长的成长规律，上海商学院高等技术学院领衔上海商业会计学校、上海市商业学校两所中专校积极试点会计专业中高职教育贯通人才培养模式，为积极推进现代职业教育体系建设，着力培养高素质技术技能人才做有意义的探索和实践，进行人才培养模式创新实践。

## 一、会计专业中高职教育贯通人才培养模式的意义

上海商学院高等技术学院领衔两所中专校积极试点会计专业中高职教育贯通人才培养模式，以课程一体化设计为核心，促进培养目标、专业设置、教学资源、招生制度、评价机制、教师培养、行业指导、集团化办学等领域的有效衔接。中高职教育贯通在强化中等职业教育基础地位的同时，创设了良好的全面育人环境和课程体系，让学生通过有效的纵向教育贯通教学，得到更优更有效的教育资源。学校在进一步发挥上海商贸职业教育集团作用，做精做特自身的同时，联合志同道合的院校，共同全面深化专业建设和课程改革，在推进上海市职业教育内涵建设的同时，完善和做强自身。在优化学源结构、多点布局规划，基于职教集团、强强联合办学，聚焦财经商贸专业、提升管理效益，服务社会经济，提高办学质量等方面进行积极有效的尝试。

## 二、研究的思路

### （一）以市场调研为起点，明确贯通培养的必要性

1. 适应我国会计人才发展规划的要求

财政部制定了《会计行业中长期人才发展规划（2010—2020 年）》（财会〔2010〕19 号），该

① 上海商学院高等技术学院会计专业负责人、上海商业会计学校财会教学部主任。
②③④ 上海商业会计学校教师。

规划对我国2020年前的会计人才发展目标如表1。

**表1　2020年前中国会计人才发展目标**

<table>
<tr><th rowspan="2">年份</th><th rowspan="2">人数<br>（万）</th><th colspan="2">高级</th><th colspan="2">中级</th><th colspan="2">初级</th></tr>
<tr><th>比例</th><th>人数（万）</th><th>比例</th><th>人数（万）</th><th>比例</th><th>人数（万）</th></tr>
<tr><td>2015</td><td>1 400</td><td>5%</td><td>70</td><td>35%</td><td>490</td><td>60%</td><td>840</td></tr>
<tr><td>2020</td><td>1 960</td><td>10%</td><td>196</td><td>40%</td><td>784</td><td>50%</td><td>980</td></tr>
<tr><td>需增加人数</td><td>560</td><td></td><td>126</td><td></td><td>294</td><td></td><td>140</td></tr>
<tr><td></td><td></td><td colspan="4">未来5年净增中级、高级会计人员420万人</td><td colspan="2">受过高等教育的比例为80%<br>140×80%=112</td></tr>
<tr><td></td><td></td><td colspan="6">每年需增加112万人，其中受过高等教育的106万人</td></tr>
</table>

5年内需增加560万人，即使按财政部初级人才接受高等教育的比例为80%的要求，5年内也需要增加532万人。中高职教育贯通能在一体化、集约化人才培养模式下加速会计人才的培养，满足我国经济建设对会计人才的迫切需要。

2. 满足我国中小微企业发展的要求

我国的中小微企业约为4 200万户，其为我国国民经济发展做出了巨大贡献，见表2。

**表2　中国中小微企业统计表**

| 项目 | 占比 |
|---|---|
| 占企业总数 | 99.8% |
| 提供的就业岗位 | 80% |
| 创造的专利 | 65% |
| 对GDP的贡献 | 60% |
| 对税收贡献 | 50% |

资料来源：中国工商注册网2017年数据。

中小企业财务会计的特点是，业务总量不大但是业务面很宽泛，不可能像大中型企业那样将会计岗位分得很细。这就要求在中小微企业任职的财务会计人员技术全面，能独当一面，并具有一定的管理素质和能力。高职毕业生中有相当一批将进入中小微企业任职，5年中高职教育贯通能满足这一人才需求。

3. 符合会计专业人才长周期培养的要求

根据对会计从业人员职业能力调查，会计人才培养过程由以下内容组成：1组核心素养、5个工作领域、37个工作模块、242条职业能力。其分段学习中的学习水平关系如表3所示。

表 3　一般会计人才培养周期

| 学习水平 | L1<br>在教师指导与帮助下完成任务 | L2<br>独立熟练完成任务 | L3<br>灵活问题,创造性完成任务 | 不能完成 | 合计 |
|---|---|---|---|---|---|
| 中职 3 年 | 94 | 54 | 0 | 94 | 242 |
| 高职 3 年 | 57 | 176 | 7 | 2 | 242 |
| 本科 4 年 | 0 | 16 | 226 | 0 | 242 |

由此看出,一个具有较高水平的会计人才需要相当的培养周期,且其岗位后续发展的技术含量也需要通过不断学习来掌握。中高职教育贯通有助于实现学习水平完成三个转换:会计理论由简单基础向系统完整的转换;岗位技能由单一操作向综合应用转换;业务要求由具体实务向职业判断转换,能更好地适应社会对高素质、复合型、应用型会计人才的需要和要求。

### (二) 以职业能力为依据确定贯通培养的目标

1. 会计专业岗位群和职业发展分析

任何一个专业的人才培养目标离不开这一专业涉及的岗位群。会计人才的岗位群具有由低到高、由简到繁,呈梯度上升性质,见图 1。中高职教育贯通培养模式培养的会计人才集中在中层岗位群。

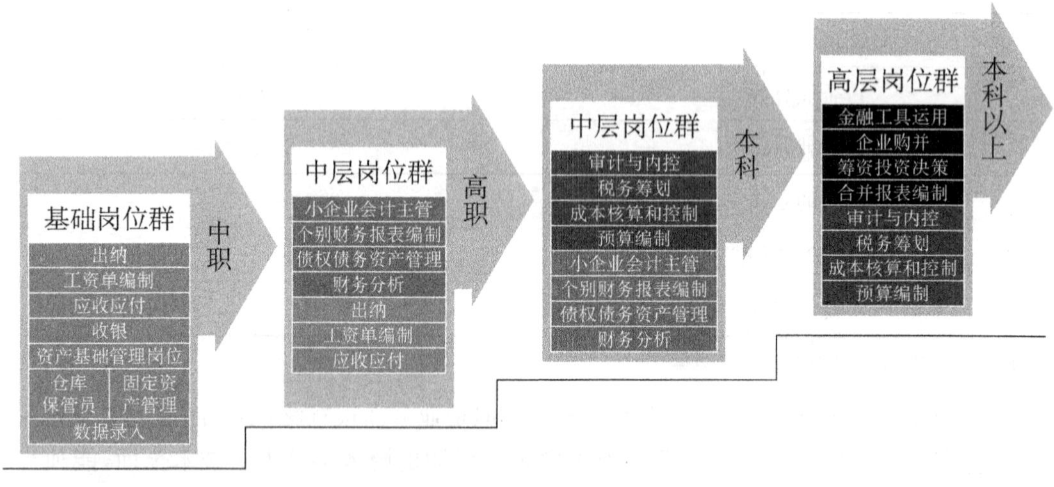


图 1　会计人才岗位群成长梯度

2. 会计专业中高职教育贯通人才培养目标定位

从"基本人文素养、基本专业理论、基本岗位技能"——3 个基本,拓展为"执行会计准则、会计核算、成本管理、税务申报、财务分析"5 种能力,并实现两个初步掌握信息化技能,具备国际化视野,为学生构筑可持续发展的专业技术基础,培养能适应工作变化的、知识型、发展型技术技能人才(助理会计师),见图 2。

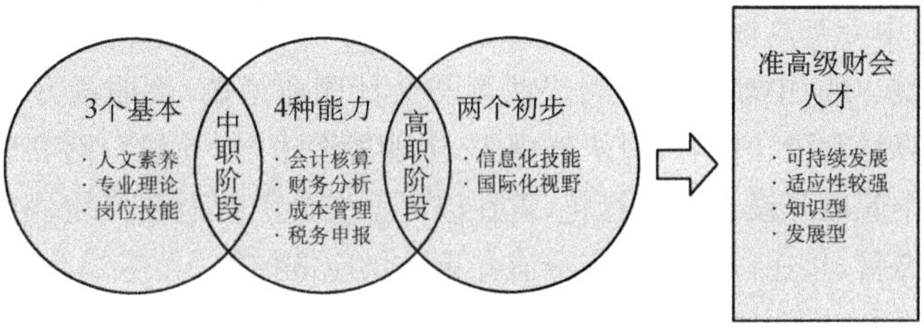


**图 2　会计专业中高职教育贯通人才培养目标**

## 三、研究对象

### (一) 以工作岗位任务确定课程内容,设计中高职教育贯通课程体系

1. 课时总量设计

会计专业中高职教育贯通为 4 861 课时,普通中专 3 210 课时,普通高职 2 714 课时,中高职教育贯通的总课时数与原普通中职和普通高职相比,其课时数减少 1 063 课时,详见表 4。

**表 4　中高职教育贯通课时表**

| 普通中专(3 年) | | 普通高职(3 年) | | 中高职(5 年) | | 差异说明 |
|---|---|---|---|---|---|---|
| 课程类别 | 课时 | 课程类别 | 课时 | 课程类别 | 课时 | |
| 文化基础课程 | 1 062 | 职业通识通用课程 | 926 | 职业通识通用课程 | 2 304 | 增强学生后续发展潜力<br>增强商贸类专业的文化素养基础(如经济数学、商务英语) |
| 技能课程 | 90 | 实习实训课程 | 931 | 实习实训课程 | 1230 | 减少了原中专的毕业实习<br>增加了综合实训和综合实习 |
| 社会认知、实习 | 600 | | | | | |
| 专业核心课程 | 414 | 职业核心课程 | 455 | 职业核心课程 | 810 | 将原基础会计、初级会计实务、财务会计、连锁企业会计核算等课程删除重复内容,重组为基础会计、财务会计;财经法规与会计职业道德与经济法基础重组 |
| 专业方向课程 | 342 | 职业拓展课程 | 402 | 职业拓展课程 | 517 | 将中职开设的初级实用统计方法与高职统计信息技术与应用,市场营销实务与市场营销等课程整合,一体化设计减少课时量 |
| 限定选修课程 | 342 | | | | | |

虽然课时减少,但必须保证达到高职培养目标。这就要求课程进行集约化、一体化设计。在课时减少的同时,不仅要达到普通高职的人才培养目标,而且在此基础上还要增加人才培养的效果,这就必须进行课程整合设置。通过课程整合设置使得高职教师与中职教师

交流频繁、教研互动，促进课堂教学形态和教学质量发生良好变化。

2. 课程结构调整

第一类：普通中专与高职分别开设的课程，因部分课程内容重复，必须在中高职教育贯通衔接时予以调整。如：中职段开设财经法规与会计职业道德，高职段开设经济法基础，两门课程中均有结算法和税法内容，对于该内容，中职段要求“知其然”，而高职段则要求“知其所以然”。又如：中职段开设会计电算化，重在以资金流为主的财务模块操作；高职段开设相关会计信息系统课程，重在以物流与资金流并重的供应链模块。

第二类：内容的广度深度略有增加的课程。如：出纳实务增加网银，外币核算，难度增加20%；会计信息化操作增加财务函数基本操作及财务指标分析，难度增加30%。

第三类：普通中专—高职和中高职教育贯通班段均开设、但进行了一体化设计的课程，详见表5。

**表5　普通中专—高职和中高职教育贯通班课程结构**

| 普通中专—高职 | 中高贯通班 | 说明 |
|---|---|---|
| 会计基础 | 基础会计 | 增加广度及深度 |
| 初级会计实务——财务会计 | 初级财务会计、中级财务会计 | 中职—高职均按会计6大要素，部分内容重复；中高贯通初级财务会计按会计岗位设计教学内容，中级财务会计按会计6大要素，在注重实操的同时加强理论教学 |
| 财务管理基础知识——财务管理 | 财务管理 | 整合教学内容，进行一体化设计 |
| 企业成本核算——成本会计 | 成本核算与管理 | 重新梳理教学内容，删除重复内容，使学生达到助理会计师对成本会计专业知识与专业技术的要求 |

3. 课程体系设计

根据会计专业中高职教育贯通所适应的岗位群设计的中高职教育贯通培养一体化、集约化课程体系，应具有表6所列特色和优势。

**表6　中高职教育贯通培养一体化、集约化课程体系特色与优势**

| | |
|---|---|
| 3个注重 | 注重会计基础知识的理解<br>注重岗位基本技能的掌握<br>注重人文基本素养的养成 |
| 4个有利于 | 有利于专业教学更为扎实；更为娴熟地掌握会计技能<br>有利于统筹安排专业方向课；加快社会所需复合型会计人才培养速度<br>有利于实践教学梯度安排，形成由简到难的实践教学体系<br>有利于提升信息化、国际化的教学水平，做精做特职业教育 |
| 职业证书融入教学过程 | 学生可在第九学期考出助理会计师职称证书 |

（续表）

| | |
|---|---|
| 为学生后续多样化发展奠定基础 | ① 岗位上的职业上升通道<br>有能力承担企事业单位财务会计中级岗位的工作<br>经过后续培训有能力参加会计师和 CPA 全国统考<br>② 学历上的专业深造<br>能满足会计学专业本科选拔人才的需要<br>能满足完成 ACCA 阶段 P 的学习需要<br>能满足其他与财务会计相关高层次国际证书的需要 |

此外，普通中职不同程度存在偏技能训练或偏高复的两种办学定位的不当倾向。中高职教育贯通的课程一体化设计，使中高职教育教学有效衔接，在中职学段可以推进全面育人工程，专业教育和素质教育相得益彰，如图 3 所示。

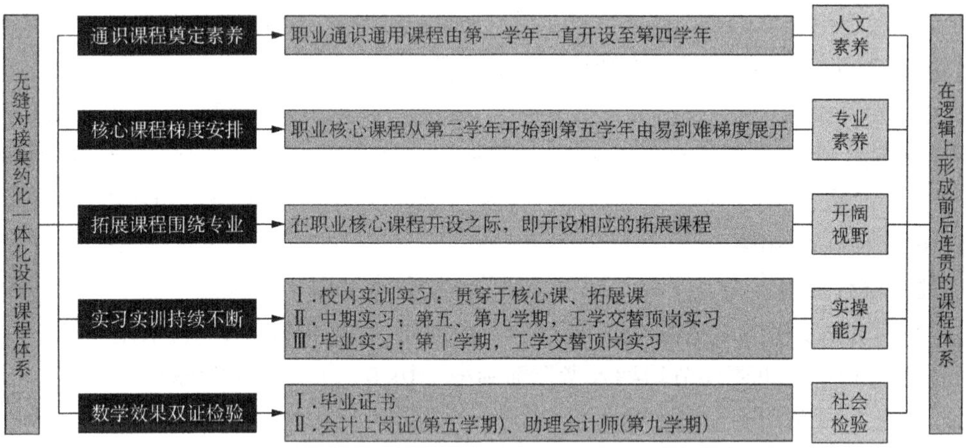


**图 3　专业教育和素质教育有效衔接**

与此同时，彰显职业教育产教融合的特色，全面开展理实一体、双证融通、工学交替专业实践活动。实践性教学环节具体分为会计操作技能、会计实训、会计实习、报告写作等 4 个模块，详见图 4。

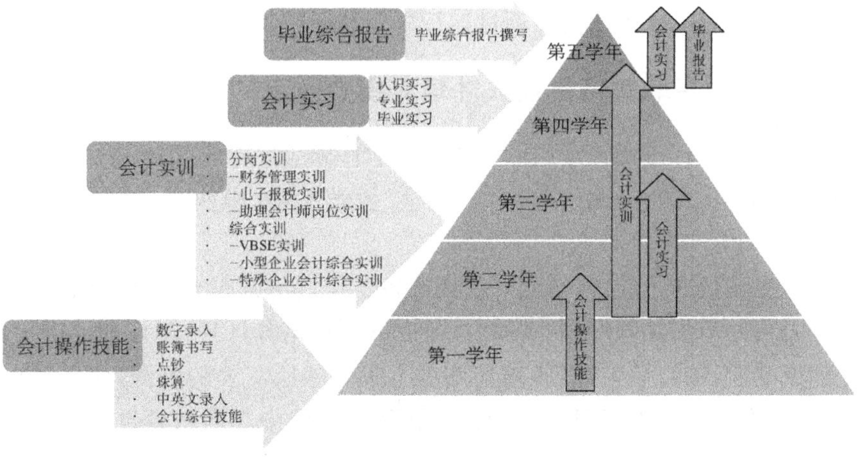


**图 4　实践性教学环节分解图**

通过熟悉实习实训等实践性教学活动，强化对专业知识的理解和操作技能的应用，让学生能够在“做”中学，在企业实践、综合实训中融会贯通，培养良好的工作态度和职业习惯，提高综合职业素质，满足学生职业生涯发展的需要。

### （二）高职和中职学校共建中高职教育贯通人才培养模式的有效机制

1. 组织管理机制

由上海商学院教学副校长挂帅，合作院校校长共建领导小组；合作校企专家共建专业指导委员会，形成组织管理的领导层；上海商学院高等技术学院院长挂帅，合作院校教务长共建管理工作组，中职段管理由上海商业会计学校承担，形成组织管理的管理层；由高职教师任组长或顾问，合作院校课程负责人共建教研组，形成组织管理的教研层。

2. 经费保障机制

上海市教委引领资金：2012 年：合作学校（中职）各获 50 万元；2013—2015 年：商贸职教集团专项获 50 万元；2016 年：合作学校（中职）各获 30 万元。

上海商学院投入资金：2015 年学校首批贯通学生入学。每年预算投入 20 万元，已陆续发挥绩效作用。企业投入资金：2015 年起，企业每年投入约 20 万元，接待（带教）教师下企业、提供实训设施、支付学生实习补贴等。针对上述资金，学校制定经费使用办法，建立相应的管理、审批和监管制度。

3. 过程监控机制

（1）管理过程采用动态积分制。领导小组定期研讨、通报有关事项，采用“动态积分制”将整个管理过程中的重要环节均纳入考核细则中。切实把握方向和教学质量。

（2）专业建设采用例会制。建立例会制度，定期听取专业指导委员会建议，将中高贯通项目置于联合管理工作组日常管理和检查之中。

（3）联合教学采用教研交流制。建立合作院校教师教研交流制度，商议解决内涵建设和课改问题，组织公开课（听课评课），组织一体化课程设计内容的教师培训。

（4）一体化教学管理采用“八个统一”。一体化教学管理“八个统一”（教学计划、教学大纲、授课计划、教学管理、教材、教学评价、教研、督导的统一）；转段甄别，上海商学院招办和纪委则全程参与。由此确保中高贯通项目运行规范和有质量。

## 四、会计专业中高职教育贯通人才培养模式试点的工作过程和方法

会计专业中高职教育贯通人才培养模式试点工作涵盖 7 年时间（2010 年 9 月至 2017 年 7 月），整个过程大体可以分为调研与申报、招生、教学实施、毕业和总结等几个阶段，如图 5 所示。

在试点工作得到批准之前，认真做好前期准备工作，包括：成立领导小组和工作机构，梳理现有教学资源和办学条件，开展调查研究，研究和制订培养计划，制订和上报工作方案；在试点方案得到批准后，制订招生计划，落实培养方案实施所需要的资源，建立试点工作的保障机制，对试点工作全过程进行跟踪，及时总结经验，确保中高职教育贯通培养试点工作有条不紊地推进。

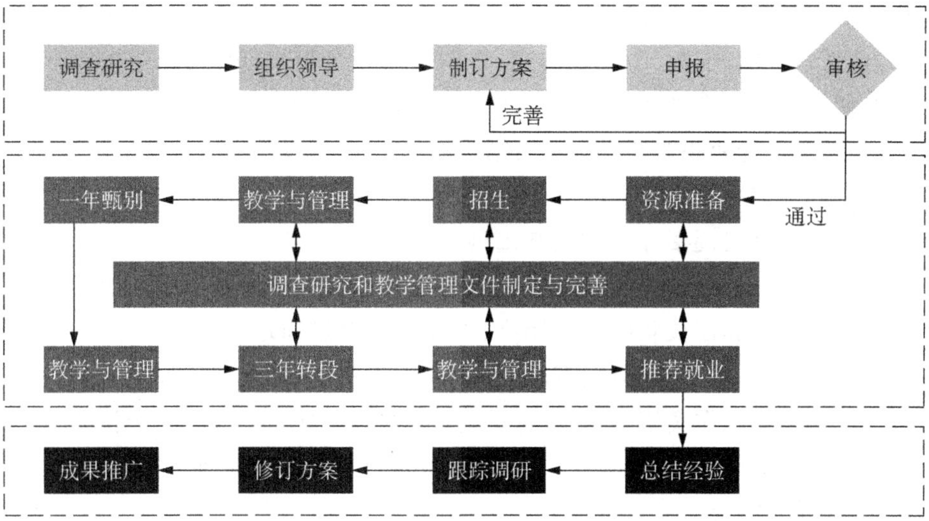


**图5　会计专业中高职教育贯通人才培养工作过程**

## 五、成果的主要内容

通过历时8年的探索与实践，会计专业中高职教育贯通人才培养模式创新试点取得了丰硕成果。

1. 紧贴社会，形成人才需求调研报告及贯通培养方案

通过对上海市会计行业人才需求现状与趋势、中职及高职会计专业人才培养等调研，形成“会计专业中高职教育有效衔接人才培养报告”。根据动态调研，优化“会计专业中高职教育贯通人才培养方案”。

2. 关注教学，形成贯通系列教材及课程培训包

邀请课程专家，组织会计专业高职、中职骨干教师完成财务会计、成本会计、财务管理、经济法基础等课程培训包。为配合课程教学的顺利进行，已出版语文、数学、英语、初级财务会计等贯通教材。

3. 聚焦课堂，形成教学模式研究报告

为聚焦课堂，对中职、中高职、高职学生学习情况抽样调研数据分析，形成《“交易性金融资产的核算”在高职班和中高职贯通班教学方法对比》《“职工薪酬的核算”在中职班和中高职贯通班教学方法对比》《中高职与高职关于“持有至到期投资的核算”之教学设计比较》；完成示范教学资料“固定资产出售的核算”教案、说课稿及课件；发表论文《浅析丁字形账户在持有至到期投资会计核算中的应用》（刊登于《现代商业》杂志2014年第8期），《中高职贯通教学模式改革思考》。最终完成项目实践报告《以PBL为导向的中高职教育贯通教学模式研究——以会计专业教学为例》。

4. 探索延伸，形成会计专业中本贯通国际水平试点教学标准

根据国外发达国家职业教育理念、国内外会计职业发展趋势，组建由国内外行业专家、课程专家和教师组成的研发团队，在调研、讨论、统计及综合分析的基础上，确定了包括就业

岗位、发展岗位和迁移岗位的会计专业人才生涯发展路径，最终形成《上海市职业教育国际水平会计专业教学标准》中职、中高职贯通、中本贯通3个版本，该标准的内容分5部分：第一部分"职业能力标准"；第二部分"人才指导方案"；第三部分"专业设置条件"；第四部分"附件——澳大利亚会计专业职业能力标准"；第五部分"开发团队"。会计专业国际水平专业教学标准中职、中高职贯通版本和中本贯通版本。

5. 管控适配，形成贯通教学管理制度汇编

为确保中高职贯通试点顺利进行，形成中高职教育贯通培养模式试点联合管理实施方案、中高职教育贯通培养校长联席会议制度、中高职教育贯通培养5年制学籍管理办法、关于中高贯通人才培养模式1年"甄别"和3年"转段"工作的规定、教育贯通学生学籍档案管理办法、教育贯通甄别工作实施细则、教育贯通考试管理规定、教育贯通教学检查制度、教育贯通"双师型"教学团队建设规定、教育贯通课程建设规划、教育贯通教研活动制度、教育贯通经费保障与使用规定等。

6. 师生相长，硕果连连

通过中高职教育贯通试点，教师参加上海市第一届中高职教学设计比武获得团体一等奖；论文"中高职教育贯通探索与实践"获中国职教学会商科委员会论文二等奖，获上海市职业教育研究会论文一等奖；会计专业贯通班学生的考证率及获奖率均领先于会计专业平行班。

## 六、会计专业中高职教育贯通人才培养特色与亮点

1. 课程设计一体化，有力地推进中职和高职专业内涵建设

通过中高职5年制课程无缝对接，形成一个理论知识由基础到深化、专业知识由单一到多样、操作技能由简单到复杂的，在逻辑上前后连贯、一气呵成的课程体系，专业定位更准确、专业教学标准更完善、课程结构更合理、教学资源更丰富。

2. 教师的合理配置和融通，有力地推动课堂教学方式的改革

教师不再偏单纯的技能教学，一定程度上克服了中职教师职业倦怠；不再为学生文化和专业基础薄弱发愁，促进高职教师做学一体实践；不再为应付高考分心，促进学生全面发展和专业精益求精，课堂面貌发生显著变化；丰富了中职和高职教师专业化发展的路径。

3. 资源共建共享，有力地促进教学效率的提升

通过共享教学资源库、共享课程资源库、共享师资资源库、共享实训设施、共享评价机制(具体内容如表7所示)，较大幅度提升中高职贯通一体化教学效率。

**表7　共享项目内容一览表**

| 序号 | 共享项目 | 具体内容 |
|---|---|---|
| 1 | 共享教学资源库 | 2016年上海商学院基本完成新一代信息化管理平台建设，届时把上海商贸职教集团和3校资源整合进这一平台，实现一体化、集约化管理 |
| 2 | 共享课程资源库 | 3校及校企合作，做到语、数、英及专业核心课、通用通识课教材统编和共享 |

（续表）

| 序号 | 共享项目 | 具体内容 |
| --- | --- | --- |
| 3 | 共享师资资源库 | 合理聘用和调配学校和企业教师资源 |
| 4 | 共享实训设施 | 学校实训设施共享，企业实习基地共用；实践教学梯度上升，既不简单重复，又能有效呼应和复合提升；做到工学交替、顶岗实习 |
| 5 | 共享评价机制 | 教学评价资源共享，包括：<br>1. 考核方式 ABC 三类：A 类，教考分离；B 类，教统卷统；C 类，自主命题<br>2. 专家听课常态化：持续不断、随堂随机 |

4. 全员育人，稳步提升人才培养质量

积极组织会计专业学生参加各级各类的学生技能大赛，将学生集训态度与班主任考核学生操行分结合，将比赛成绩与相应课程评价结合，创新学生评价模式。这不仅促进学生专业技能提升，也促进学生评价模式多元化发展，具体成果有：贯通班学生获上海市“星光计划”第六届中等职业学校职业技能大赛“硬笔书法”“手工记账”“会计技能”“职业外语技能”等多项一等奖；贯通班学生参加财政部门会计从业资格考试，合格率达 70%，远远高于社会平均合格率。除此之外，还分别获得市级先进集体、上海市经信委先进集体等荣誉称号。

## 七、结语

上海商学院高等技术学院、上海商业会计学校、上海市商业学校共同执行会计专业中高职教育贯通培养工作，截至 2017 年 5 月，已经连续招收 5 届学生，第一届教育贯通的高职学生已于 2017 年从上海商学院毕业。为了每一个学生的终身发展，院校将在中高职贯通的基础上，继续走“产教融合”的必由之路，“国际水平”的赶超之路，“科学管理”之规范之路，进一步深入探索职业教育从中高职贯通层次、专本贯通层次乃至专本硕层次的有效衔接培养模式，为“构建与市场需求和劳动就业紧密结合，校企合作、工学结合、结构合理、形式多样、灵活开放、自主发展的现代职业教育体系”做出更大的努力。

# 会计专业中高职教育贯通一体化人才培养模式创新

## ——以上海市商业学校为例

胡海梅[①]

随着全球经济一体化的不断深入发展，开展会计专业中高职贯通人才培养模式改革，建立会计专业人才培养立交桥是很多职业院校进行职业教育改革的必由之路。在此过程中，探索、实施会计专业一体化人才培养、构建分层渐进式会计专业人才培养体系，从而实现会计专业人才培养在综合素养、知识结构、技能等级的全面提升，有重要的理论与现实意义。

为适应经济发展方式的转变，满足会计行业对会计专业人才日趋高端的需求，遵循会计相关岗位专业技术训练周期长的成长规律，自 2012 年始，上海商学院高等技术学院领衔上海市商业学校和上海商业会计学校两所中专校积极试点会计专业中高职教育贯通一体化人才培养模式，以课程一体化设计为核心，促进培养目标、教学资源、教学改革、招生制度、集团化办学等领域的有效衔接。截至 2018 年，已经连续招收 7 届学生，首届会计专业贯通班学生已于 2017 年 6 月在上海商学院高等技术学院毕业。

上海商学院联合上海市商业学校和上海商业会计学校通过 7 年的实践与探索，制定了中高职系统培养的方案，遵循学生身心发展过程，按照从简单到复杂的规律，重新构建了知识与能力递进的课程体系，在中职阶段注重学生职业素养、专业基础知识和基本技能的培养，在高职阶段以拓宽学生的专业知识、强化实践技能和培养综合素质为重点，在确定中高职贯通人才培养目标、设计中高职贯通一体化的课程体系，以赛促教、课证融通实施课堂教学、共建共育，提升人才培养质量等 4 个方面，实现会计专业中高职教育贯通一体化人才培养模式创新。

### 一、确定中高职教育贯通人才培养目标

以学生职业能力发展为主线，通过对会计专业岗位群和职业生涯台阶的调研分析，确定中高职贯通会计专业的目标岗位群为中小企业纳税申报、小企业会计主管、个别财务报表编制、债权债务资产管理、财务分析等中层会计岗位群职业，确定通过中高职贯通 5 年的培养目标：奠定三大基础（人文素养、专业理论、专业技能），培养会计核算、财务分析、成本管理、税务申报等 4 大能力，具有国际化视野、信息化技能、可持续发展适应性较强、知识型、发展

---

① 上海市商业学校会计专业教师。

型的高素质技术技能型会计专门人才。

## 二、设计一体化的课程体系

在对中高职会计人才培养目标和培养规格进行科学定位的基础上，以职业岗位能力分析为基础，按照企业会计岗位设置和会计人员的职业生涯成长规律，结合学生的年龄、生理、心理特征，科学地划分中高职课程设置和课程内容，尽量避免两者的重复，形成知识与能力递进的课程体系。通过中高职5年制课程无缝对接，形成一个理论知识由基础到深化、专业知识由单一到多样、操作技能由简单到复杂的，在逻辑上前后连贯、一气呵成的课程体系，形成公共基础课、职业通识通用课程、职业核心课程、职业拓展课程、实训实习课程"5个模块"，模块化课程一体化设计、有效贯通，按照"由浅入深、逐步推进"的原则安排专业课程，使专业定位更准确、专业教学标准更完善、课程结构更合理、教学资源更丰富。

## 三、实施"以赛促教、课证融通"的教学模式

### 1. 实施"理实一体化"教学方式

在教学中实施"理实一体化"教学方式。首先，尊重学生的认知规律，将知识讲述与操作实训融为一体，通过再造课程、序化教学内容、形成学习模块，实施学做一体。以项目训练、岗位练兵，实施"理实一体化"教学。然后在课程教学组织方面，通过教学案例、项目驱动，让学生在"做中学、学中做"。在校内模拟实训室，通过仿真工作操练，强化专业的知识与技能，最后在"做得真，真的做"中，按会计岗位规范掌握操作，强调实践性同时规范学生的职业素质。

### 2. 再造课程教学内容，以赛促教

课程教学内容的选用是中高职教育贯通培养的基石，也是贯通式人才培养目标的关键保证。以认知规律为依托，把学习与工作两个不同的领域结合起来、面向岗位工作要求，对课程的内容按工作过程具体化要求进行重置。将岗位的任务工作融入课程学习中，将岗位的情景转移为学习的情景，最终将职业岗位素质、知识、能力的要求提炼为课程的目标及学习内容，把实际业务搬到教学中，以解决学生学习内容与企业工作的要求脱节的问题。结合上海市教委每两年举办一次的星光计划技能大赛的竞赛项目，将竞赛的项目内容嵌入课堂教学中，例如珠算、点钞、电脑翻打传票等竞赛技能开设专门的课程进行教学，对于手工记账和会计技能项目中有关的会计理论知识，通过基础会计、财务会计、会计电算化等课程进行渗透，企业经营模拟沙盘项目竞赛内容，通过一周课程来选拔优秀同学，通过语文课培养优秀学生参加上海市中学生古诗文阅读大赛。通过日常课程一点点的渗透和培养，贯通班级学生在第六届和第七届星光技能大赛及其他市级以上竞赛中曾获得企业经营模拟沙盘团体一等奖、手工记账团体一等奖等多项奖项(具体内容见附表)，其中企业经营模拟沙盘代表上海参加2017年全国职业能力技能大赛并获得银牌。这充分证明了再造课程教学内容，以赛促教，教学相长的成果显著。

### 3. 课证融通、嵌入证书内容

会计行业存在入门证书要求，因此，应根据职业资格证书标准要求遴选教学内容，优化

教学形式。根据会计行业的职业素质、岗位、操作的实际需要确定中高职贯通培养的教学内容，并对学生进行有针对性的学习训练，以便考取会计职业资格证书，实现职业教育双证书制。

4. 培养岗位工作能力

整合实践环节的教学内容，以合乎学生的就业需求，关注学生今后职业的迁移与可持续发展，让学和教的过程充分体现于实际工作过程中，全面打造中高职会计专业的实训整体方案，建设“工作能力训练—职业技能训练—行业工作综合实训—就业及创业能力训练”的实训模式，由点及面，循序渐进，围绕会计的工作职责来安排教学，让教师在“教中做、做中教”，在训练中完成了专业知识和技能的学习，从而实现高端技术技能型人才的培养。会计专业的实践性和应用性很强，在教学中进行单项的知识灌输式教学必定是失败的，必须以能力本位为中心进行教学创新。在中高职教育贯通联合培养确定教学模式过程中，项目组进行的教学创新实践，主要是基于岗位职业分析、具体职业工作过程的设计理念，通过与行业企业的深度合作，开发涵盖企业日常经济活动管理、经济业务核算的教学项目，以项目为载体构建教学内容，以完成职业化工作任务为课程目标，将会计学科知识内容有机地融入项目化的工作情境，采取行动导向教学模式，以学生为主体进行项目化教学或情景教学，在培养学生专业能力的同时，也培养学生自主学习能力、工具使用能力、迁移能力与创新能力，培养学生养成良好的学习习惯，为学生在毕业后的工作中能够快速、高效地接受新知识、新方法、有效地进行团队合作，获取事业上的成功，奠定扎实的职业核心能力基础。其实施效果，从目前已经实施5年的满意度调查结果看，学生总体上认为该教学模式达到了预期效果。



## 四、共建共育，提升人才培养质量

1. 建立中高职教育贯通一体化管理模式

为保障各专业的教学质量，成立中高职贯通领导小组，在领导小组之下，成立中高职教育贯通培养模式试点专业的联合管理办公室，负责日常工作管理、教学方案实施、课程建设和质量保障。在中高职教育贯通的5年教学过程中，全方位实施统一的教学计划、课程标准，实施统一的教学考核和教学质量考评。联合管理办公室构建组织管理网络，分为3个层面。

第一层（领导层）：上海商学院教学副校长挂帅，合作院校校长共建领导小组；合作校企专家共建专业指导委员会。

第二层（管理层）：上海商学院高等技术学院院长挂帅，合作院校教务长共建管理工作组（中职段：商会）。

第三层（教研层）：由高职教师任组长或顾问，合作院校课程负责人共建教研组。

2. 实现专业建设的过程监控

领导小组定期研讨、通报有关事项，将整个管理过程中的重要环节均纳入考核细则中，切实把握方向和教学质量（动态积分制）建立例会制度，定期听取“专指委”建议，将中高贯通项目置于联合管理工作组日常管理和检查之中，建立合作院校教师教研交流制度，商议解决内涵建设和课改问题,组织公开课(听课评课),组织一体化课程设计内容的教师培训。

一体化教学管理"八个统一"(教学计划、教学大纲、授课计划、教学管理、教材、教学评价、教研、督导);转段甄别,上海商学院招办和纪委全程参与。由此确保中高贯通项目运行规范和有质量。

3. *充分发挥上海商贸职教集团的资源整合和优化作用*

利用上海市商贸职教集团的企业资源优势,实现中高职的资源共享与优势互补,具体指导中高职系统培养的研究与实践,实现校企合作双赢局面。上海商学院充分利用职教集团这个平台,联合集团内骨干企业和骨干职业院校等单位自愿组成的联合性的非营利性社会团体法人。优化整合职教资源,实现中、高职技能型人才培养和使用的无缝对接,培养更适合上海经济发展、适应上海企业特点的会计专业人才。

4. *以能力为本位编写中高职衔接专业课程教材*

传统的学科型会计教材,将会计业务割裂,其内容与形式亦缺乏生动性,不符合职业院校学生的认知特点。在中高职教育贯通联合培养确立了能力本位岗位导向课程体系后,即从财会岗位需求出发,针对中高职的不同培养目标,综合考虑学生择业、就业、升学与可持续发展的需要,中高职合作、校企合作共同编写中高职衔接的理实一体化专业课程教材。教材按照分层、分岗、按需的原则,突出职业操作内容、可以给学生呈现完整工作领域,兼顾学生专业知识、实践技能的培养与综合素质的提高;在结构上体现项目化与任务驱动;在内容上融合多学科知识;在语言风格上集可读性、趣味性、启发性于一体。教材建设目标是,形成一整套符合职业教育教学规律、符合学生认知规律,集素质教育、能力培养于一体的分层次的中高职衔接的职业型教材。目前,合作编写的 4 门专业核心课程、4 门专业通用通识课程和语文、数学、英语 3 门文化课的教材和教学资源库建设《初级财务会计》等教材已陆续公开出版发行。

5. *建立贯通的考核评价体系*

由联合管理办公室牵头成立联合教研组,成员由相关学校任课教师共同构成。每学期实施例会制度,召开期初、期中、期末 3 次联合教研活动,教研活动主要内容:统一教学内容和要求,统一教学进度和考试时间,统一进行试卷命题和阅卷工作;讨论交流教学中碰到的问题和解决方法,交流各学校和院区学生的学习情况和思想状况等。

按上海市教委的要求,该中高职教育贯通第一学年结束时要完成对学生的甄别工作,根据学生第一学年的德智体情况确定学生是否适合续读本专业。对不适合的学生,根据程度和情况的不同,分别采取转出、重修、休学等处理方式,具体标准和处理方式详见《关于中高职教育贯通"甄别"和"转段"工作的规定》。

3 年转段是指在第三学年中职段学习结束时,学生分别由中职学校转入上海商学院高等技术学院学习。凡完成 3 年中职段学习且成绩合格者,原则上均可进入高职段学习。转段管理工作主要有 3 个方面:

(1) 学生接受教育场所的转移;

(2) 学籍管理及其相关资料的移交;

(3) 学生管理主体和教学组织管理与教学实施主体的转移。

## 五、结语

上海市商业学校会计中高职教育贯通试点专业经过7年的实践与探索，初步形成了以下办学特色：

1. 建立了全方位一体化的教育教学体系

5年贯通培养第一阶段以会计基础知识和基本技能及专业实训为核心；第二阶段以专业会计课程和财务管理、税务筹划及职业定向培养为主要核心，拓宽学生专业知识，提升专业素养。两个阶段有其各自的阶段性目标，在保证阶段性目标的基础上，体现五年一贯制在复合型、应用型会计人才培养内容和手段上的互补。通过贯通培养的整体课程设计，合并了之前中专和大专重复开设的基础课程，将原本需要6年完成的学制压缩至5年，有效提升了人才培养效率。

2. 突出会计专业实践课程体系的建设

(1) 充分发挥两校在会计专业建设方面的优势与特色，细化会计专业课程，增加企业模拟经营沙盘、税务综合实训、财务管理等管理会计课程，突出强化管理会计方面的技能，提升人才培养质量。

(2) 通过利用ERP电子沙盘、VBSE综合实训、企业纳税实务等软件，建设以专业认知实习(ERP物理沙盘+电子沙盘)——专业顶岗实习(VBSE手工记账平台+用友T3会计电算化平台)——衡信会计工作室(引企入校，真账演练)为主体的仿真模拟实训体系，真正实现理论与实践技能培养一体化。

(3) 引企入校，校企深度融合。共建校外实习基地，打造会计专业校内、外综合实训体系，提升学生综合职业素养，增强未来“云社会”适应能力。

(4) 通过校内仿真模拟实训、国际交流实践、校外顶岗实习等实践方式，提高学生涉外相关业务的处理能力、跨文化交际能力和国际文化理解能力等诸多实践能力的培养。

# PEB 教学模式在中高职教育贯通专业的应用和创新拓展

林　娟[①]　胡靖华[②]

## 一、背景介绍

中高职教育贯通国际商务专业，主要培养具备国际化视野，通晓国际规则，具有国际理解能力，具备较强的商务沟通能力，具有较强的外语沟通能力的复合型技能人才。如何通过实践教学，加强学生的专业技能培养，一直是国际商务专业培养计划中的关注点。传统的实践教学通常是机房＋软件的教学模式。由于中职段学生年龄小，社会阅历不丰富，对国际商务的操作模式缺乏直观的感受，机房＋软件的虚拟教学难以让学生体验到真实的业务。学生的专业意识和职业能力的培养受到了一定的限制。

针对上述国际商务专业人才培养难题，上海市工商外国语学校以“任务引领型”课改理念为指导，搭建了以国际合作、校际合作、校企合作、网络合作为平台，以国际贸易业务流程为主线，以学生公司为载体，通过与海外姊妹校、国际贸易公司合作，开展全英文商务环境下的真实项目教学，探索以实践（Practice）为主线，以英语（English）为工具，以商务(Business)为情境的全新 PEB 教学模式。该教学模式获得 2013 年上海市教学成果一等奖，2014 年国家级教学成果二等奖。

该教学模式在中高职教育贯通国际商务专业得到了很好的实施和推广。

## 二、PEB 教学模式在学校中高职教育贯通国际商务专业中的应用

PEB 教学模式的主要实施载体是学生公司。所以自 2014 年中高职教育贯通国际商务专业第一届招生，学生公司加强了在贯通专业的招募工作，目前已形成了以中高职教育贯通、中本教育贯通学生为主体的公司团队。

PEB 教学模式在中高职教育贯通专业中的应用主要体现在三个模块。

### 1. 国内市场调研与实践

学生公司的同学自 2015 年至今完成了如下市场调研及实践业务：

2015.3，2016.3：参观华交会，以小组为单位，形成调研报告；

2015.8，2016.7：诸暨验货，以小组为单位，制作 PPT，分享验货感受；

---

① 上海市工商外国语学校中高职教育贯通国际商务专业负责人。

② 上海市工商外国语学校专业教师。

2016.5、6、9、12，2017.4：商品售卖：借助国际采购、创业实践等项目，进行校内商品售卖。制作营销计划，包括采购清单和价格清单，搭建展台，盈亏核算，并上缴税金，撰写销售总结报告。

2. 国际市场调研

依托姐妹校间的国际交流项目，进行国际市场调研，自2016年至今，学生公司代表共参与了如下国际市场调研项目：

2016.4：赴韩国市场调研；

2016.5：赴芬兰市场调研；

2016.9：赴新加坡市场调研；

2017.5：赴芬兰市场调研。

3. 真实贸易业务

自2012年学校与韩国首尔女商建立姐妹校关系以来，为促进学生的贸易体验，已先后完成了六笔棉袜的出口，一笔毕业服的进口，具体如下：

2015.8：完成了第4批棉袜出口；

2015.9：完成了第1批毕业服进口；

2016.8：完成了第5批棉袜出口。

上述三个模块不是割裂的，而是互相融合的。以2016年为例，3月份，学生们参观华交会，了解国际贸易的现状，同时进行市场调研；4月份，学生公司师生们带着国内市场调研的结果出访韩国，洽谈毕业服的进口、棉袜出口事宜及对韩国进行市场调研和市场采购；5月份，学生们针对韩国的市场调研和采购情况，组织了韩国商品售卖；同时，另一批同学赴芬兰市场调查，观摩芬兰的职业技能大赛，为9月份的中芬创意创业实习课程做前期调研和体验，并洽谈参加2017年芬兰全国职业技能大赛的事项做前期准备；6月份，芬兰项目总结及芬兰小商品售卖；8月，赴诸暨验货，第5批棉袜出口完成；9月份赴新加坡进行姐妹校专业交流并进行市场调研，10月份新加坡商品售卖。

学生们通过亲身参与市场调研、价格磋商、签订合同、缮制单据、业务总结等活动，将课堂所学的单科专业知识进行融会贯通，运用实际业务中；而实际业务对专业知识的需求又刺激了学生学习的兴趣和自主学习的欲望。

在这些项目中，所运用的专业知识辐射的课程有商务礼仪与接待、客户关系管理、商务英语口语、市场营销、物流基础、经贸法规基础、国际贸易地理、电子商务、国际贸易业务流程、常用外贸单证制作、国际商务实用英语、商务应英文写作、经贸基础知识等专业课程，课堂所学的知识得到很好运用。而专业教师通过利用学生公司成员，分享他们的每次活动经历及心得体会，在外贸单证等专业课上，以同学们参与的实际业务为案例，将部分同学参与的项目推广到班级的日常专业学习中，让部分同学参与的真实业务项目辐射班级每一位同学。

## 三、PEB教学模式的拓展和创新

在PEB教学模式的推广实践过程中，也在不断地反思和总结。全流程的国际贸易实践对学生的综合专业知识提出了要求，如营销知识、国际贸易知识、单证知识、电子商务知识、外贸磋商知识、价格核算知识等，而受学校教学实施计划安排的限制，学生的知识积累随着课程设置的安排，由易到难，由基础到核心，分散到 10 个学期完成，但一笔真实贸易业务却不能等 10 个学期。那么学生的欠缺的专业知识如何快速有效地补充，是相关专业老师面临的一个难题。

通过对项目进行总结反思，找到主要原因：

(1) 在 PEB 教学模式实践过程中，传统的课程进度安排，无法第一时间满足学生实践过程中的知识需求，学生有自主学习的需求和动机。

(2) 根据美国新媒体联盟 2015 地平线报告：正式学习与非正式的网络学习并存的模式已经成为一种不可逆转的趋势，学生个性化自主学习的需求越来越强烈。

根据总结反思，依托信息化技术，搭建以学生公司为载体的自主学习与合作学习网络平台：http://ighit.sgsw.edu.cn:8081/，即学生自主学习和创业的网站。其特点如下：

1. 学生公司为载体，创建真实商务情境

学生自由组建学生公司，学校给予工作场地，并建立公司网站宣传公司。

2. 以真实项目为手段，激发学生自主学习动机

从创建公司，选择产品，到实际运营，学生进行的都是真实项目。学生需自主决定选择何种产品，如何销售。

3. 以小组分工为方法，促进合作学习效果

公司内部员工角色不同，组内员工分工合作，自主学习＋合作学习、相互讨论、协商、争辩、妥协，共同完成工作任务，合作解决公司营运各种问题。

4. 以工作流程为主线，完成真实工作任务

以组建公司、创意产品、购买产品、销售产品工作业务流程为主线，教师精心设计工作任务；学生以自主学习与合作学习为学习方式，分析工作任务，制作工作计划，完成工作任务。

5. 以信息网络为平台，进行学习展示评价

学生公司网站发布学生公司的各种信息和业界的真实新闻，上传优秀的学生公司产品；

学习系统网站按照工作流程划分项目模块，发布各种形式的学习资源；

在商言商论坛设置开放空间，根据学生工作任务设置板块，方便生生、师生随时互动讨论，优秀作品展示。

通过搭建自主学习平台，学生参与的国际贸易业务项目由原来单一的以教师和学校主导，学生们只是参与，转化为以学生公司主导，并自负盈亏的业务模式。学校通过提供专业培训、场地甚至资金支持，并为他们搭建一个广告宣传的网络平台，以及自主学习相关专业知识的学习平台，让学生们进一步体验真实贸易业务，感受创业的魅力。

## 四、创新成果

通过 PEB 教学模式和信息化自主学习平台的搭建，实现传统的课堂学习和课后自主学习相结合的学习模式，通过课内外专业学习和课外真实贸易业务体验，将 PEB 教学模式得到了进一步的拓展和创新，学生职业能力得到了有效的提高。

1. 学生公司创意创业计划屡获佳绩

依托此教学方式，学生创意频出，成长明显，形成的创意创业计划在国内各级别大赛中屡获佳绩。

学生公司创意大赛获奖列表

| 学生姓名 | 创业项目名称 | 奖项 |
| --- | --- | --- |
| 张寅峰　杨　晶　程　真 | SoftWear 学生公司<br>帽子、围巾、手套三合一创业计划 | 2016 年“上海临港杯”挑战杯——彩虹人生上海市职业学校创新创效创业大赛二等奖 |
| 程　真　张寅峰 | SoftWear 学生公司<br>帽子、围巾、手套三合一创业计划 | 2016 年“挑战杯—彩虹人生”全国职业学校创新创效创业大赛 创业计划竞赛二等奖 |
| 杨　婷　范海燕　魏浩伦 | M-R BAG 学生公司<br>课桌壁挂式收纳袋创业计划 | 2016 年“上海临港杯”挑战杯——彩虹人生上海市职业学校创新创效创业大赛二等奖 |
| 杨　婷　范海燕　魏浩伦 | M-R BAG 学生公司<br>课桌壁挂式收纳袋创业计划 | 2016 年第一届“商贸杯”众创方案设计大赛“商务创意”文案一等奖 |
| 郜峻岭　黄雨晴　姚佩芸<br>王吉昊 | DV.C 学生公司<br>DIY T-shirt 创业计划 | 2016 年“上海临港杯”挑战杯——彩虹人生上海市职业学校创新创效创业大赛二等奖 |
| 邹欣燕　吴　祎　应慧婕 | I-cups 学生公司<br>冷热分离保温杯创业计划 | 2016 年第一届“商贸杯”众创方案设计大赛“商务创意”文案二等奖 |
| 孟昕婧　刘璟琳　朱旻悦<br>宋怡芸　刘　念 | GODBANG 学生公司<br>充气雨伞创业计划 | 2016 年第一届“商贸杯”众创方案设计大赛“商务创意”文案三等奖 |
| 孟昕婧　宋怡芸 | 创业设计——充气雨伞 | 第十三届全国中等职业学校“文明风采”竞赛上海市复赛创业设计类获奖作品 一等奖 |
| 邹欣燕　吴　祎 | 有口皆杯，I 你随行 | 第十三届全国中等职业学校“文明风采”竞赛上海市复赛创业设计类获奖作品 一等奖 |
| 魏浩伦　郜峻岭 | M-RBag 课桌壁挂式收纳袋 | 第十三届全国中等职业学校“文明风采”竞赛上海市复赛创业设计类获奖作品 一等奖 |

2. 学生公司学生完成实际出口

依托 PEB 教学模式及信息化学习平台，部分学生公司完成实际出口或者获得国外询盘。

Fina 学生公司于 2016 年寒假期间，自行出口 15 副皮手套至芬兰于韦斯屈莱大学学生公司。学生自行联系厂家、进口商，自行完成涉及物流、银行等所有出口手续，教师完全是辅助作用。

Addline 学生公司 2016 年 10 月收到芬兰学生公司的询盘，学生通过光华国际学习系统自主学习函电写作内容，通过在商言商论坛学习以前同学总结的出口经验，自行联系工厂，目前正在进行交易磋商。

## 五、未来方向

（1）适应学生个性化学习的需求，不断优化学习平台。

（2）依托网络学习平台和学生公司项目，鼓励学生创新创业。

## 参考文献


1. 胡靖华.中职学生自主学习与合作学习集成框架研究[J].课程教育研究，2016.
2. 新媒体联盟地平线报告（2015 高等教育版）[美]新媒体联盟（NMC），北京开放大学项目组编译.【中图分类号】G434【文献标识码】A【文章编号】1008－7648(2015)02－0001－18.

# 电子商务专业中高职教育贯通培养教学模式改革

武一佼①

## 一、现状分析

1. 行业快速发展，外部机遇良好

电子商务作为新一轮科技革命与产业变革交汇孕育出的商业新模式，已经并将进一步渗透到生产、流通、消费等各个领域。国家先后出台了《关于大力发展电子商务加快培育经济新动力的意见》等7个文件，支持电子商务发展，李克强总理也多次作出重要指示，强调电子商务已成为就业新的增长点，要促进电子商务加速发展，打造经济新的“发动机”。特别是2015年7月1日，国务院下发的《关于积极推进“互联网＋”行动的指导意见》提出，巩固和增强我国电子商务发展领先优势，大力发展农村电商、行业电商和跨境电商，进一步扩大电子商务发展空间。在国家层面的重视下，2017年中国电商市场交易规模超37万亿元，仅2018年“双十一”，淘宝网单日成交量就达到2 135亿元。行业数据显示，整个电商行业迅猛发展的同时，电商行业对专业人才的需求缺口高达400多万。

2. 电子商务专业存在的问题

电子商务专业存在的问题，主要有：一是电子商务专业岗位定位较宽泛。伴随电子商务及其应用领域的逐步成熟，互联网＋所形成的市场价值凸显，传统的企业纷纷进军电商领域，电子商务人才有巨大需求。但是，电子商务的繁荣，给物流、营销、运营、仓储等衍生服务行业带来大量就业机会的同时，就业岗位要求不清晰。

二是培养层次定位的区分度不清晰。据调查，各院校中、高职和本科电子商务专业人才培养目标定位不明确。首先，目标随意性大。中职和高职的培养目标定位缺乏深入研究思考，不能清楚地界定各层次目标，培养目标的虚化和无效较普遍。其次，中职和高职人才培养目标缺乏有序的衔接。两者在培养目标定位层次上缺乏对接与沟通整合。

三是特色不够突出。与地方经济和社会发展的需求结合不充分，缺乏吸收、消化和创新，存在培养模式大同小异，后来的模仿先上的、普通的模仿名牌的等问题，不同院校电子商务专业培养的人才大同小异、相互替代性强，特色优势不明显。

四是工作岗位的软硬结合度不强。近年来，随着全球电子商务的快速发展，对电子商务人才也提出了新的要求，电商从业人员既要具备技术人才硬特质，也要具备商务人才软特质。而目前的人才培养中，电子商务专业呈现了全软或全硬的特质，结合度较弱。

① 上海市贸易学校中高贯通电子商务专业负责人。

## 二、人才培养定位

电子商务专业具有学科交叉性强、发展速度快、就业范围广的特点，为准确把握市场需求，提高人才培养方案针对性，必须要深入企业、院校开展广泛、连续的需求调研，并聘请同行专家及企业精英参与电子商务人才培养目标定位的研讨。

通过企业调研，了解产业发展现状与趋势，掌握典型岗位对技能人才需求数量、层次，对从业人员职业道德、文化素质、职业能力、社会能力、身心健康、职业资格证书等方面的要求，归纳完成典型岗位职业活动与能力结构分析，找到电子商务职业教育人才培养的逻辑点，聚焦中高职各阶段人才培养规格与定位，系统构建电子商务专业中高职衔接的人才培养框架，有效解决职业教育各阶段人才培养定位模糊、教学内容重叠的问题。

经过调研发现，中职电子商务专业主要培养的是中、初级的技能型人才；高职电子商务专业主要以全网销售所需的能力为本位，主要培养的是高端技能型人才。因此，他们在专业知识、技术技能、综合素质的培养过程中各不相同。但是，中高职电子商务专业学生毕业后从事的工作范围是基本一致的。如何使对应的职业岗位群及职业能力达到有效贯通，主要还是体现在核心职业能力上，高职进一步明确了后期的发展岗位。以从事网站运营岗位为例，中职更多的是网络编辑、网络客服，而高职更多从事的是网页设计、网络推广等。

中高职贯通培养的电子商务人才，除了具备无缝对接高层次就业岗位的职业技能，更应具备良好职业发展空间。具体来说，培养的人才就是能够在企事业单位从事网上商务信息收集与处理、电子商务运营、网络营销与策划、网店美工、网店运营等工作的高素质技术技能型专门人才，并达到毕业生就业满意度高、用人单位满意度高的双高就业标准。

## 三、具体举措

始终坚持从社会需求出发，通过人才培养模式改革，建立健全校企合作机制，在人才培养方案优化、实习实训基地建设、专业课程开发等领域深化校企合作，把电子商务专业的教育教学与创业实践、社会服务有机结合，注重技能培养的“实战性”，提升学生的创新创业意识和专业实践技能，培养学生德、智、体、美全面发展，以及满足高层次企业的高层次岗位所需职业技能。每个学生按照职业岗位的技能要求，基于重点工作过程进行“学习→训练→实战→反馈”的循环递进学习，同时通过与企业合作给学生辅以工学交替、岗位轮换等实践教学形式，有机组织理论与实践教学活动，完成递进式职业技能的培养。

1. 建立“三赢”校企合作新模式

深化校企合作模式，以“三赢”为出发点——即企业帮助学校提高办学层次和质量、学校为企业提供高技能人才、校企双方共同提高学生的职业技能和对口就业率，实现学校教学与企业生产结合、教学环境与工作现场结合、学校教师与企业专家结合；校企合作共建人才培养方案、共建课程、共建课堂、共建实训中心、共建师资队伍。在校企合作体制机制下，积极与合作企业联合成立校企合作专业建设委员会，组织校企双方共同协调教学实训资源、共同制定人才培养方案并参与教学、共建共享实训基地和社会服务平台、共同培养校企师资与技术人员、共享技术服务等合作成果等。

目前学校与光明食品(集团)、百联集团、上海美华系统有限公司、上海商派网络科技有限公司、京东商城等企业建立了紧密的校企合作关系,通过引厂入校,将美华金蚂蚁电子商务平台、Ecstore 商城系统等引入学校实践教学,让学校教学对接岗位能力。采用"走出去、请进来"的方式,组织学生到企业进行实地参观,请企业专业人士参与课堂教学,为学生释疑解惑。按岗位职业能力需求构建课程体系,通过贯穿始终的企业实习,实现学生与岗位的近距离接触。

2. 构建基于工作过程的"适岗、双向"课程体系

以工作任务为核心,以业务流程为主线,根据岗位典型工作任务的难易程度和人才需求的层次,以工学结合为切入点,围绕专业能力、方法能力、社会能力,校企联合构建以工作过程为导向的课程体系。

以工作过程中所涉及的职业岗位典型工作任务为依据设置核心课程,加强初始就业岗位核心技能的培养,做到"强基础,精方向";注重课程内容的融会贯通,强化岗位核心能力培养的同时,注重学生综合素质的养成。通过设置身体素质、思想素质、心理素质、职业发展、人文科技、创新创业素养等方面课程,形成以职业素质和创新创业能力培养为核心的养成教育系统,为学生的生存就业、可持续发展奠定基础。

打破原先中职、高职两个阶段自成体系的课程结构,按岗位能力要求进行课程重组,整体设计,分段实施。

将电子商务专业的课程设置和教学内容,按工作流程和所要求的职业能力,划分成交易前、交易中和交易后 3 个工学模块。将"计算机网络技术""电子商务网站建设"作为交易前工学模块课程;将"电子商务基础""电子商务案例分析""网络营销与策划""电子商务法律",作为交易中工学模块课程;将"电子商务物流管理""客户关系管理"作为交易后工学模块课程。

以此为基础,在教学组织与实施过程中,进一步将各工学模块课程按专项能力培养目标,划分成不同的教育训练项目或单元。

3. 校企协同开发课程与教学资源库

通过校企合作形成一支由学院专任教师、企业资深员工组成的专兼结合的团队,共同开发专业课程,建设共享型课程资源平台和教学资源库,利用互联网打造功能强大的信息共享和自主学习平台。课程建设的内容包括课程教学标准、教学实施方案、教学计划、教学课件、视频资料、教学案例及试卷库、典型技能、网络答疑等内容,按照"共建共享、边建边用"原则,积极开展支撑专业核心课程教学的网络资源库建设,以满足电子商务类高技能人才培养、企业培训和社会学习者多样化学习的需要。

4. 积极推进专兼结合的师资队伍建设

除了培养校内专业带头人之外,聘请具有行业影响力的企业专家作为第二专业带头人,共同引领专业建设;同时,通过"企业教师工作站"的方式,安排专业骨干教师到合作企业顶岗实习,在企业实习中积累实际工作经验,提高实践教学能力。另外,通过建立兼职教师补贴制度、兼职教师库等措施,吸收企业一线专业技术人才到学校担任兼职教师,逐步形成实践技能课程主要由具有相应高技能水平的专兼职教师辅导、讲授的机制。

5. 建立健全人才培养质量监控体系

一方面,高职教务处与中职教务科、督导室根据教学运行管理制度和教学质量监控评价制度,建立电子商务专业教学质量监控体系,加强教学过程管理,以保障教学运行质量。通过采取教学管理人员随堂听课、期中教学质量测评等专项检查活动,逐渐构建完善校内的教学质量信息反馈与监控体系。

另一方面,通过定期的电子商务人才社会需求调查、会议研讨、企业调研等方式,收集了解企业对毕业生质量的反馈和对人才需求的变化情况;同时,及时收集毕业生对岗位的适应情况,以及对课程内容和教学方法的反馈信息,并据此调整人才培养目标、课程体系、教学内容、教学方式等。

# 基于新金融背景下金融管理专业中高职教育贯通人才培养思考

裘燕南①

随着经济和社会的不断发展，金融活动越来越频繁，金融产品创新日益丰富，金融行业的竞争日渐激烈，金融的内涵和外延都发生了变化。金融行业涉及面广、知识体系复杂的特点，决定了从业者需要具备更为广泛的综合知识和技能。职业环境的综合化，对学生素质的要求是全方位提升。面对日新月异的行业发展和学生的多元需求，对金融的人才培养模式改革提出了迫切的要求。3 年中，金融管理专业建设在充分市场调研和业态发展趋势分析的基础上，在培养目标、课程体系、教学模式等方面进行了探索和思考。

## 一、业态新趋势提出人才培养新挑战

### (一) 职业环境多元化

1. 混业经营大势所趋

随着金融市场的开放，全球配置的外资"全能型"金融机构通过各种形式预先布局中国市场。而中国已基本放开银行对信托、保险、基金、租赁、资产管理公司等方面的牌照限制，在实际运营中，已形成中信、光大、平安、招商局等多个金融控股平台。

2. 金融中介机构大量涌现

以个人或机构的存款、贷款为主的融资类金融中介结构，以会计、审计、资产评估等为主的服务类金融中介机构，以保险经纪、保险代理、融资担保等为主的专业保险金融中介机构，以证券、期货、财富管理等为主的投资咨询服务金融中介机构将迅速发展，以满足中小微企业、个体工商户的资金需求。

3. 互联网金融异军突起

运用大数据技术、云计算技术的"互联网＋金融"，以大数据视野，运用大数据思维重构金融业务流程，构筑风险防控防火墙，注重客户体验的金融产品设计，运用微信等平台的网络营销。

### (二) 职业能力综合化

1. 具有良好的职业素养

金融业是高风险行业，信用是其基本的根基，作为金融从业人员，应该具有良好的职业

① 上海市南湖职业学校，虹口区学科带头人，上海市中等职业学校金融名师培育工作室主持人。

道德和职业操守。

2. 具有综合的金融知识结构

金融业是知识密集型行业，新金融需要复合型人才。金融从业人员不仅需要了解相关的金融基础知识，并且要熟悉相关的金融法规、金融政策、金融产业发展趋势等，运用银行、证券、保险等综合金融知识来满足客户不同的金融需求，能够适应金融混业经营的大趋势。

3. 具有较强的营销能力

金融从业人员在了解相关金融产品的同时，需要具有一定的营销技巧，了解金融产品的营销模式和运作规律，具备发现客户、培育客户、留住客户的营销和服务能力，开拓和维护销售渠道和客户资源。

4. 具有熟练的业务操作能力

"互联网＋"时代下，传统金融业面临着人工智能的强力挑战，网点智能化取代了柜员功能，机器人客服取代了人工客服，大数据分析取代了人工统计分析。金融业需要的是多部门、多岗位的业务操作"综合生"，线上线下服务的"多面手"。

### （三）职业岗位精细化

1. 新业态催生新岗位

金融一体化和金融创新的发展，专业化分工日趋明显，业务精细化的运作，以进一步提高服务质量，应运而生的是金融中介机构，其业务范围集中在客户服务和业务操作两类。互联网金融尽管以快捷方便高效著称，但其业务模式体现线上线下融合的，线上获取客户，线下维护客户，强化风险控制。客户服务类和业务操作类是金融机构人才构成中最基础的组成部分，其定位于高职层面专科学历。

2. 新要求更强调综合素养

据调查数据显示，商业银行主要提供"大堂经理""柜台人员"和"客户经理"3 种岗位；证券公司主要提供"投资顾问"岗位；保险公司主要提供"保险营销""核保与理赔"等工作岗位；其他金融企业主要提供"客户经理""融资顾问"等金融产品营销或服务一线岗位。这些岗位不仅强调具有金融专业知识、专业技能，更强调的是具有服务意识、敬业精神和责任心，更看重学习能力和沟通协调能力。

## 二、中高职教育贯通培养共走金融管理专业发展之路

### （一）人才培养目标"宽"定位

教育贯通培养后的金融管理专业工作领域，从传统金融业拓宽至互联网金融领域；工作岗位群，从银行柜面拓展至财富管理、产品营销、客户关系维护等；能力要求，从业务操作型转变为更为综合的应用型。贯通后金融专业培养以现代服务业为背景，以大金融发展为平台，在银行、证券、保险等传统金融机构的基础上，适应第三方支付、网贷等新兴互联网金融企业，培养能从事金融营销、征信风控、支付结算、投资理财、客户咨询服务等综合型岗位工作，树立以客户为中心的服务理念，通晓金融基础知识，熟悉金融政策和法规，具有风险防范

意识，能和客户进行有效沟通的金融领域应用型复合型人才。

### (二) 课程体系建设显“新”意

以典型产品和服务为引导，对专业课程的知识和技能进行整合，遵循学生能力形成规律，搭建职业能力提升训练的阶梯。分析岗位群需要完成的任务，梳理基础岗位、发展岗位、迁移岗位所需具备的职业能力，包括个人能力、专业能力、学习能力和社会能力。以现代经济社会发展全球化趋势为背景，加强双语课程的开设比例，以适应现代经济社会发展全球化趋势；以互联网金融发展为背景，新增互联网相关课程以适应互联网与金融深度融合发展趋势。课程内容模块化处理，将职业能力的培养融入模块教学中。金融专业基础模块着重介绍专业基本理论、行业知识等，培养专业认知能力，形成专业认同感；客户服务模块树立以客户为中心的服务理念，培养客户复杂问题的咨询解答能力及客户关系持久维护能力；金融产品营销模块和财富管理模块，侧重产品分析、资产配置等金融知识综合应用能力。教学中以项目或任务为载体，提升项目执行能力，培养判断能力、决策能力、适应能力等方面的能力；金融风控模块，培养风险意识，树立诚信意识；开设国际金融、国际结算等课程，适应上海国际化城市对金融人才的要求(图 1)。

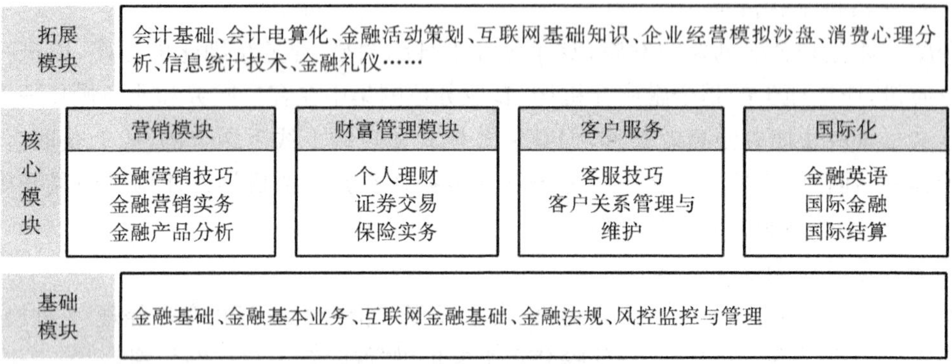


**图 1　金融专业课程体系**

### (三) 教学模式改革重“实”效

中高职教育贯通教学更加侧重职业性、操作性、实践性，突出与岗位要求的对接。构建学校—企业—学校开放的教学环境，通过认知实践对未来职业有感性认知；通过模拟操作掌握操作流程及规范；通过专业实习在实战中体会如何运用金融专业知识为客户提供咨询和服务。同时，随着金融行业新政策的出台，新产品的推广，特别邀请金融行业专家进入课堂，内容涵盖货币知识、银行现金业务、柜员服务规范、理财知识及大堂经理服务规范、银行客服座席服务技巧、金融风险、金融新政等，用鲜活的案例为学生打开职业之窗。构建立体开放的教学模式，让学生学有兴趣，学有所获，学有所用。整合发挥资源平台、教学互动平台、学习平台的功能，顺应大数据时代的要求，金融实验室涵盖银行、证券、保险传统金融与新兴互联网金融多领域金融实训室，开发了智能厅堂、智能导航机器人，自助填单系统，能同步接收全球金融市场的海量交易数据，拥有高仿真商业银行交易系统、金融模拟交易系统，融合教学与工作场景，仿真还原工作流程，以更具实战性的整体实训项目为依托，将专业知识、专业技能、营销能力、金融类业素养等融入其中，在实训中全面提高学生分析问题，解决问题的综合能力(图2)。

| | | | |
|---|---|---|---|
| 第十学期 | 顶岗实习 | 企业 | 全景浸入式教学 |
| 第九学期 | 证券交易 | 证券实训 | 全景浸入式教学 |
| 第八学期 | 互联网金融数据风控 | 互联网实训 | 体验式教学 |
| 第七学期 | 国际金融 | 外汇交易(理实一体) | 实景体验教学 |
| 第六学期 | 保险基本业务 | 保险理赔(理实一体) | 体验式教学 |
| 第五学期 | 金融营销 | 专业实习(工学结合) | 实景体验教学 |
| 第四学期 | 个人理财 | 理财综合应用软件 | 游戏式应用教学 |
| 第三学期 | 互联网金融 | 互联网实训平台 | 体验式教学 |
| 第二学期 | 银行基本业务 | 银行业务实训(理实一体课程) | 浸入体验 |
| 第一学期 | 金融基础知识 | 教室+校内实训室+工作场所 | 岗位认知 |
| 第一~五学期 | 金融业务基本技能 | 金融基本技能实训室 | |

**图2　教学实践体系**

## 三、建议和期望

1. 师资队伍建设

贯通培养模式的师资，必须明确贯通培养的核心理念，意识到中高职教育贯通的一体性和连续性，了解从基础岗、发展岗、迁移岗间不同层次的岗位职业能力要求、业务技能要求，清晰把握课程间的衔接关系。对于中高职教师而言，面对的是全新的课程体系，可借鉴可参考的经验、案例甚少，因此，加强中高职教师间的互动和培训是非常必要的，进一步发挥高职专业教师学科引领作用。

2. 校企合作的深度

继续拓展校企合作单位，将企业课程嵌入教学计划，企业文化融入课堂教学，充分发挥企业特聘教师实战经验的优势，可以为学生带来不一样的课堂。

# 国际商务专业
# 国际水平专业教学标准试点滚动实施方案

王云玺① 张志华② 朱晓将③ 陈志红④ 陈玉红⑤

为贯彻《国家中长期教育改革和发展规划纲要(2012—2020年)》与《上海市中长期教育改革和发展规划纲要(2010—2020年)》中有关"加强教育国际交流与合作,大力培养国际化人才"的相关精神,进一步落实教育部《关于借鉴国外先进经验开展职业教育部分专业教学标准开发试点工作的通知》(教职成司函〔2012〕86号)和上海市教委《上海市职业教育国际水平专业教学标准试点实施工作方案》的要求,2013—2016年,上海市商业学校国际商务专业国际水平专业教学标准进行试点,在此基础上,于2017年9月起开展"国际商务专业国际水平专业教学标准"的滚动实施试点工作。为有效地推进试点工作的顺利进行,制定了实施工作方案

## 一、指导思想

结合上一阶段(2013—2016年)试点的成果,继续深化改革课程设置、开发教学资源、改进教学方法和评价方法、完善实习实训条件、提升教师素质,进一步将澳大利亚TAFE的先进教学理念和教学方法融入专业教学过程,实现专业教学理念、教学资源、教师教学水平与澳大利亚TAFE要求对接,探索学生跨国文化理解的综合素养培养模式,使学生掌握国际通用技术与工作方法,具备跨国企业国际商务相关岗位职业能力,能胜任中外企业的日常办公事务、外贸业务员日常工作、外贸单证员日常工作,具有终身发展能力的知识型、发展型技术技能人才。

## 二、工作目标

本次试点工作预期达成的如下目标。

### (一) 人才培养目标

此次滚动试点着力于培养学生国际化视野、过硬的职业素养,以及能适应国际竞争的综

① 上海市商业学校校长。
② 上海市商业学校副校长。
③ 上海市商业学校教务科长。
④ 上海市商业学校名师工作室负责人。
⑤ 上海市商业学校教学部主任。

合素质。

1. 过硬的思想政治素质

学生能认真贯彻国家对外方针政策，坚持社会效益与经济利益兼顾、坚持效益优先、兼顾公平原则，在履约中，注意重合同、守信用，尊重客户、并注意保持良好的形象。

2. 良好的专业素质

学生能通晓国家的外贸政策和理论、国际市场、外贸规则与惯例、进出口交易程序与合同条款，了解并尊重各国风俗习惯，具有国际视野。同时，注重专业技能的培养，能在经济全球化背景下，游刃有余地开展各国间商务活动。

3. 符合国际标准的职业能力

由于国际商务活动及其业务有较强的国别性，中国的操作方式与欧美发达国家并不一致，故拟不参加国际证书考核。但学生的职业能力与素养应符合国际化标准要求，以适应国际竞争潮流。

### （二）改革创新目标

1. 打造专业师资品牌，深化课堂教学模式及评价方式改革

建立健全教师培养激励机制，努力提升国际商务专业教师的教育教学能力，建设一支由1名专业带头人，5名专业骨干教师，3名行业专家，2名行业技能考评专家组成的、师德高尚、专业技能精、国际化视野宽、教学水平高、专兼职结合、“双师”结构合理的专业师资队伍。3年内计划选送骨干教师到国外相关院校参加培训，要求骨干教师取得相关职业资格证书，具备中、英双语教学能力。以此为契机，深化课堂教学模式及评价方式改革，形成有商校特色的可推广的课堂教学模式和学生评价方式。

2. 打造国际商务专业品牌

成立由澳大利亚教育专家、跨国企业业务专家、国际商务行业专家、中职教育专家、专业骨干教师等组成的“国际水平国际商务专业建设专家指导委员会”，定期召开专家研讨会，以技能为核心、以职业能力要求为依据，不断调整优化课程内容，积极改进教学模式，努力提升国际商务专业品牌。

3. 打造一批国际化教学资源

3年内预期与专业机构合作，修订原有9门核心课程和2门限定选修课程的教学资源库（含课程标准、校本教材、课程指南、课程考核方案、教案、题库等），开发新型且具有“国际范”的数字化教学资源（微课、网络课程等）。同时，参照国际先进课程（不限于TAFE）模式，引入或开发数个有“广泛性、通用性、实用性”的课程模块，打磨细节，并引导评价机制的进一步改革。

## 三、工作任务

1. 制定学校国际水平专业教学标准滚动实施试点的专业教学实施方案

根据国际水平专业教学标准中的人才培养方案，结合试点工作总体指导思想，研究制定学校滚动试点专业的教学实施方案。

(1) 成立“国际水平国际商务专业教学标准滚动试点”领导小组和专家小组，开展前期调研工作，为实施方案的确定提供依据。

(2) 成立“国际水平国际商务专业教学标准滚动试点”工作小组，制定学校“国际水平国际商务专业教学标准滚动试点”专业教学实施方案。

(3) 成立由职业教育专家、技术专家和技能鉴定专家组成的专业建设指导委员会，审核实施方案，确保实施方案的科学性、合理性和可行性。

(4) 在领导小组的监督下，由工作小组开展试点工作，组织教师开展师资建设、教学资源建设和专题研究等工作，在实施中不断总结提高。

2. 开展教学资源建设

根据人才培养目标的需要，引入国外先进课程(不限于 TAFE)与教材，与相关专业机构合作开发体现国际水平的教学资源，着力打造一批有“广泛性、通用性、实用性”的课程模块。修订 11 门专业课程，开展课程整体教学设计和课程单元设计的研究与实践，根据《上海市职业教育国际水平国际商务专业教学标准》的要求，开发教学资源库，教学资源库包含课程标准、校本教材、课程指南、课程考核方案、教案和题库等。

3. 积累典型材料

在试点实施过程中，积极学习借鉴国外先进教学理念。通过建立校企合作长效机制，制定可行的实习实训计划，大力开展仿真模拟项目实训，定期安排相关企业技能专家对学生进行企业文化的“嵌入式”培训，培养锻炼学生的职业能力。同时，围绕核心课程不断整理、提炼，积累相关的典型教学设计、课堂录像、教学案例等教学文件资料及优秀学生典型案例资料。

4. 形成一批专题研究报告

结合试点工作需要，在试点工作实施过程中，积极推进“国际水平国际商务专业教学标准试点”滚动工作和澳大利亚国际贸易职业标准的本土化，努力创新，积极探索深化校企合作机制、国际商务专业国际合作的有效途径与机制、国际化教学资源的课堂应用等课题的专题研究，形成一系列研究成果。

5. 修改完善国际水平专业教学标准

总结上一期试点实施经验和结合本次滚动实施工作方案，参考专家意见，定期总结经验，定期召开专家研讨会，认真听取相关专家关于课程设置、课程内容、职业能力标准和人才培养评价标准等方面的优化意见与建议，认真修改完善国际水平国际商务专业教学标准，不断充实研究内容，并以此为依据，深化课堂教学模式及评价方式改革，真正达到促进学生职业能力发展的目标。

## 四、保障措施

1. 试点班级

本次参与上海市职业教育国际水平专业教学标准试点滚动实施工作的专业为国际商务专业，试点班级为 2017 级国际商务 2 班，学生预计 30 人，试点周期从 2017 年秋季开始，为期 3 年。

2. 师资保障

构筑与“国际水平国际商务专业教学标准滚动试点”工作相适应的教师团队，安排骨干专业教师进修提高，提供参加国内外学习、交流和观摩等活动的机会，督促教师钻研教学，并形成相关的研究报告，保障“国际水平国际商务专业教学标准滚动试点”工作的顺利进行。

3. 实习实训设备保障

学校配备单证、货代、报关、报检、综合模拟实训室，工位共计 200 个。另外，与欣海报关、劲达报关、俊豪货代、顺同航空服务等公司开展校企合作，保证学生工学交替及实习工作的顺利开展。

4. 教学资源保障

学校依托教学互动平台建设，将相关课程资源统一归口管理，集中展示，为教育教学提供保障。

5. 国外合作

3 年内，计划选送骨干教师到国外相关学院参加培训，要求骨干教师取得相关国际职业资格证书，具备中、英双语教学能力。

外方专家定期参与滚动试点工作实施过程。

6. 组织保障

成立由学校领导、专业学科带头人、骨干教师、行业专家组成的重点专业建设领导小组和工作小组(见表 1、表 2)；聘请外方职业教育专家、上海市职业教育专家、行业专家和技能鉴定专家，成立专业建设指导委员会，为学校国际水平专业教学标准“国际商务”专业改革试点工作提供组织保障。

表 1　国际水平专业教学标准“国际商务”专业改革试点工作领导小组

| 姓　名 | 职　务 | 职称/职业资格 | 分　工 |
|---|---|---|---|
| 王云玺 | 校长 | 高级讲师 | 组长 |
| 张志华 | 副校长 | 高级讲师 | 副组长 |
| 陈志红 | 名师工作室负责人 | 高级讲师<br>经济师 | 教研与教学质量测评 |
| 朱晓将 | 教务处主任 | 高级讲师 | 教学常规检查 |
| 陈玉红 | 商贸信息部主任 | 高级讲师 | 教学方案实施落实<br>校企合作落实 |
| Debra Jolley | TAFE NSW-South Western Sydney, institute | Director<br>Business & Finance Faculty | 澳大利亚职业能力检测 |
| 郑　梁 | 中国对外贸易经济合作企业协会<br>全国外经贸从业人员考试中心 | 高级经济师 | 国家职业能力检测 |

表 2　国际水平专业教学标准“国际商务”专业改革试点工作小组

| 姓名 | 职务 | 职称/职业资格 | 分工 |
|---|---|---|---|
| 金　麟 | 工作组长<br>专业负责人 | 讲师<br>物流师 | 专业调研<br>专业教学改革实践<br>专业资源建设 |
| 周建萍 | 专业教师 | 高级讲师 | 专业调研<br>专业教学改革实践<br>专业资源建设 |
| 吴纪周 | 专业教师 | 讲师<br>外贸单证师<br>物流师 | 专业教学改革实践<br>专业资源建设 |
| 付丽娜 | 专业教师 | 讲师 | 专业教学改革实践<br>专业资源建设 |
| 韩道宁 | 专业教师 | 讲师 | 专业教学改革实践<br>专业资源建设 |
| 崔忆霖 | 专业教师 | 讲师 | 专业教学改革实践<br>专业资源建设 |
| 杨永昊 | 专业教师 | 讲师 | 专业教学改革实践<br>专业资源建设 |
| 周慧琳 | 专业教师 | 教员 | 专业教学改革实践<br>专业资源建设 |
| 刘立萍 | 企业专家 | 得美行国际货运代理有限公司 | 专业教学改革指导 |
| 钱晓怡 | 企业专家 | OLIN INC,.LTD | 专业教学改革指导 |
| 王霆轩 | 企业专家 | 上海雅鹰船务有限公司 | 专业教学改革指导 |
| 徐　炜 | 企业专家 | 上海欣海报关公司 | 专业教学改革指导 |
| 撒佳俊 | 企业专家 | 上海劲达报关公司 | 专业教学改革指导 |
| 占文敬 | 企业专家 | 上海敬杰国际贸易公司 | 专业教学改革指导 |

## 五、实施步骤

1. 2017 年 5 月

完成“国际水平国际商务专业教学标准试点”专业改革滚动试点实施方案的制定、审核和提交。

2. 2017 年 6—8 月

专家咨询，并组织国际商务专业教师集中培训。

3. 2017 年 7—8 月

围绕国际水平国际商务专业教学标准和滚动试点实施方案，开展专项调研，收集相关资料。

4. 2017 年 9 月—2020 年 6 月

全面实施改革方案，实现滚动试点各项目标，每两周安排一次教研活动，每学期安排一次专家研讨，每学期召开一次国际商务专业建设指导委员会会议。进行总结，完成滚动试点实施结项工作。

## 六、预期主要成果

1. 教师教学能力与国际标准接轨，获得国际证书

围绕核心课程，开展教师培训，开展“课内外活动设计”和教学单元设计的研讨、说课和课堂展示比赛，提高教师的教学能力和研究能力。继续选送骨干教师到国外相关院校参观访问，并参加相关职业资格证书培训，使教师教学更符合国际标准。

2. 形成具有商校特色的国际化教学资源

优化专业核心课程和专业方向课程、选修课程的教学资源库（含课程标准、校本教材、课程指南、课程考核方案、教案、题库等），合作开发数字化教学资源。参照国际先进课程模式，引入或开发数个有“广泛性、通用性、实用性”的课程模块。

3. 国际化与本土化兼顾的课堂教学模式和学生评价方式

根据学生实际情况，借鉴国外先进的课堂教学模式和学生评价方式。通过深化课堂教学改革，形成有商校特色的、可推广的国际化课堂教学模式和学生评价方式，总结经验，形成典型案例集。

4. 学生能力提升

通过课堂教学，使学生初步具备国际化视野和职业能力。开展各类技能培训，参加各级技能比赛。结合参观、讲座、校企合作、工学交替和实习实训，培养学生良好的职业能力和职业素养。

# 中高职教育贯通连锁经营专业一体化人才培养模式探索

王翎①

2013年,上海市商贸旅游学校与上海商学院第一届连锁经营中高职教育贯通班批准招生,共招2个班级70名学生,截至2017年9月,已经完成2013届学生的培养,2014届、2015届、2016届中高职教育贯通班学生的教育教学正在进行中。4年中,上海市商贸旅游学校与上海商学院合作完成了连锁经营专业中高职贯通一体化人才培养新模式设计和实践探索,效果令人满意,经验具有可借鉴价值。

## 一、背景概述

在上海商贸职教集团的统一领导下,在两所院校中高职教育贯通项目申报之前,双方就已开展合作,先后完成了中高职衔接五年制教学标准的开发、连锁经营专业核心教材的开发,为2013年夏季的第一批中高职贯通的学生入学后的教学做好基础的准备。在上海商贸职教集团的领导下,从首批中高贯通学生入校开始,两所院校紧密合作,继续探索中高职贯通下的课堂教学、校企合作、学生实践、素养培育等人才培养的最佳路径,建立完善中高职教育贯通一体化人才培养新模式,历经4年的努力,一个适应中高职教育贯通连锁经营专业人才培养的完整模式诞生,并在人才培养的实践中取得显著成效。

## 二、设计理念

中高职教育贯通连锁经营专业人才培养模式的设计理念主要有:

### (一)从职业教育规律和现代职业教育理念出发

遵循职业教育规律和现代职业教育理念,探索创新适合职业人才成长的高素质连锁经营技能型人才培养模式。注重培养学生综合素质,既包括专业知识和技能,更包括职业道德、情感、价值观,同时要重视和强化技能专长的培养,使学生成为综合素质全面、技能专长过硬的高素质劳动者。

### (二)从学生职业生涯成长发展的规律出发

以工学结合为基点,使专业课程内容与相对应的职业岗位紧密结合,使课堂教学与实际

① 上海市商贸旅游学校教师。

岗位的操作训练相结合，同时安排充分的岗位实习，使学生在真实的职业环境中把所学知识得到充分运用，最终达到职业岗位要求。

### (三) 从中高职教育贯通的特点与优势出发

"时间短，任务重"是 5 年制中高职贯通的特点。"学生素质高，平均成绩居于中上"，是 5 年制中高职贯通学生的优势。从这个特点和优势出发，明确专业定位，一体化课程设置，变革人才培养模式，贴近职业岗位要求，明确教学方式方法，使学生毕业即就业。

## 三、框架体系

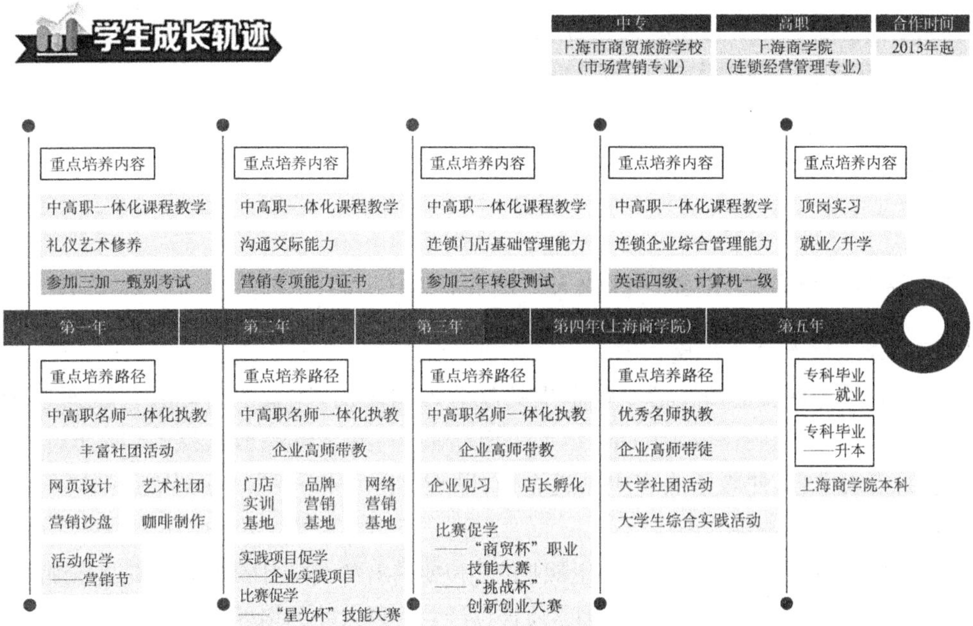


**图 1　中高职教育贯通连锁经营专业一体化人才培养学生成长轨迹图**

图 1 展示了在中高职教育贯通 5 年一贯制连锁经营专业一体化人才培养过程中达到的五个一体化，即一体化的教学、一体化的师资 、一体化的实习实践、一体化的技能标准、一体化的管理机制。同时表达出中高职教育贯通 5 年一贯制连锁经营专业一体化人才培养过程中的学生能力提升的 6 个阶梯设计，即学生素养提升的阶梯设计、学生能力培养的阶梯设计、学生实践活动的阶梯设计、学生社团活动的阶梯设计、学生技能考核的阶梯设计和学生技能比赛的阶梯设计。

## 四、做法与成果

### (一) 结合双方优势，搭建一体化人才培养平台

1. 双方所在地域优势结合

上海市商贸旅游学校地处国际知名的南京路商业步行街，上海商学院毗邻上海最时尚

现代化的商圈徐家汇，南京路是中国近代民族商业的发源地，徐家汇是中国现代化商业发展的代表，这两个无法替代的商业地域是最佳的教学平台，南京路犹如一本中国近代商业历史的教科书，而徐家汇则是现代商业发展的现实样本展示台。这种专业地域优势的结合，对探索一体化的中高职贯通专业实践教学体系有着不可比拟的优势。

2. 双方人才培养优势结合

上海市商贸旅游学校有30年市场营销专业（连锁经营方向），拥有上海市精品特色专业的荣誉，以及上海市示范品牌专业正在建设现状的优势。上海商学院连锁经营专业是上海市教育高地项目建设专业，是上海商学院的特色专业，也是学院多年重点建设的专业。双方都以培养应用型技能人才作为自己的办学宗旨，在长期的办学实践中积累了丰富的校企合作、工学一体的经验，上海市商贸旅游学校的工学结合人才培养模式与上海商学院校企合作的人才培养特色都是应用型技能人才成长的有效路径，结合双方专业人才培养的特色和优势，有利于探索具有一体化人才培养的特色模式。

形成成果：一体化人才培养专业教学特色。

（1）专业建在南京路；

（2）工学交替学专业。

### （二）调整岗位方向，设立一体化人才培养标准

1. 扩展专业培养内涵宽度

从中高职教育贯通连锁经营专业学生的就业方向出发，探索中高职教育贯通连锁经营专业的宽度，紧跟连锁经营发展的步伐，加大电子商务、网络营销教学课时，增加新零售、连锁新业态的模块内容，使教学内容更贴近企业，贴近实际。

2. 增加专业培养内涵深度

从中高职教育贯通连锁经营专业学生就业的岗位要求出发，探索中高职教育贯通连锁经营专业的深度，紧跟现代连锁商业的要求，深化高素质连锁经营管理人才的培养内涵，从技能的精细化，观念的现代化等方面深化内容及要求，从动手能力出发提高标准，使学生专业性更强，能力素质更高。

3. 提升专业培养目标的高度

从中高职教育贯通连锁经营专业学生的可持续发展出发，提升人才培养的目标高度，由资深营业员，助理店长，提升到店长。通过优质的专业教学、综合能力提升的最佳途径，实现学生毕业时专业能力和素质达到设定岗位的目标。

形成成果：一体化人才培养的目标体系。

（1）一体化的专业技能标准；

（2）一体化的专业综合素质标准。

### （三）深化资源合作，建立一体化的教学资源系统

1. 共同开发一体化专业教学标准

在上海商贸职教集团的统一领导下，2012年双方已经合作完成了中高职教育衔接5年

制教学标准,2013 年双方合作完成国际水平连锁经营管理 5 年制教学标准。2014 年完成中高职教育贯通核心专业课程"市场营销""商品基础知识""门店运营与管理""商务经营技术"教学培训包。

2. 共同开发专业核心教材

2012 年,双方骨干教师再次合作共同完成"市场营销""商品基础知识""门店运营与管理""商务经营技术"4 门核心教材的开发。截至 2017 年中高职教育贯通连锁经营专业其他 6 本教材已研发完成。达到中高职贯通专业校本教材建设的目标。

3. 共同开发数字化教学资源

现代信息技术广泛应用于职业教育,中高职教育贯通连锁经营专业的双方学校共同开发门店经营教学软件、精品课程、电子教材、教学资源库及创业系列教学软件,有了系列数字化教学资源的支撑,连锁经营中高职贯通专业信息化教学成为一种教学常态。

4. 共同参与实施企业培训和自我提升培训

中高职教育贯通连锁经营专业的教师共同开发《营业员》四级教材,并合作实施学生和企业职业资格培训,参加培训人数逾千人。在商贸职教集团的组织下,2015 年全体中高职教育贯通连锁经营的专业教师参加了英国伦敦城市协会职业资格培训,并且取得相应的资格证书,实现教师整体素质的提升。

形成成果:一体化人才培养专业教学资源体系。

(1) 一体化的专业教学标准;

(2) 一体化的专业教材;

(3) 一体化的数字教学资源体系;

(4) 一体化的师资培训。

### (四) 优化培养过程,形成一体化的人才培养路径

1. 合作探索教学过程的优化

中高职教育贯通人才培养是一个高效优质的人才培养过程。依据贯通人才培养时间特点优化人才培养路径,是实现高效的人才培养重要途径。在中高职教育贯通管理办公室的领导下,中高职专业教师一月一次的合作教研,使双方得以在教学内容方面充分沟通,避免重复,在 4 年合作中教学计划已经修订优化 3 次。在教师配备方面,双方认真选择,优先配置名师,各展其长。

2. 合作探索实习实践过程的优化

5 年贯通培养不仅要在教学上打破中高职界限划分,在实习实践方面也需要重新梳理职业技能的内容,形成一体化的职业技能实习实践的体系。经过双方的合作探索,建立了第一年:一周百联连锁企业观摩;第二年:两周百联企业连锁见习;第三年:3 个月来伊份门店实习;第四年:来伊份店长带徒;第五年:连锁毕业顶岗实习。一体化的职业技能实习实践设计,每一个阶段有每一个阶段的具体合作企业和目标要求,形成一体化的技能进阶流程。

3. 合作探索学生综合素养过程的优化

依据学生心理成长的特点,探索 5 年贯通培养学生心理成长的过程,找到一体化素养培

养过程的重要方法和手段。组织基础社团如合唱社团、茶艺社团、书法社团、音乐社团、摄影社团；专业社团：如 3D 打印社团、礼仪社团平面设计社团、英语口语社团、演讲社团；高级社团，如店长社团、创业社团等，有 50 多个丰富多彩的社团在活动。学生通过参与社团提升素养，培养特长优势。5 年的培养中，各类特色活动：南京路志愿者服务、南京路商业历史博物馆志愿者服务、英语节，还有已经成为全国知名品牌的营销节，都成为学生素养提升的最佳平台。

形成成果：一体化人才培养专业活动特色。

(1) 丰富多彩社团；

(2) 特色节日与社会实践活动。

## 五、目标达成

### (一) 5 个一体化设计，实现人才培养高效率

一体化的教学、一体化的师资 、一体化的实习实践、一体化的技能标准、一体化的管理机制。5 个一体化是从中高职贯通教育的特点与优势出发，将职业教育规律和现代职业教育理念有效结合、大胆创新，在一体化的过程中，使教学资源、师资配备、学生实习实践、技能的培养及管理，拿出了双方最好的资源，并在一体化的管理之下，使聚合的各项优势资源的效率发挥，在有限的时间内达到最高。减少了在中职、高职分开培养的情况下，重复的学习内容、重复实践内容带来的不必要的时间浪费，探索 5 年中高职贯通模式人才培养的高效率新路径。

### (二) 6 个阶梯化提升，实现人才培养高质量

学生素养提升的阶梯设计、学生能力培养的阶梯设计、学生实践活动的阶梯设计、学生社团活动的阶梯设计、学生技能考核的阶梯设计、学生技能比赛的阶梯设计。这 6 个阶梯化提升，是依据职业人才职业生涯成长发展规律的科学化设计。6 个阶梯化成长确保了专业人才的高质量，通过阶梯化提升学生职业素养逐步养成，学生职业能力逐步提升，学生职业技能逐渐熟练，学生创新思维逐渐建立，学生创业能力逐步培育；通过 6 个阶梯化的培养，学生一步一步完成了由专业的婴儿期到高技能专业人才的蜕变。这 6 个阶梯是学生专业成长的阶梯，也是学生心理成熟的阶梯。在 5 年 6 个阶梯发展中的每一项，都同时融合了学生心理成长所需要的内容设计。在这种模式下培养出来的人，是一个具有优秀职业能力和综合心理素质的成熟悉的专业人才。

# 选择有效的管理手段　培养良好的学风班风

## ——酒店管理专业中高职教育贯通培养典型案例

陈　珏①

2015年9月，上海市奉贤中等专业学校和上海商学院联合进行酒店管理专业的中高职教育贯通培养。经过1年试点，首批学生严格按照人才培养方案的要求，一步步付诸实施。培养过程中，学校严格执行上海商学院教育贯通人才培养试点教学管理制度，并通过调整和选择有效的教育教学管理手段，严格要求，细心关护，获得了良好的效果，促进了首批学生学风的进一步端正，形成了积极向上的班级风貌。2016年9月，第二批学生进校，在首批学生的带领和榜样影响下，培养情况良好。

### 一、实施背景

2015级9月，学校与上海商学院联合进行酒店管理专业中高职教育贯通培养的首批学生入学，计划招生25名，其中随迁3名。3名随迁性质学生的录取平均分为360.5，22名本地学生录取平均分为438.16分。这个水平在上海商学院中高职教育贯通培养体系中是当年最低的，与录取平均分最高的学校相差一百多分。

学校是奉贤区唯一一所中职学校，2015年第一年招收中高职教育贯通学生。许多家长和学生对"中高职贯通"这一概念比较陌生，对培养模式的了解不够全面和准确。尽管学校通过多种途径进行宣传普及，但家长和学生对培养过程中的教育教学管理制度和要求还是一知半解，没有引起足够重视，学生学习目标不明确，学习的积极性和主动性不强。过程中，班级风气和学习风气逐渐下滑，个别学生出现学业和行规双懈怠的现象，甚至因未能合理处理与其他学生的矛盾受到学校纪律处分。

### 二、主要目标

为了做好首批酒店管理中高职教育贯通培养，学校决定调整教育教学管理手段，以扭转已经出现松懈和下滑趋势的班级现状。针对部分学生学习目标模糊、学习积极性低，个别学生对自身学业和行规放松要求不能很好地自我管理自我约束的现象，进行指导教育和处理，以期取得正班风、端学风、凝人心、聚人力的效果，营造积极向上的班风班貌。

① 上海市奉贤中等专业学校教务科科长。

## 三、工作过程

学校自上而下，统一思想，明确培养目标，全面深入了解中高职教育贯通培养机制，熟悉中高职教育贯通培养相关制度。实施统一管理，步调一致，加强督促，家校合力，育优秀班风学风，促学生全面成长。

### （一）直线管理，加强监管

学校班级和班主任管理主要由德育科负责，教务科主要负责教师及教学条线管理工作。而酒店中高职班在正常的班主任、德育科管理之外，教务科负责人也参与管理工作，进行直线管理。

1. 学生层面

根据班级整体情况和学生面貌，适时召开学生大会，发现亮点，予以鼓励或表扬，指出问题，进行及时干预和引导；对个别学业或行规出现松懈的学生，采取个别谈话、教育、训诫等，持续跟进，督促上进；组织多种形式的学生活动：高星级酒店参观、胜学酒店实训、参与合作院校上海商学院社团活动、参加商学院的技能大赛等，强化学生的目标意识，进一步提高学生的学习积极性和实效。

2. 家长层面

组织新生家长参加由上海商学院统一召开的新生家长大会，学生一进校就从家长层面提高认识，了解“中高职教育贯通培养”的意义和要求；召开学校层面中高职班级学生家长会，宣传中高职贯通培养的政策制度，进一步提高家长重视度；对个别学业或行规出现问题的学生，教务科负责人与班主任一起约谈家长和学生，指出问题、分析原因、提出解决方案和后期要求、督促改进，同时在后续学习过程中持续跟进；对第二学期内学习效果不理想的学生和家长发出预警，提醒注意甄别条件，督促尽快改进提高。

3. 教师层面

积极组织任课老师参加校际联合教研、校际教师培训、校际公开课交流，以及贯通试点工作定期教研活动，并组织学习联合管理各项制度，以确保项目建设过程监控质量；组织学校酒店管理专业组教师会议，提出专业授课和实训的组织管理要求，明确每学期教考法分离科目；保持与班主任的积极沟通，掌握班内学生的思想动向、学业水平和行规表现，对需要教务科层面介入的情况，及时介入处理。

### （二）制度先行，严格执行

首批学生入学之初，合作院校上海商学院就提供给学校一套完整的教育贯通人才培养模式试点教学管理制度，从制度上规范了教育教学管理的要求和标准，使学校在日常管理中有据可依。

在执行过程中，相信只有严格、公平执行制度，才会形成人人自觉自律的良好氛围。因此，在教育教学管理中，依照教育贯通人才培养模式试点管理制度，对酒店管理专业中高职班级进行严格管理。

随着酒店管理中高职专业教育教学工作的开展，首批学生进入入学的第二学期，即将面临一年甄别。而此时部分学生学业或行规上出现了短期内难以改善或消除影响的问题。2016 年 7 月，完成 2016 学年度补考工作后，经过数据汇总和材料整理，1 名学生两门科目不合格，4 名学生接受学校纪律处分。在“人性化处理给这 4 名学生一个机会”和“严格依照制度执行”之间，学校最终选择了后者。管理者始终认为：只有坚决执行制度，才能建立规范，才能让学生真正认识到遵守制度、尊重规则的重要性和必要性，才能促使他们在思想根本上给予足够的重视，从而带动他们在学业和行规上的自我管理和促进。

因而，2016 年 7 月，根据上海商学院制定的《上海商学院中高职贯通 5 年制学籍管理办法》《关于中高职教育贯通“甄别”和“转段”工作的规定》和《中高职教育贯通培养模式甄别实施细则》等制度要求，学校完成了酒店管理中高职专业一年级甄别工作。2015 级酒店管理专业中高职教育贯通培养(1502)班入学注册共 24 人，1 名学生于 2015 年 10 月因出国进修休学 1 年(2016 年 9 月办理退学手续)。在籍在读学生 23 名，经教务科对每位学生第一学年各门课程考核评价的结果进行汇总核准，18 名学生符合升入二年级学习条件，5 名学生甄别为不合格。教务科负责人与 5 名学生本人及家长分别进行了多次沟通，学生和家长均能接受这一甄别结果。

## 四、条件保障

1. 领导重视

学校成立酒店管理专业中高职教育贯通培养领导小组和工作小组，对于酒店管理中高职班级的管理方式调整，首先取决于学校领导对此项工作的重视和支持。

2. 制度保障

上海商学院为合作的中职学校提供了完整的教育教学管理制度，并形成体系，使学校在日常管理中有据可依。

3. 经费保障

教育贯通人才培养模式试点作为市教委批准的教育专项得到了市教委专项资金的支持。经费来源有上海市教委下拨给学校的专项资金、上海市教委补充下拨给学校的专项资金以及学校提供的后续建设和保障资金。同时为了有助于资源共建共享和规范使用教育贯通的专项资金，教育贯通联合管理办公室制定了专项经费保障与使用规定，规范经费使用。

## 五、实际成效

在严格管理下，酒店管理专业中高贯通教育培养班级在各方面都呈现出良好的发展趋势，并在校内形成了带动引领作用，在校外也获得了家长和社会的认可。

1. 提高重视，班风学风明显改善

酒店 1502 中高职班经过一年甄别后，班级人数由原来的 23 人骤减至 18 人，学生普遍产生紧迫感和危机感，对第六学期的转段环节重视度大幅提高。学生的学习积极性明显提高，学习态度明显端正，学习目标明确、坚定，班风正气、学风端正。经过一个学年的努力学习，该班学生在上海商学院组织的期末统考中，平均分显著提高，与其他学校差距明显缩小，部分科目已摆脱末位。2015学年度酒店1502班获区、校级集体荣誉8项，个人市区级获奖8人次，校级获奖14人次，两名学生参加学校业余党校培训并结业。

2. 同伴教育，引领贯通培养持续发展

酒店1602中高职班入校以来即被严格要求和管理，各方面相对规范。酒店1502中高职班学长们的言传身教、现身说法，充分发挥了同伴教育效果，进一步明确了他们的目标、端正了他们的态度，进校至今，该班的整体风貌均呈现良好面貌。

从两届学生的管理结果和现状来看，酒店管理专业中高职教育贯通培养的管理风格和班级风格已初步形成。在持续执行的基础上，相信这一风格将固定下来，成为酒店管理专业中高职教育贯通培养的一贯风格，打造出学校酒店管理中高职专业的优质品牌。

3. 良好开端，获得家长和社会肯定

学校对酒店管理专业中高职班两届学生的严格管理和由此产生的管理实效，得到了家长的肯定，同时在社会层面上也获得了好评。近两年，报考我校酒店管理专业中高职教育贯通培养的学生越来越多，社会知名度明显提高，对学校声誉也起到了积极的作用。

## 六、体会与思考

足够重视，便足够优秀。只要在某件事上投入一万个小时，就一定能成为那个领域的专家。在对酒店管理专业中高职教育贯通培养的直线管理过程中，教育者深切地感受到：当一个班级从学校的层面上受到足够重视，并选择适当的方式予以严格管理，这个班级就能在同类班级中脱颖而出，甚至成为最优秀的。这一点，在酒店1502中高职班得到了印证。因此，后续的酒店管理中高职班级，学校将延续这一管理模式和风格，在上海商学院的统一部署和管理下，为把它打造成“一流专业”继续努力！

# 共享实训资源　助推专业发展

## ——酒店管理专业中高职教育贯通典型案例

艾　院①

为了紧跟国家"转方式，调结构"的要求和步伐，满足区域经济发展对各级各类酒店人才的需求，优化职教结构，推进中高职衔接，提高职业教育的质量和办学效益，学校与上海商学院教育贯通酒店专业中高职培养模式，实现奉贤职业教育战略新规划。自 2015 年开设第一个中高职酒店班以来，双方在人才培养目标、贯通培养管理机制、课程体系设计、师资队伍建设等方面，不断进行一体化设计的探索、实践和反思。

### 一、实施背景

在创建国家级改革发展示范校的过程中，学校酒店专业作为重点建设专业，已经在人才培养模式与课程体系改革方面，通过与本地企业和国内高职院校的深度合作，逐步探索了一条"校企融合、中高贯通"的专业办学模式，提升了酒店专业的对外示范辐射能力，取得了良好的社会效应。在"中高职贯通"酒店管理专业人才培养方案的指导下，双方通过完善的保障机制和规范的教学管理，顺利实现酒店管理专业中高职教育贯通培养的试点。贯通教育以上海商学院体制内高职、中职教育为基础，集聚优质教育资源，注重校企合作、双证融通，积极探索建立中高职教育有效衔接、相互贯通的酒店类人才培养机制，为区域经济发展和社会进步输送知识型、发展型技能人才。以体制内双方现有教学资源为依托，充分发挥各自院校教学设备设施的作用，丰富实践教学手段，强化学生未来职场的实践能力。

### 二、具体措施

#### （一）改善实训条件，凸显中高职贯通教育的特殊性

中高职教育贯通班正式开设之后，根据一体化课程设置和人才培养的需求，学校对原有校内 4 个实训室进行了设备更新和添置，确保实训条件能够满足日常教学。

① 上海市奉贤中等专业学校中高贯通酒店管理专业负责人。

表 1　2016 年酒店校内实训室设备采购、更新表

| 实训室名称 | 采购设备名称 | 型号及规格 | 数量 | 备注 |
| --- | --- | --- | --- | --- |
| 4 个实训室 | 多媒体一体机 | 70 寸 I 5 西沃多媒体触摸一体机 | 4 台 | 内存 4 G,固态硬盘 500 G |
| 调酒实训室、茶艺实训室 | 高清录像机 | 带有 VGA 或 HDMI 接口 | 2 台 | |
| 餐厅实训室 | 操作台 | 长条桌 | 1 张 | |
| | 咖啡壶 | | 2 把 | |
| | 玻璃茶壶 | | 2 把 | |
| | 木制椅子 | 靠背木椅(中餐用) | 40 把 | |
| | 红葡萄酒杯 | 与白葡萄酒杯同一品牌 | 20 个 | |
| | 白葡萄酒杯 | 与红葡萄酒杯同一品牌 | 20 个 | |
| | 烈酒杯 | | 30 个 | |
| | 小型茶叶展示架 | | 1 张 | |
| | 小型冷藏冰柜 | | 1 个 | |
| | 自动上水煮茶器 | | 1 个 | |
| 酒吧实训室 | 摇酒壶 | 410 ml 不锈钢款 | 25 把 | |
| | 红酒杯挂架 | 不锈钢一组可容纳 8 支杯子 | 3 组 | |
| | 操作桌 | 180 cm×40 cm 长条桌 | 6 张 | 浅色系 |
| 会议实训室 | 椅子 40 把 | 会议折叠椅 | 30 把 | 浅色系,与实训桌颜色匹配 |

除了拥有“做学一体”的实训教室,学校还采取校企一体、产学协作的方式共建校内实训基地——胜学酒店。胜学酒店建筑面积达 7 813 平方米,拥有客房、餐饮、会议、前厅等实训区域,其中,标准房 11 间,大床房 27 间,套房 3 间;餐饮区域有 9 间包房和一个宴会厅,可供 25 位同学同时进行摆台、斟酒、上菜等技能训练。

实训条件的改善,极大地调动了学生的学习积极性,有效地提高了课堂教学实效,在中高职贯通教育中发挥了积极作用。

### (二) 实训资源共享,助推一体化设计的内涵建设

为积极探索中高职教育贯通人才培养机制,为区域经济发展和社会进步输送知识型、发展型技能人才。以上海商学院、上海奉贤中等专业学校教学资源为依托,以国际水平专业教学标准中高职教育贯通人才培养方案为依据,重视通识通用知识和能力培养的同时,强化专业知识和技能的培养,稳步提高学生的综合素质,特制定酒店专业中高职教育贯通培养模式

技能证书一体化设计方案。

其中,限定考证科目有:

1. 上海市中等职业技术学校《信息技术基础》证书(相关课程:信息技术基础,第一学期考证)

2. 上海语言文字水平测试中心普通话等级证书(相关课程:语文,第二学期考证)

3. 大学英语四、六级考证(相关课程:英语,第七学期起考证)

4. 上海市高校计算机应用能力一级考试

5. 酒店督导师、中级、国际饭店业职业经理人协会(IHMA)

另有可选考证科目:

1. 美国饭店协会(AHLEI)等级证书

2. 黄金服务认证(CGSP)

同时,为真正实现教育贯通,双方共同拟定了人才培养方案和教学实施计划,真正实现实训资源共享,借助双方的实训场所实现优势互补和相互协作。2015 年合作关系建立后,学校餐厅实训室除了提供本校酒店专业学生实训教学,也面向商学院酒店管理专业教师提供实训机会。商学院酒店管理专业的邴振华老师和张亦飞老师的"餐饮管理"课程的实训部分内容基本都是在学校的餐厅实训室完成教学任务的,学校积极主动为双方的餐厅课程排出实训课表。而学校 2015 级中高班学生也在本校老师的组织下,赴上海商学院参观并参与咖啡社互动活动;邀请商学院高年级的学生给中高班学生介绍游学经历,传授经验。教学资源的共享,密切了双方的关系,提升了一体化的内涵。

### (三) 师资队伍互助,优化人才培养的贯通意识

酒店管理专业中、高职校双方的师资力量对比是:上海市奉贤中等专业学校高星级酒店运营与管理专业现有专业教师 7 名,行业企业兼职教师 3 名。其中具有国家级考评员 1 名;技师 2 名,高级工 2 名,中级工 4 名;高级讲师 2 名;双师型素质教师达 100%。上海商学院职业技术学院高职酒店管理专业师资力量强,现有文化基础课教师 5 名,酒店管理专业课教师 7 名,行业企业兼职教师 4 名。其中具有国家级餐饮服务大师 1 名,国家级考评员 2 名;实训指导教师 2 人;高级职称 4 名,占专业教师的 57.1%;双师型素质教师达 100%。

为培养贯通意识,并提升中职阶段的师资专业水平,双方经过协商,组织上海商学院的优秀师资对上海奉贤中专的酒店专业教师进行了专业方面的专题培训。

**表 2　2015 年酒店管理专业教师培训项目教学进程安排表**

| 序号 | 时间 | | 内容 | 学时 | 授课形式 | 主持/主讲 |
| --- | --- | --- | --- | --- | --- | --- |
| 1 | 4.23 | 08:30—11:45 | 酒店市场营销实战讲座 | 4 | 讲座/讨论 | 施松柏 |
| | 5.14 | 13:00—16:15 | 国际酒店企业文化建设 | 4 | 讲座/讨论 | 仲　荧 |

（续表）

| 序号 | 时　间 | | 内　容 | 学时 | 授课形式 | 主持/主讲 |
|---|---|---|---|---|---|---|
| 2 | 6.8 | 08:30—11:45 | 酒店管理专业建设与课程改革的探索 | 4 | 讲座/讨论 | 姜红或其他 |
| | | 13:00—16:15 | 酒店管理专业校企合作培养模式的探索 | 4 | 讲座/讨论 | 姜　红 |
| 3 | 6.10 | 08:30—11:15 | 五星级酒店考察 | 4 | 考察 | |
| | | 13:00—16:15 | 五星级酒店考察 | 4 | 考察 | |
| 4 | 6.11 | 08:30—11:45 | 中职酒店专业核心课程《前厅服务》教法研讨 | 4 | 讲座/讨论 | 裘亦书 |
| | 6.15 | 08:30—11:45 | 专题讲座:酒店管理团队决策内外部影响因素分析 | 4 | 讲座/讨论 | 邹光勇 |
| | 6.15 | 13:00—16:30 | 中职酒店专业核心课程《酒店收益管理》教法研讨 | 4 | 讲座/讨论 | 钟　伟 |
| | 6.17 | 08:30—11:45 | 中职酒店专业核心课程《餐饮服务》教法研讨 | 4 | 讲座/讨论 | 郦振华 |
| 5 | 6.18 | 08:30—11:45 | 中职酒店专业核心课程《会务服务》教法研讨 | 4 | 讲座/讨论 | 陈素霞 |
| | | 13:00—16:30 | 中职酒店专业核心课程《酒店服务礼仪》教法研讨 | 4 | 讲座/讨论 | 陈素霞 |
| 7 | 6.19 | 08:30—11:45 | 说课交流 | 4 | 交流 | |
| | | 13:00—16:30 | 培训小结 | 4 | 交流 | |

通过学习和沟通，增进了彼此的了解，让中职阶段的老师明白了酒店管理专业中高职班学生的专业方向和培养规格。

合作和交流总是双向的，中职阶段的老师也发挥自己所长，在学生的技能培养方面辅以高职段老师必要的协助。比如，为配合上海商学院酒店管理学院举办的校园技能大赛，并为世界技能大赛选拔优秀的储备人才，学校专业教师积极配合，对相关模块的参赛学生进行技能指导。

学校专业教师根据其学生特点，为其量身定制了两个模块的比赛内容。

1. 餐巾折花

技能指导要求：

(1) 餐巾折花 10 款中必须有 2 款杯花。

(2) 操作时不能使用夹子钉子等任何辅助工具。

(3) 完成时间：8 分钟。

2. 铺设宴会 6 人台

技能指导要求：

(1) 从铺台布(只能有中线可以烫，没有其他折线)、摆放餐用具，拉椅。

(2) 餐用具的铺设应合理使用托盘。

(3) 餐巾花可使用之前餐巾折花模块时使用的花式。

(4) 完成时间:15 分钟。

根据上海商学院酒店管理学院的要求,还提供优秀的技能指导教师。结合双方师生的时间要求,制定了详细的培训计划(见表 3)。

**表 3**

| 日期 | 时间 | 地点 | 培训内容 | 指导老师 |
|---|---|---|---|---|
| 5.10<br>(周三) | 14:30—16:00 | 奉贤中专<br>A104 餐厅实训室 | 铺设宴会<br>6 人台 | 朱敏杰 |
| 5.11<br>(周四) | 14:30—16:00 | 奉贤中专<br>A104 餐厅实训室 | 餐巾折花 | 黄煜棋 |
| 5.17<br>(周三) | 14:30—16:00 | 奉贤中专<br>A104 餐厅实训室 | 铺设宴会<br>6 人台 | 朱敏杰 |
| 5.18<br>(周四) | 14:30—16:00 | 奉贤中专<br>A104 餐厅实训室 | 餐巾折花 | 黄煜棋 |
| 6.15<br>(周四) | 14:30—16:00 | 奉贤中专<br>A104 餐厅实训室 | 综合指导 | 黄煜棋 |

## 三、反思

中高职教育贯通培养的改革试点是《上海市中长期教育改革和发展规划纲要》中"为了每一个学生的终身发展"这一核心理念的体现,在改革试点的基础上,进一步探索职业教育从中等层次到专科层次乃至本科层次的有效衔接培养模式,为"构建与市场需求和劳动就业紧密结合,校企合作、工学结合、结构合理、形式多样、灵活开放、自主发展的现代职业教育体系"做出最大的努力。

学校与上海商学院合作开办酒店管理专业中高职贯通教育两年以来,在实训资源共享和师资力量互助方面进行了逐步深入的探讨,深化了合作的内涵,切实体现了一体化设计的特点。之后,将继续落实中高职贯通中职部分的人才培养任务,构筑与"中高职贯通"专业建设相适应的教师团队,进一步完善校内酒店实训中心管理制度。

同时,将根据专业建设的需要,利用贯通培养的相关经费,进一步更新实训设备、改造相应设施,努力改善教学环境,切实地提高课堂教学实效。继续配合高职院校,充分挖掘共享型实训资源,积极利用对方的实训资源,在高职院校的指导和引领下,互通有无,力争开展更加丰富多彩的交流和学习活动,激发中职段学生的学习兴趣,明确他们的就业方向。

# 二

# 中高职教育贯通人才培养实践

# 上海商学院中高职教育贯通人才培养试点专业自评报告

上海市政府在《上海市中长期教育改革和发展规划纲要(2010—2020年)》中明确提出"促进中等职业教育与高等职业教育衔接,构建中等职业教育与高等职业教育课程、培养模式和学制贯通的'立交桥'"的发展任务。2015年,上海召开职业教育大会,进一步提出要按照职业教育技术技能人才培养规律,畅通不同层次职业教育衔接贯通渠道,继续深化中职与高职贯通衔接,进一步满足产业发展对高层次技术技能型人才的需求。

上海商学院为市属公办本科高校,坚持"以商立校、应用为本"的办学理念,坚持"应用型高校"办学定位,学校除开设本科专业外,因历史发展及办学传承,仍设置了少量的高职高专专业(以财经商贸类高职专业为主)。2007年校内建立高等技术学院,通过二级管理加强高职专业建设,2007年至今,已完成市085重点建设高职专业4个、市国际水平教学标准4项,拥有3名市级高职教学名师、3个市级高职教学团队、3门市级精品课程、2门国家级共享精品课程,获上海市教学成果奖(职业教育)7项、上海市教学比武一等奖1项、三等奖2项,市一流高职专业1个。这些都为学校中高职贯通专业的申报、设置、建设和发展奠定了良好的基础。

2012年至今,上海商学院积极响应上海市政府"新一轮中等和高等职业教育人才培养衔接的探索试点"要求,依托校内上海商贸职业教育集团优势资源(上海商学院为牵头单位),开展中高职教育贯通专业申报与建设,已开设有6个中高职教育贯通专业,专业建设始终着眼于"适应上海市经济发展方式转变和产业结构调整的要求,体现教育贯通一体化建设理念,满足学生多样化发展需要,满足上海城市建设发展对高素劳动者和技能型人才的要求",与合作院校就中高职教育贯通专业在培养目标、专业设置、课程设置、课堂教学实施等多方面开展贯通一体化协同发展、衔接推进,不断加强中高职教育贯通专业日常教学管理与教学质量,积极探索与实施一体化教学的中职高职教育贯通人才培养模式试点。

## 一、基本情况

### 1. 聚焦商贸类专业,开展6个中高职教育贯通专业试点建设

根据《上海市教育委员会关于2011年继续开展中高职教育贯通培养模式试点工作的通知》(沪教委职〔2010〕45号)文件精神,"开展贯通培养试点的中等职业学校必须是国家级重点,高等职业院校必须是省部级以上重点;选择符合条件的同一职业教育集团内的中高职院校或中高职一体化办学院校进行贯通培养试点、自主招生"。从2012年开始,学校依托上海

商贸职业教育集团优质资源，作为体制外院校合作办学，与集团内的7家上海市重点中职学校联合开展了6个中高贯通5年制专业，分别是会计、电子商务、连锁经营管理、金融管理、国际商务、酒店管理(见表1)。这6个中高贯通专业均为各合作中职学校的特色专业，在上海商学院则为强势高职专业，不仅在专业教学上契合度高，且举办优势明显，会计和国际商务两个中高贯通专业，同时与本市两所重点中职学校建立了中高贯通5年制办学。2012年至今，6个中高贯通专业累计班级数47个。截至2018年中高职教育贯通在校班级数39个，中职班级数24个，学生人数630人，高职班级数15个，学生人数483人，已毕业班级8个，毕业学生246人(见附件材料表1、表2、表3)。

2. 在合作办学的基础上，建立联合管理工作机制

(1) 在教学管理模式上既分段管理，又有动态衔接，学籍管理按市教委有关规定执行(见附件材料图1)。

(2) 加强建设与管理，建立联合管理工作机制(见附件材料图2、表4、表5)。

(3) 联合制定并不断修订完善各项管理制度，确保办学质量(见附件材料表6)。

(4) 通过联合管理办公室、联合教研组、院区高职办、专业教研组、8个统一以及研发教育贯通教学管理信息系统等加强日常教学管理(见附件材料表7)。

3. 专业建设强调一体化教学设计，建立衔接的课程体系(见附件材料表8)

4. 强化师资队伍建设，提高人才培养质量(见附件材料图3)

5. 稳步提升人才培养质量，招生就业形势良好

2012年至今，我校与7所学校合作办学的6个中高职教育贯通专业，在招生和就业方面均呈现良好的发展态势(见附件材料表9、表10)。




## 二、教学计划执行情况

### (一) 教学计划实施

按照中高职教育贯通人才培养"一体化"建设要求，学校与合作中职学校每年联合制定、审核教学计划，根据既定的一体化教学计划进程开课及教学，课程教学内容注重"中高职一体化"衔接与实施。前3年，通过联合管理办公室组织、协调中职阶段的教学计划，加强日常教学管理与监督，每学期定期组织开展3次联合教研活动(0周、7周、15周)，及时了解、商议解决专业教学计划实施中遇到的问题。后两年，通过学校高等技术学院高职院区高职办，协调实施教学计划，加强日常教学管理与监督，由高职专业负责人组织开展专业教研活动，研究专业行业发展趋势，加强内涵建设，解决教学计划实施中遇到的问题。根据国务院自2013年以来分批审议通过的取消部门职业资格许可和认定事项，对中高贯通专业的相关考证课程进行梳理，按行业岗位人才培养要求适当进行课程设置调整，以适应行业发展新变化。强化实训实习，结合专业岗位要求培养学生专业技能。

### (二) 课程开设与教学实施

(1) 对职业通识课模块的教学实施，以本校为主导，对各专业公共基础文化课程科目、

课时统一设置，强化课程思政，每个专业职业通识通用选修课不少于3门，总课时不少于135课时，在5年制教学中，实施职业发展规划与设计课程，加强对学生职业生涯发展辅导。近年来，根据市教委教研室学业水平考试实施方案要求，适当强化公共基础文化课的教学。

(2) 围绕专业行业发展、职业发展方向、就业岗位群的人才培养要求，开设专业核心课程、拓展课程，制定课程大纲和教学实施内容。组织各校教师进行一体化教学设计理念、教学方法等培训，熟悉和掌握一体化教学内容实施要求，组织开展相互听课制度，校际公开课观摩交流活动，全面提升中高职教育贯通班执教师资课堂执教能力。在职业拓展课中，开设行业前沿发展课程及创新创业课程，加强对中高职教育贯通班学生专业行业发展教育，以及创新创业意识教育。

(3) 注重实习实训课程递进式实施，各专业均开设了3～4门专业实训实习课程。2～3门专业综合实训课程，加强学生专业技能训练。在实训课程模块教学中，依次在中职3年教学中完成实施专业基本操作技能训练和1～2项专业综合技能训练，在高职两年教学中完成1～2项综合技能训练；分别在5年教学中，针对中、高职不同阶段教学，完成两次8～9周的专业实习实践；完成一次16周的毕业实习及毕业综合报告。根据行业发展，针对职业资格考证，开展考证类课程的实操训练及理论教学。通过实习实践课程教学，学生能在5年中获得1～2张职业资格证书(四级乃至三级以上)，实现双证(毕业证、职业资格证)融通。通过“共建、共研、共享”，与合作校一起，与多家企业建立校企合作，确保学生专业实习实践教学质量，依托上海商贸职业教育集团企业成员单位的资源，开展贯通专业教师下企业实践活动，提高专业教师对行业新知识、新工艺的认识，丰富学生实践实习渠道及企业实践岗位。

### (三) 教学质量监控

建立校—院—系(教研室)或校—专业—教研组的三级质量监督与管理。通过中高职教育贯通管理制度，加强校校之间的合作与管理监督；通过8个统一和联合管理办公室的日常管理工作，加强专业日常教学与管理；高校和合作中职学校分别建立各自的教学质量监控制度与人员组织，加强高职两年及中职3年的专业教学建设。在日常教学管理方面，认真实行“8个统一”，加强对教学运行及教学评价的统一管理。

1. 实施教考分离，启动学业预警

在前3年教学中，实施教考分离、预警机制，参加市统一学业水平考，提高贯通教学质量。

(1) 每学期选取公共基础课语文、数学、英语及1门专业课，实施教考分离，期末考试由学校聘请专家独立命题，实行统一考试，统一阅卷，统一补考，同一学科同一年级统一进行教学质量分析，严把教学质量关。

(2) 对期中考试及一学期期末出现2门及以上课程不及格学生进行警示，由各合作中职学校教务处、教学部、班主任落实约见家长，明确政策，共助学生成长。

(3) 在第三学期统一组织学生参加全市中职段的学业水平考试(语、数、英课程合格考、信息技术基础课程选考)。

在贯通后两年的教学管理中，坚持实施教考分离，语文、数学、英语、计算机、专业课程教学由学校公共课程教学教研室、高职专业教研室负责组织命题与考试。每学期开展课堂飞行听课、期中教学互查、期末教学抽查与教师课堂教学质量测评，有效提高中高贯通专业课堂教学质量。

2. 加强甄别与转段审核

由学校统一安排，每年7月召开教育贯通培养领导小组会议，对合作中职学校提交的中高职教育贯通1年甄别报告、3年转段报告等进行审议并表决，审议结果在合作中职学校进行公示，凡是符合贯通专业升学的，则继续升入下一年级学习，凡是不符合升学要求的则不能继续跟班学习，转为同类专业的中职层次学习。

## 三、取得的成效

1. 与7校合建6个体制外中高贯通专业，顺利实施中高职一体化教学(见附件材料表11)

2. 在专业内涵建设、课程建设方面，围绕一体化教学要求开展有效实施

以合作双方的优势财经商贸类专业为纽带，建立专业合作共建，坚持产业主导、高校引领、主动贯通中职与高职教育，建立一体化中高职教育贯通专业人才培养方案，以职业岗位(群)能力为基础，明确人才培养的目标和规格；坚持校企合作办学方向，从职业素养和职业能力出发，重新整合课程结构，对课程内容进行有效资源整合，打破原有中职3年与高职3年的课程体系，对所有课程实施5年一体化设计，在内容上充分体现具有专业基础性和核心岗位关键能力特点，每个课程模块均有相应的选修课，克服职业教育中存在的过于学科化，或者唯技能操作简单化倾向，以能力为本，培养学生就业、再就业和终身发展的综合素养和能力。其中3个中高贯通专业已经有效实施和完成了原来6年的专业教学，专业建设取得了一定成效(见附件材料表12、表13、表14)。



主动对接政府商贸类职业资格标准，每个中高职教育贯通专业教学计划中，明确职业方向和专业就业岗位对应的职业资格证书内容与要求，通过嵌入式学习，将岗位职业资格证标准融入课堂教学，实现教学过程与工作过程的结合。

3. 合作共建"一体化"教学管理、实施多元评价制度

与7校建立联合管理实施方案，创设贯通校际协作管理制度，出台了体现"联合管理""一体化建设"思路的《中高职教育贯通人才培养模式教学管理制度汇编》，在日常教学、学生管理等各方面全面实践试行。

建立并实施联合教研活动，要求中高职教师共同参与，提高授课教师对中高贯通专业教学的认识。组织开展跨校公开课，教学管理精细化，中高职教师之间在教学上得到了实质性衔接，中职教师对高职教学特点要求有了比较清晰的认识，高职教师对中职教学有了进一步了解。同时，促进同专业、同类型的教师在一起相互交流、提高，及时解决贯通专业教学过程中的一些问题。

由本校牵头，联合7所中职学校每学年开学初召开新生家长会，向家长全面介绍中高贯通专业教学特点和要求，加强与家长的联系沟通。

在课程成绩管理等方面，建立了教育贯通教学管理信息化建设平台，实现了学校与合作共建贯通专业中职学校的日常教学管理数据全面对接。

建立多元的评价制度，实施甄别与转段评价与审定，加强过程性考核，将过程性考核的

比重增至50%。通过联合管理办公室分别加强"通识课"教考分离管理、统考类课程的管理，严格日常考试评价。通过"甄别"—"强化统考类课程"—"校内外结合的过程性考核"—"转段审核"，加强课堂教学和提高中高职教育贯通人才培养质量。

4. 合作共建中高职教育贯通专业教学师资队伍

(1) 加强"双师型"教师队伍建设，积极鼓励专业教师下企业实践。目前，有企业实践经历的教师超过95%(见附件材料表15)。

(2) 共同培养专业教学师资队伍，一批优秀教师脱颖而出(见附件材料表16)。

(3) 共同加强教师的教学研究，教师重点教研项目获得上海市教学成果奖(见附件材料表17)。

5. 营造了"一体化"商贸类教育贯通校园文化

加强对中高职教育贯通专业学生人文素养的锻造，与教育贯通合作学校结合专业内涵建设需要，建设"沪商文化馆"，围绕上海商文化，组织学生进行暑期商志、商史、商人物等的调研，共同开展贯通专业文化建设。将"商文化"学习融入课堂教学，延伸校园和社会的课业实践。通过到企业实践和聆听企业系列讲座，帮助学生体验企业文化，锻炼贯通专业学生主动学习与反思的能力。

6. 人才培养质量不断提高

(1) 毕业生质量高，社会反响良好。2017年，学院首届中高贯通会计专业54名学生100%就业。与高考录取的学生相比，教育贯通班英语虽然少了两个学期的学习，但学生学习能力高，体现在：大学英语四级累计通过率高于其他班级，分别为65.45%和59.54%；计算机一级通过率高于其他班级，分别为92.73%、86.84%；职业资格证书取证率高，平均达90%左右，部分专业达到100%，同其他班级学生相比，就业优势明显。2018年，第二批中高职教育贯通专业192名毕业学生，就业率达到100%，社会反响良好。

合作学校严格按照贯通一体化要求，加强对贯通专业的教学和日常班级管理，贯通专业学生几乎100%通过了甄别与转段，成功转入学院高职贯通专业学习。先后有20名中高职教育贯通学生通过专升本考试，实现了学历提升的又一次飞跃。

(2) 学生综合素质不断提高，参与各类大赛获奖率高。从近几年的统计来看，学生综合素质不断提高。先后在中职学生上海市时政比赛、"文明风采"等德育素养类大赛获奖141人次，在3届上海市"星光计划"职业技能大赛获奖78人次、其中一、二等奖30人次，获得市级集团层面技能大赛58人次，获得上海市优秀团员、上海市三好学生2人次，8人次在海峡两岸珠算心算通信比赛中获奖；在全国职业技能大赛上获奖12人次(其中特等奖1人次，一等6人次，二等3人次，三等7人次)，1人入选世界技能大赛国家集训队，1人获得上海职业教育新闻人物奖。先后有50余人出国交流学习。在首批合作办学中高职教育贯通会计专业高职学生中，在2017上海市级高职星光比赛获奖3人次(二等1人，三等2人)；在上海市大学生决策仿真实践大赛获奖10人次(二等5人次，三等5人次)；在"外研社杯"全国高职高专英语写作大赛获得特等奖1人，一等奖2人。

学校与7所市重点中职学校在6个中高职教育贯通专业建立全面广泛合作，在中高职教育贯通专业试点设置上的全新创设，积累了可以推广辐射的体外运行管理的经验，促进了本市教育贯通专业人才培养体系建设，为上海市政府搭建职业教育一体化立交桥，提供了可实施的路径。

## 四、存在的问题与建议

1. 存在的问题

（1）少部分家长对中高职教育贯通专业的理解还存在一定“误区”，对贯通专业坚持的职教思想缺乏深入的理解，对于学生专业学习有一定的影响；同时，在长学制模式下，部分学生存在学习动力不足的情况。

（2）仍有一小部分教师对教育贯通专业的功能定位，专业教学设计理念等方面存在认识上的“短板”，影响了贯通一体化课程教学的实施；在贯通一体化教学方面，少部分课程教学内容仍存在中高职衔接不畅的情况。

（3）根据现有政策，所有教育贯通班学生只有完成5年制教学计划，考核通过后才能同时拿到中专和大专毕业证，个别甄别与转段不合格的学生无法在中职学习阶段及时拿到中职毕业证。

2. 建议

（1）在管理制度上需要加强中高职教育衔接互通机制，在家长的认知和学生的学习引导方面，需要加强中高职教育贯通专业的宣传力度，指导和帮助学生适应贯通专业职业教育学习；强化教学改革，激发学生的学习动力。

（2）加强对中高职教育贯通专业授课教师的培训，尤其要在教育贯通一体化建设理念、课程教学内容一体化衔接实施等方面给予指导，从而增强专业团队教学设计的一体化设计能力，促进授课教师在贯通课程内容教学上实现有效衔接。

（3）为政府职能部门提供政策调整制定数据，政府出台相关政策，适应中高职教育贯通人才培养教学管理需求。

# 上海商学院中高职教育贯通人才培养试点附件材料

**表1　上海商学院现有中高职教育贯通专业设置一栏表**

| 中高职教育贯通专业 | 合作中职学校 | 学校性质 | 招生年份 |
|---|---|---|---|
| 会计 | 上海商业会计学校 | 市属公办 | 2012 |
| | 上海市商业学校 | 市属公办 | |
| 电子商务 | 上海市贸易学校 | 市属公办 | 2013 |
| 连锁经营管理 | 上海市商贸旅游学校 | 区属公办 | |
| 金融管理 | 上海市南湖职业学校 | 区属公办 | 2014 |
| 国际商务 | 上海市工商外国语学校 | 市属公办 | 2014 |
| | 上海市商业学校 | 市属公办 | |
| 酒店管理 | 上海市奉贤中等专业学校 | 区属公办 | 2015 |

**表 2　上海商学院与合作院校在校中高职教育贯通班级及学生人数统计**

<table>
<tr><th>中高职教育贯通专业</th><th>中职学校</th><th>在校中高贯通班级数</th><th>在校中高贯通学生人数</th><th>高校</th><th>在校中高职教育贯通班级数</th><th>在校中高职教育贯通学生人数</th></tr>
<tr><td rowspan="2">会计</td><td>上海商业会计学校</td><td>3</td><td>95</td><td rowspan="4">上海商学院<br>高等技术学院<br>交通路院区</td><td rowspan="4">9</td><td rowspan="4">308</td></tr>
<tr><td>上海市商业学校</td><td>3</td><td>83</td></tr>
<tr><td>国际商务</td><td>上海市工商外国语学校</td><td>3</td><td>86</td></tr>
<tr><td>金融管理</td><td>上海市南湖职业学校</td><td>3</td><td>80</td></tr>
<tr><td>国际商务</td><td>上海市商业学校</td><td>3</td><td>80</td><td rowspan="2">上海商学院<br>高等技术学院<br>赤峰路院区</td><td rowspan="2">3</td><td rowspan="2">98</td></tr>
<tr><td>电子商务</td><td>上海市贸易学校</td><td>3</td><td>80</td></tr>
<tr><td>连锁经营管理</td><td>上海市商贸旅游学校</td><td>3</td><td>65</td><td rowspan="2">上海商学院<br>高等技术学院<br>共和新路院区</td><td rowspan="2">3</td><td rowspan="2">77</td></tr>
<tr><td>酒店管理</td><td>上海市奉贤中等专业学校</td><td>3</td><td>61</td></tr>
<tr><td colspan="2">合计</td><td>24</td><td>630</td><td></td><td>15</td><td>483</td></tr>
</table>

**表 3　已毕业的中高职教育贯通班级及学生人数统计**

<table>
<tr><th>年份</th><th>中高职教育贯通专业</th><th>毕业班级数</th><th>毕业学生人数</th></tr>
<tr><td>2017 年</td><td>会计</td><td>2</td><td>54</td></tr>
<tr><td rowspan="3">2018 年</td><td>会计</td><td>2</td><td>61</td></tr>
<tr><td>连锁经营管理</td><td>2</td><td>65</td></tr>
<tr><td>电子商务</td><td>2</td><td>66</td></tr>
<tr><td colspan="2">合计</td><td>8</td><td>246</td></tr>
</table>

**表 4　中高职教育贯通培养教学管理工作领导小组构成及其主要工作职责**

<table>
<tr><th>构　成</th><th>担任对象</th><th>主要运作方式</th><th>主要工作职责</th></tr>
<tr><td>组　长</td><td>上海商学院分管校领导</td><td rowspan="3">中高职教育贯通培养教学管理工作领导小组会议</td><td rowspan="3">负责完善机制，加强组织管理与协调，加强办学过程中的甄别与转段管理，加强质量监控</td></tr>
<tr><td>副组长</td><td>上海商学院教务处处长<br>上海商学院高等技术学院院长</td></tr>
<tr><td>组　员</td><td>上海商学院招办副主任<br>上海商学院高等技术学院副院长<br>合作中职学校校领导</td></tr>
</table>

**表5　中高职教育贯通培养校长联席会议人员构成以及主要工作职责**

| 人员构成 | 会议议题 | 联席会议主要内容内容 | 召开时间 |
|---|---|---|---|
| (1) 上海商学院高等技术学院院长、副院长<br>(2) 相关中职校教学副校长<br>(3) 上海商学院高等技术学院相关专业所在院区分管教学工作副主任 | 参会人员均可提出，一般由上海商学院高等技术学院院长正式确定讨论议题 | 1. 学习上海市教委等上级文件精神<br>2. 讨论并决定中高职教育贯通培养的管理制度<br>3. 研究工作中的重要问题，提出解决方案<br>4. 协调教学工作中的日常工作 | 每学期一般召开一到两次 |

**表6　已有的中高职教育贯通管理制度一览表**

<table>
<tr><th>制度规定</th><th colspan="2">具体细则(管理制度)</th></tr>
<tr><td rowspan="14">上海商学院教育贯通人才培养试点教学管理制度汇编</td><td colspan="2">(一) 组织管理</td></tr>
<tr><td colspan="2">1. 中高职教育贯通培养模式试点联合管理实施方案</td></tr>
<tr><td colspan="2">2. 中高职教育贯通培养校长联席会议制度</td></tr>
<tr><td colspan="2">(二) 教学管理</td></tr>
<tr><td colspan="2">1. 关于中高职教育贯通人才培养模式1年“甄别”和3年“转段”工作的规定</td></tr>
<tr><td colspan="2">(三) 教育贯通通用制度</td></tr>
<tr><td>1. 学生学籍档案管理办法</td><td>7. 教师教学评价与考核制度</td></tr>
<tr><td>2. 甄别工作实施细则</td><td>8. 教研活动制度</td></tr>
<tr><td>3. 考试管理规定</td><td>9. 经费保障与使用规定</td></tr>
<tr><td>4. 教学检查制度</td><td>10. 实践教学管理暂行规定</td></tr>
<tr><td>5. 教改管理制度</td><td>11. 课程建设规划</td></tr>
<tr><td>6. “双师型”教学团队建设规定</td><td>12. 学生社团工作实施办法</td></tr>
</table>

**表 7　中高职教育贯通日常管理及 8 个统一**

| 8 个统一 | | | | | | | |
|---|---|---|---|---|---|---|---|
| 统一教学计划 | 统一课程标准 | 统一授课计划 | 统一教学内容和要求 | 统一教学进度 | 统一教材 | 统一考试 | 统一阅卷 |

| 中高职教育贯通日常管理 | | | |
|---|---|---|---|
| 日常管理机构 | 负责人 | 主要活动及出席对象 | 每学期开展次数 |
| 联合管理办公室 | 联合管理办公室主任 | 联合管理教学交流活动(出席：合作各中职学校教务、联合教研组负责人、成员) | 每学期平均 3 次 |
| 联合教研组 | 中、高职段专业负责人(联合负责)<br>语文、数学、英语、综合课教研组负责人 | 联合教研活动(中高校教师) | 每学期平均 3 次 |
| 日常管理机构 | 负责人 | 主要活动及出席对象 | 每学期开展次数 |
| 院区高职办 | 3 个院区副主任(分管教学)<br>高职办教务负责人 | 教学集中互查交流(高等技术学院领导、工作人员、院区分管教学副主任、高职办教务) | 每学期 1～2 次 |
| 高职专业教研组 | 高职段专业负责人 | 高职阶段专业教研活动(各贯通专业高职教师) | 每学期平均 3 次 |

**表 8　教育贯通一体化设计人才培养案方案特点**

| 设计理念 | 设计出发点 | 主要特点 | 主要的课程模块 | 培养学生的主要能力及责任意识 | 建设核心 |
|---|---|---|---|---|---|
| (1) 教学设计"贯通一体化"<br>(2) 打破"中职课程＋高校课程"的简单相加<br>(3) 建立中高职衔接的、由基础到深化，在逻辑上前后连贯的课程体系 | (1) 高校为引领，合作共建<br>(2) 从行业岗位需求、学生专业发展需求为出发点<br>(3) 强调工学结合，双证融通 | 构建以岗位职业能力要求为核心的一体化课程体系<br>把职业考证贯穿于专业人才培养方案之中<br>增加实训操作、选修及拓展课程，培养学生综合应用能力<br>5 年融入职业生涯发展教育<br>开设行业发展前沿教育及创新创业教育 | 1. 职业通识通用课程<br>(必修、选修、军训、思政、职业发展规划教育)<br>2. 职业核心课程<br>(必修、选修、含考证课)<br>3. 职业拓展课程<br>(必修、选修)<br>4. 实训实习课程<br>(专业操作技能课程、综合实训课程、仿真模拟实训、专业实习、顶岗实习、社会实践、毕业实习及毕业综合报告……) | 较强的专业认知能力和应用能力<br>社会责任意识<br>团队合作、群体沟通能力<br>学历提升能力<br>未来职业发展适应能力<br>终身学习能力<br>信息化技术应用能力<br>国际化思维能力 | 课程设置：<br>一体化设计<br>实现：<br>中职 3 年与高职 2 年的课程设置和内容上的无缝对接<br>学生学习知识点和能力螺旋式上升 |

表 9　上海商学院 2012—2018 年中高职教育贯通专业招生情况（不包括随迁）

| 中高职教育贯通专业 | 贯通合作学校（简称） | 2012 年最高分/平均分 | 2012 年普高线 | 2013 年最高分/平均分 | 2013 年普高线 | 2014 年最高分/平均分 | 2014 年普高线 | 2015 年最高分/平均分 | 2015 年普高线 | 2016 年最高分/平均分 | 2016 年普高线 | 2017 年最高分/平均分 | 2017 年普高线 | 2018 年最高分/平均分 | 2018 年普高线 |
|---|---|---|---|---|---|---|---|---|---|---|---|---|---|---|---|
| 会计 | 商会 | 566/543 | 521 | 575/543 | 523 | 559/522 | 510 | 55/514 | 475 | 564.5/548 | 495 | 552/535 | 477 | 543/533 | 446 |
| 会计 | 商校 | 553.5/533.7 | | 560/526.4 | | 545.5/518.2 | | 531/502.2 | | 549/529.4 | | 540/530.5 | | 534.5/520 | |
| 国际商务 | 商校 | | | | | 538.5/492 | | 546.5/498.1 | | 537/513.9 | | 530.3/517 | | 537/517 | |
| 国际商务 | 工商外 | | | | | 546.5/532.5 | | 521/512.62 | | 567/547.48 | | 556/538.52 | | 536.5/520 | |
| 电子商务 | 贸易 | | | 569/511.6 | | 544/495.7 | | 534.5/482 | | 541/521.6 | | 541.5/521.6 | | 512.7/502.5 | |
| 金融管理与实务 | 南湖 | | | | | 526.5/470.6 | | 519/477.5 | | 554/520.9 | | 535/518.4 | | 525.5/494.68 | |
| 连锁经营管理 | 商贸旅游 | | | 551/489 | | 518.5/484 | | 491.5/470 | | 537.5/507 | | 550/502 | | 519.5/483 | |
| 酒店管理 | 奉贤中专 | | | | | | | 479.5/438.18 | | 504/481.05 | | 507.5/456.91 | | 483/463.81 | |

**表 10　上海商学院 2017—2018 年中高职教育贯通专业就业情况统计**

| 年份 | 中高职教育贯通专业 | 毕业生人数 | 就业率 | 其中：专升本人数 | 其中：境外升学求学人数 |
|---|---|---|---|---|---|
| 2017 | 会计 | 54 | 100% | 7 | 1 |
| 2018 | 会计 | 61 | 100% | 8 | 0 |
| | 连锁经营管理 | 65 | 100% | 3 | 0 |
| | 电子商务 | 66 | 100% | 0 | 0 |

**表 11　6 个中高职教育贯通人才培养实施总体情况**

<table>
<tr><th>中高职教育贯通专业</th><th>内涵建设着眼点</th><th>总体实施情况</th><th>人才培养完成情况</th><th>实施成效</th></tr>
<tr><td>会计</td><td rowspan="6">以高校引领，开展贯通一体化建设，课程内容实现中高职有效衔接</td><td rowspan="6">甄别与转段总体情况良好，人才培养方案建立与实施合理，人才培养实施情况符合既定的人才培养目标</td><td>完成两届 5 年一轮培养</td><td rowspan="3">学生总体学习能力、专业技能较强，就业率高</td></tr>
<tr><td>电子商务</td><td rowspan="2">完成一届 5 年一轮培养</td></tr>
<tr><td>连锁经营管理</td></tr>
<tr><td>金融管理</td><td rowspan="2">完成两届中职学生转段</td><td rowspan="3">在校总体表现较好，学生学习能力、综合素养较强</td></tr>
<tr><td>国际商务</td></tr>
<tr><td>酒店管理</td><td>完成一届中职学生转段</td></tr>
</table>

**表 12　上海商学院中高职教育贯通培养专业 2012—2017 级学生注册及 1 年甄别合格情况汇总**

| 序号 | 专业(6 个) | 贯通中职校(简称) | 2012 级 | | 2013 级 | | 2014 级 | | 2015 级 | | 2016 级 | | 2017 级 | |
|---|---|---|---|---|---|---|---|---|---|---|---|---|---|---|
| | | | 入学注册学生数 | 甄别合格人数 | 入学注册学生数 | 甄别合格人数 | 入学注册学生数 | 甄别合格人数 | 入学注册学生数 | 甄别合格人数 | 入学注册学生数 | 甄别合格人数 | 入学注册学生数 | 甄别合格人数 |
| 1 | 会计 | 商会 | 27 | 27 | 29 | 28 | 60 | 60 | 45 | 44 | 35 | 35 | 30 | 30 |
| | | 商校 | 28 | 28 | 34 | 34 | 29 | 29 | 38 | 38 | 31 | 31 | 27 | 27 |
| 2 | 电子商务 | 贸易 | | | 68 | 66 | 30 | 30 | 40 | 38 | 31 | 31 | 24 | 24 |
| 3 | 连锁经营管理 | 商贸旅游 | | | 69 | 66 | 30 | 30 | 30 | 30 | 22 | 22 | 22 | 22 |
| 4 | 国际商务 | 工商外 | | | | | 30 | 29 | 30 | 30 | 30 | 30 | 28 | 28 |
| | | 商校 | | | | | 30 | 28 | 32 | 31 | 31 | 31 | 24 | 24 |
| 5 | 金融管理 | 南湖职校 | | | | | 29 | 28 | 30 | 30 | 28 | 28 | 25 | 25 |
| 6 | 酒店管理 | 奉贤中专 | | | | | | | 24 | 18 | 24 | 24 | 18 | 18 |
| 合计 | | | 55 | 55 | 200 | 194 | 238 | 234 | 269 | 259 | 232 | 232 | 198 | 198 |

**表 13　上海商学院中高职教育贯通培养 2012—2015 级学生 3 年转段合格情况汇总**

| 序号 | 专业 | 贯通中职校(简称) | 2012 级 | | 2013 级 | | 2014 级 | | 2015 级 | |
|---|---|---|---|---|---|---|---|---|---|---|
| | | | 学生数 | 2015 年转段合格人数 | 学生数 | 2016 年转段合格人数 | 学生数 | 2017 年转段合格人数 | 学生数 | 2018 年转段合格人数 |
| 1 | 会计 | 商会 | 27 | 27 | 28 | 28 | 55 | 55 | 44 | 44 |
| | | 商校 | 28 | 28 | 34 | 33 | 29 | 29 | 38 | 37 |
| 2 | 电子商务 | 贸易 | | | 68 | 66 | 30 | 30 | 38 | 38 |
| 3 | 连锁经营管理 | 商贸旅游 | | | 69 | 66 | 29 | 29 | 31 | 31 |
| 4 | 国际商务 | 工商外 | | | | | 28 | 28 | 31 | 31 |
| | | 商校 | | | | | 28 | 27 | 31 | 31 |
| 5 | 金融管理 | 南湖职校 | | | | | 28 | 28 | 29 | 29 |
| 6 | 酒店管理 | 奉贤中专 | | | | | | | 18 | 18 |
| 合计 | | | 55 | 55 | 199 | 193 | 227 | 226 | 260 | 259 |

**表 14　上海商学院中高职教育贯通专业建设成效**

| 中高职教育贯通专业 | 市教委组织开展的专业检查情况 | 专业建设成效 | 备注 |
|---|---|---|---|
| 会计 | 均通过检查，并得到上海市教委的充分认可 | (1) 获市中高职教育贯通专业教学比武全市第一<br>(2) 建立会计专业贯通教学资源平台<br>(3) 对接企业，共建《基础会计》等 7 门专业核心课程<br>(4) 完成市会计专业国际化教学标准研发(中高衔接) | 上海商学院成为全市财经商贸类专业中高职教育贯通联合教研组牵头单位，承办并组织开展财经商贸中高贯通专业市级联合教研组活动 |
| 电子商务 | | (1) 获市中高职教育贯通专业教学比武全市第三<br>(2) 荣获市级教学名师 1 人，获“全国优秀指导教师”3 人，全国职业院校技能大赛“金牌指导教师”1 人，获市星光计划“金牌指导教师”称号 1 人<br>(3) 1 名学生选拔成为世界技能大赛国家集训队成员<br>(4) 1 名教师获得中华人民共和国国家知识产权局两项实用新型专利证书 | |
| 连锁经营管理 | | (1) 完成市连锁经营管理专业国际化水平教学标准研发(中高衔接)<br>(2) 完成核心课程《市场营销》《商品基础知识》《门店运营与管理》《商务经营技术》教学培训包<br>(3) 完成专业核心课程 6 本教材研发 | |
| 金融管理 | | (1) 完成职业核心选修课《互联网金融》研发，撰写《互联网金融基础》教材，开发微课资源<br>(2)《奖励式众筹》为课题的公开课获第七届教法评优活动三等奖<br>(3) 专业 2016 级获得区先进班集体称号 | |

（续表）

| 中高职教育贯通专业 | 市教委组织开展的专业检查情况 | 专业建设成效 | 备注 |
|---|---|---|---|
| 国际商务 | 均通过检查，并得到上海市教委的充分认可 | (1) 中职3年采用PEB教学模式，促进学生参与国际项目活动<br>(2) 1名学生获2017年度上海职业教育新闻人物提名奖<br>(3) 1名学生获全国职业院校非英语专业英语技能大赛一等奖及唯一一个特等奖 | 上海商学院成为全市财经商贸类专业中高职教育贯通联合教研组牵头单位，承办并组织开展财经商贸中高贯通专业市级联合教研组活动 |
| 酒店管理 | | 依托上海商学院一流高职酒店管理专业优势，加强实训环节，专业教师双师素质达100% | |
| 其他：公共课教学 | | (1) 完成中高贯通语文、数学、英语课程大纲编写<br>(2) 完成编写并出版一体化设计的语、数、英贯通教材（语文5册、英语8册、数学5册）。不仅在合作的7所中职学校全面推广实施，在本市其他贯通试点院校中得到了响应 | |

**表15　专业教师情况一览表**

| 中高职教育贯通专业 | 类型 | 教师人数 | 职称 | | | | | |
|---|---|---|---|---|---|---|---|---|
| | | | 副高及以上人数 | 占比 | 中级人数 | 占比 | 初级人数 | 占比 |
| 会计 | 高职段 | 19 | 7 | 36.85% | 11 | 57.89% | 1 | 5.26% |
| 会计 | 中职段 | 34 | 12 | 35.29% | 17 | 50% | 5 | 14.71% |
| 电子商务 | 高职段 | 10 | 3 | 30% | 7 | 70% | 0 | 0 |
| 电子商务 | 中职段 | 7 | 2 | 28.6% | 3 | 42.9% | 2 | 28.6% |
| 国际商务 | 高职段 | 36 | 17 | 47% | 16 | 44% | 3 | 8.33% |
| 国际商务 | 中职段 | 22 | 7 | 31.82% | 10 | 45.45% | 2 | 9.09% |
| 金融管理 | 高职段 | 13 | 6 | 46% | 7 | 54% | 0 | 0 |
| 金融管理 | 中职段 | 9 | 3 | 33.33% | 5 | 55.56% | 1 | 11.11% |
| 连锁经营管理 | 高职段 | 10 | 2 | 20% | 4 | 50% | 3 | 30% |
| 连锁经营管理 | 中职段 | 11 | 4 | 36.36% | 4 | 36.36% | 3 | 27.35% |
| 酒店管理 | 高职段 | 8 | 5 | 62.5% | 3 | 37.5% | 0 | 0 |
| 酒店管理 | 中职段 | 7 | 2 | 29% | 4 | 57% | 1 | 14.30% |

表 16　优秀教师、教学管理人员情况一览表

| 教师姓名 | 所在学校 | 获得荣誉 |
| --- | --- | --- |
| 陈　敏 | 上海商学院 | 上海市教学名师 |
| 乔　刚 | 上海商学院 | 上海市教书育人楷模提名奖 |
| 曹　静 | 上海商学院 | 上海市教学名师 |
| 姜　红 | 上海商学院 | 上海市教学名师 |
| 黄　兵 | 上海商学院高等技术学院<br>交通路院区 | 全国职业院校会计技能大赛“金牌指导教师”<br>上海市星光计划“金牌指导教师” |
| 穆　薇 | 上海商学院高等技术学院<br>交通路院区 | 全国职业院校非英语口语技能大赛“金牌指导教师”<br>上海市星光计划“金牌指导教师” |
| 王莉萍 | 上海商学院高等技术学院<br>交通路院区 | 市中高贯通专业教学比武(会计专业)团体第一<br>教学设计之一<br>主持上海市会计专业国际水平教学标准<br>(中高、中本衔接) |
| 吴　敏 | 上海商学院高等技术学院<br>交通路院区 | 上海市星光计划“优秀指导教师” |
| 凤　芹 | 上海商学院高等技术学院<br>交通路院区 | 上海市星光计划“优秀指导教师” |
| 张春梅 | 上海商学院高等技术学院<br>交通路院区 | 上海市星光计划“优秀指导教师” |
| 鲍建宁 | 上海商学院高等技术学院<br>交通路院区 | 上海市星光计划“优秀指导教师” |
| 王玉春 | 上海商学院高等技术学院<br>交通路院区 | 上海市星光计划“优秀指导教师” |
| 常文欣 | 上海商学院高等技术学院<br>交通路院区 | 上海市星光计划“优秀指导教师” |
| 浦小丽 | 上海商学院高等技术学院<br>交通路院区 | 上海市星光计划“优秀指导教师” |
| 童莉莉 | 上海商学院高等技术学院<br>交通路院区 | 上海市星光计划“优秀指导教师” |
| 龚　昕 | 上海商学院高等技术学院<br>共和新路院区 | 上海市星光计划“优秀指导教师” |
| 宋莉莉 | 上海商学院高等技术学院<br>共和新路院区 | 上海市星光计划“优秀指导教师” |
| 贾俊花 | 上海商学院高等技术学院<br>赤峰路院区 | 上海市星光计划“优秀指导教师” |
| 武一佼 | 上海商学院高等技术学院<br>赤峰路院区 | 上海市星光计划“优秀指导教师” |

（续表）

| 教师姓名 | 所在学校 | 获得荣誉 |
| --- | --- | --- |
| 徐军明 | 上海商学院高等技术学院赤峰路院区 | 上海市星光计划“优秀指导教师” |
| 施翌昀 | 上海商学院高等技术学院赤峰路院区 | 上海市星光计划“优秀指导教师” |
| 韦　玮 | 上海商学院高等技术学院共和新路院区 | 上海市星光计划“优秀指导教师” |
| 段承晓 | 上海商学院高等技术学院共和新路院区 | 上海市星光计划“优秀指导教师” |
| 杨春平 | 上海商业会计学校 | 上海市“四有”好教师（教书育人楷模） |
| 陈　婧 | 上海商业会计学校 | 市中高贯通专业教学比武（会计专业）团体第一参赛主力之一 |
| 樊　聪 | 上海商业会计学校 | 市中高贯通专业教学比武（会计专业）团体第一参赛主力之一 |
| 刘舒叶 | 上海商业会计学校 | 市中高贯通专业教学比武（会计专业）团体第一参赛主力之一 |
| 陈志红 | 上海市商业学校 | 市级国际商务专业中职名师培育工作室主持人<br>上海市首届黄炎培奖获得者 |
| 朱晓将 | 上海市商业学校 | 市中高贯通专业教学比武（会计专业）团体第一参赛主力之一 |
| 胡海梅 | 上海市商业学校 | 市中高贯通专业教学比武（会计专业）团体第一参赛主力、上海市星光计划“优秀指导教师” |
| 赵希辉 | 上海市商业学校 | 市中高贯通专业教学比武（会计专业）团体第一参赛主力之一 |
| 高登科 | 上海市商业学校 | 市中高贯通专业教学比武（会计专业）团体第一参赛主力之一 |
| 谢富敏 | 上海市贸易学校 | 市级国际商务专业中职名师培育工作室主持人 |
| 王伟旗 | 上海市贸易学校 | 上海市教学名师<br>全国职业院校非英语口语技能大赛“金牌指导教师”<br>上海市星光计划“金牌指导教师”<br>获中华人民共和国国家知识产权局两项实用新型专利证书专利：(1)《基于RFID的物联网实验系统》(2)《一种基于WIFI和串口之间透传方式的无线智能控制系统》 |
| 谢永业 | 上海市工商外国语学校 | 市级英语学科中职名师培育工作室主持人<br>上海市首届黄炎培奖获得者<br>上海市教书育人楷模 |
| 何莉娜 | 上海市工商外国语学校 | 上海市“四有”好教师（教书育人楷模）提名 |

（续表）

| 教师姓名 | 所在学校 | 获得荣誉 |
| --- | --- | --- |
| 芦秀兰 | 上海市南湖职业学校 | 上海市教育功臣 |
| 裘燕南 | 上海市南湖职业学校 | 市级金融专业中职名师培育工作室主持人 |
| 李小华 | 上海市商贸旅游学校 | 2017 年上海职业教育年度新闻人物 |

**表 17　教师重点教研项目获奖统计**

| 研究主题 | 负责人及成员 | 负责人所在学校 | 2017 年上海市教学成果奖职业教育获奖情况 |
| --- | --- | --- | --- |
| “三轮驱动、三外贯穿”创新中职商务外语专业实践教学模式 | 何莉娜　杨　菁　王克新　唐　菲　洋　森　钱玉婷　胡靖华　王丹宁　王　烨 | 上海市工商外国语学校 | 特等奖 |
| 探索“多径培育”模式 铺就“多元成才”之路——会计专业人才培养模式探索与实践 | 王莉萍　陈文珊　陈　强　王　玮　龚如彦　洪李萍　吴浩伟　刘舒叶　樊　聪　冯学平 | 上海商业会计学校 | 一等奖 |
| 立足上海，服务全国，职教师资培养培训创新实践 | 赵　宏　陈　敏　咸影波　王　芬 | 上海商学院 | 一等奖 |
| “清荷”文化育人——上海商业会计学校多元课堂协同育人创新实践 | 范　荣　乔蔓菁　冯　梅　冯志军　杨春平　周　妍　陈文渊　耿　娟 | 上海商业会计学校 | 一等奖 |
| 从割裂到融合：“商旅好人”德育综合实践课程体系构建与实施 | 龚红兵　李小华　夏　添　陈志雁　张鹤萍　金蕾萍　刘柔柔　白　翎　朱　蘅　龚　雪 | 上海市商贸旅游学校 | 一等奖 |
| 中职生青春期心理健康教育课程化的实证研究和实践创新 | 颜苏勤　王云玺　张大成　任翀宇　姚燕婕 | 上海市商业学校 | 一等奖 |
| 聚焦成长、搭建平台、凝力同行——中职校“阳光德育”模式的构建与实施 | 姜晓敏　蒋波平　肖卫民　施鑫慧　陈秀艳　杨　晋　周杨寅　钱荣林　梅　花　卜　雯 | 上海市贸易学校 | 一等奖 |
| 变“单向输入”为“双向交流”——整体构建中职国际化人才培养体系高 | 高国兴　金南辉　董曦丹　李文权　顾亚兰 | 上海市工商外国语学校 | 二等奖 |
| 基于集团化办学背景下的商贸类中高职贯通专业培养模式的探索与实践 | 陈　敏　曹　静　傅建东　赵　宏　王莉萍 | 上海商学院 | 二等奖 |

（续表）

| 研究主题 | 负责人及成员 | 负责人所在学校 | 2017年上海市教学成果奖职业教育获奖情况 |
|---|---|---|---|
| 创设高职专科“文化素质＋职业技能”考试模式 引领自主招考改革探索与实践 | 张永红　丁　良　薛　梅<br>陈　敏　黄　欢 | 上海商学院 | 二等奖 |
| 激趣导学　跨班聚合　多元成长　构建范式——上海商业会计学校微课教学的探索与实践 | 冯志军　王　洁　徐灵均<br>范　荣　钟　华 | 上海商业会计学校 | 二等奖 |
| 文化自信·文明互鉴——中职学生跨文化交际能力培养的实践与升级 | 谭　勇　庞佳波　贺宇飞<br>沈　建　李晨海 | 上海市工商外国语学校 | 二等奖 |
| 微课引领，混合教学，体验课堂—中职校本德育微型课程与教学实践 | 芦秀兰　周　绮　杨　柳<br>张　勤 | 上海市南湖职业学校 | 二等奖 |

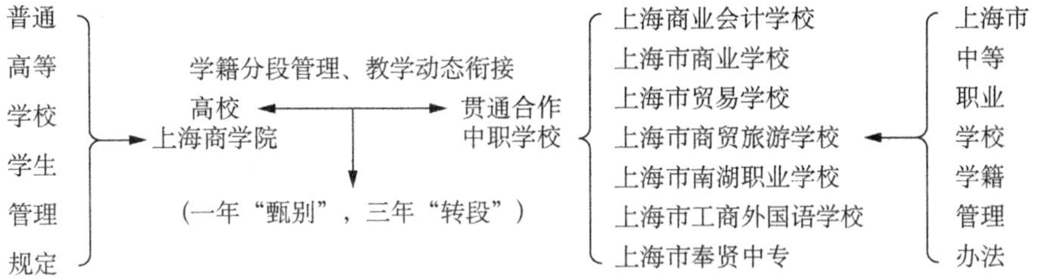


**图1　上海商学院与合作院校友好合作办学机制之一**

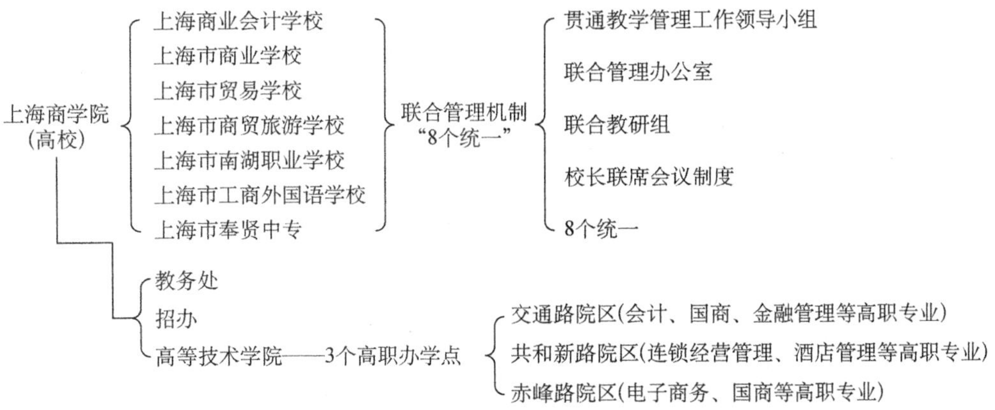


**图2　上海商学院现有中高职教育贯通专业联合管理工作机制**

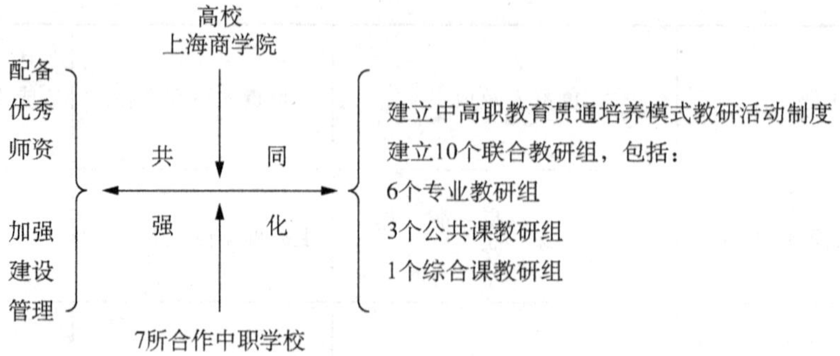


**图 3　合作学校共同强化师资队伍建设**

# 上海商学院
# 上海商业会计学校　上海市商业学校
# 中高职教育贯通培养试点会计专业自评报告

为适应经济发展方式的转变，满足会计行业对会计专业人才日趋高端的需求，顺应现代社会对人的全面发展的要求，遵循会计相关岗位专业技术训练周期长的成长规律，上海商学院牵头联合上海商业会计学校、上海市商业学校两所市属公办重点中职学校，自2012年起联合举办中高职教育贯通试点会计专业，通过课程"一体化设计"，教学资源的有效配置和融通，有力推进了专业教学质量不断提高，有力地推进了中高贯通会计专业的内涵建设。

## 一、基本情况

上海商学院高职会计专业为市085重点建设专业，专业教学团队获批为市级教学团队，曾获市中高职教育贯通教学比武一等奖，专业学生多次参加全国高职会计技能比赛并获得二等奖等奖项。上海商业会计学校会计专业是上海市示范品牌建设专业(会计专业唯一)，全国财职委会计专业指导委员会副主任单位，专业教学成果曾两次获得上海市教学成果一等奖。

为确保贯通试点的顺利进行，组建了以上海商学院、上海商业会计学校院校领导为主的中高职教育贯通项目领导小组；由院、校教务牵头形成日常教学管理工作层面，贯彻落实教学计划、教学大纲、教材、教研、授课计划、考试评价、教学秩序管理、教学督导等"8个统一"；校企共建专业建设指导委员会；分别按文化课、专业课设置联合教研组，全面落实贯通日常教学工作。形成"组织管理""教学管理""专业建设"等4个方面的工作机制，确保会计专业中高贯通试点成功。

通过教师的合理配置与融通，丰富了教师专业化发展的路径，有效促进了教师队伍的成长，新增高级会计师2人、新增CMA 4人、新增注册会计师1人。

专业声誉稳步提升，会计专业中高职教育贯通的招生情况优，录取分数最高分达到575分，录取分数线名列全市前茅；毕业生就业签约率达到100%，截至2018年7月专升本人数分别为6人和8人，专升本专业对口率为100%(见表1)。

**表1　上海商学院中高职教育贯通会计专业学生就业情况统计**

| 届 | 总人数 | 就业人数 | 签约人数 | 就业率 | 专升本人数 | 专业对口率 | 海外学历提升 |
|---|---|---|---|---|---|---|---|
| 2017 | 33 | 27 | 27 | 100% | 6 | 专升本专业对口率100%<br>就业学生专业对口率100% | 0 |
| 2018 | 69 | 61 | 61 | 100% | 8 | 专升本专业对口率100%<br>就业学生专业对口率100% | 0 |

## 二、教学计划执行情况

高度重视中高职教育贯通班级的人才培养质量，从专业建设的组织管理、经费保障、过程监控，确保教学计划执行。如建立例会制度，加强沟通；建立合作院校教师教研交流制度，商议解决内涵建设和课改问题，每个学期组织安排期初、期中、期末3次教研活动，商议解决内涵建设和课改问题，组织每学年至少4次公开课听课、第三方督导听课率达到100%；积极组织评课，推广优质课的同时，及时改进教学过程中存在的问题。组织一体化课程设计内容的教师培训；一体化教学管理；语、数、英及每学期至少1门专业核心课教考分离，确保教学计划各模块相关课程教学高质量运行。职业通识课程模块5年共开出必修课程12门，选修课程6门；职业核心课程共开出8门；职业拓展课程共开出5门；实训实习课程开出11门；按照教学计划认真执行。

专业课程完成基础会计、财务会计(一)、出纳实务、成本会计、财务会计(二)、财务管理、管理会计等课程的贯通教材及教学资源库建设，财务管理、中级财务会计、管理会计已基本完成校本教材建设。

毕业班学生会计从业资格比例达70%以上，会计专业技术资格初级通过比例达20%以上，中高职教育贯通项目运行规范且高质量。专业毕业学生各教学模块42门课程各科成绩基本全部合格，各科总平均分为81分，成绩良好，已毕业学生的学业情况见表2~6。

**表2　已毕业各年级各科总平均分统计**

| 年级 | 2017届 | 2018届 | 总平均 |
|---|---|---|---|
| 平均分 | 79 | 82.5 | 81 |

**表3　已毕业学生高职学期间大学英语四级通过率统计**

| 年级 | 人数 | 425分以上 | 合格率 |
|---|---|---|---|
| 2017届 | 27 | 18 | 66.67% |
| 2018届 | 61 | 40 | 65.57% |

**表4　已毕业学生高职学习阶段计算机一级通过率统计**

| 年级 | 人数 | 通过人数 | 通过率 | 优秀人数 | 优秀率 |
|---|---|---|---|---|---|
| 2017届 | 27 | 26 | 96.30% | 4 | 14.81% |
| 2018届 | 61 | 58 | 95.08% | 10 | 16.39% |

**表5　已毕业学生专业课平均分统计**

| 年级 | 2017届 | 2018届 | 总平均 |
|---|---|---|---|
| 平均分 | 79 | 81 | 80 |

**表6　已毕业学生在校期间实习实训课平均分统计**

| 年级 | 2017届 | 2018届 | 总平均 |
|---|---|---|---|
| 平均分 | 79 | 86 | 82.5 |

从上述分析可以看出，中高职教育贯通班学生学习能力明显优于高中生源高职学生和大部分三校生源高职学生，学生的实习实训成绩较好，原因归结于分阶段分步骤参加实习实训，如在中职段已参加过为期9周的专业实习，此外，职业资格类证书培训等课程成绩也明显优于同类高职生，是学生长周期专业训练的结果。

此外，中高职教育贯通班学生1年甄别，3年转段总体情况良好，1年甄别合格率为99.56%，3年转段率为97%(仅个别退学或休学)，见表7。

**表7　中高职教育贯通会计专业甄别转段情况统计(数据截至2018年7月)**

| 年级 | 学生报到数 | 1年甄别合格 | 3年转段人数 |
|---|---|---|---|
| 2012级 | 27 | 27 | 27 |
| 2013级 | 29 | 28(1人休学) | 28 |
| 2014级 | 59 | 60<br>(1人复学) | 55<br>(2人退学；1人留级；2人休学) |
| 2015级 | 45 | 44<br>(1人不合格，转出) | 44 |
| 2016级 | 35 | 35 | — |
| 2017级 | 30 | 30 | — |
| 合计 | 225 | 224 | 2012—2015级合计154人 |

## 三、取得的成效

### (一) 课程设计一体化，有力地推进专业内涵建设

| 序号 | 共享项目 | 具体内容 |
|---|---|---|
| 1 | 共享教学资源库 | 建立会计专业贯通教学资源平台。平台设有课程包模块(含专业核心课程人才培养方案、课程标准、教案、教学设计、试题库、实习实训等专栏)、专家互动、政策链接，教学管理等模块，实现一体化、集约化管理 |
| 2 | 共享课程资源库 | 对接企业，共建《基础会计》《出纳实务》《初级财务会计》《成本会计》《财务管理》《中级财务会计》《管理会计》7门专业核心课程和语文、数学、英语3门文化课的教材编写和教学资源库建设 |
| 3 | 共享师资资源库 | 合理聘用和调配院校及企业教师资源。特聘企业教师5人次，特聘企业团队1个，高校教师5人次参与中高职贯通教学。校企合作教学团队参加上海市第一届中高职贯通教学比武获得一等奖 |
| 4 | 共享实训设施 | 上海商学院与上海商业会计学校共享上海市会计对外开放实训中心750 $m^2$，沙盘实训室150 $m^2$，智慧教师450 $m^2$，14个会计电算化实训室和2个VBSE实训室等实训设施<br>院校共用万隆会计师事务所等企业实习基地<br>从点钞等单一实训技能到出纳实务等岗位实训，直至会计综合实训，实践教学梯度上升，既不简单重复，又能有效呼应和复合提升<br>安排学生在第五学期和第九学期、第十学期参加工学交替、顶岗实习，螺旋式复合提升 |

(续表)

| 序号 | 共享项目 | 具体内容 |
| --- | --- | --- |
| 5 | 共享评价机制 | 教学评价资源共享,包括:<br>考核方式ABC三类:A类,教考分离;B类,教统卷统;C类,自主命题。其中,每学期教考分离A类课程4门<br>专家听课常态化:持续不断、随堂随机。组织每学年至少4次公开课听课、第三方督导听课率达到100%,积极组织评课,推广优质课的同时,及时改进教学过程中存在的问题 |

### (二) 产教融合,确保实训教学螺旋式提升

牵手上海市代理记账协会,与会长单位上海瑞和财务管理有限公司、上海中烁财务咨询有限公司、上海企汇财务咨询有限公司等30余家会员单位"共建、共研、共享",丰富校企合作形式,发挥企业在合作中的主导作用。企业"能工巧匠"进入实务和实践课程任教。对接企业,共建《基础会计》《初级财务会计》《出纳实务》《成本会计》《财务管理》《中级财务会计》《管理会计》7门专业核心课程。校企共建校内、外实训基地,已经成为全国设施最先进、教学软件最齐全的典型案例。从实训室走出的学生在上海市"星光计划"高职学生会计职业技能大赛、全国会计技能大赛中摘金夺银。

### (三) 全员育人,稳步提升人才培养质量

积极组织学生参加各级各类的学生技能大赛,将比赛成绩与相应课程评价结合,创新学生评价模式。促进学生专业技能提升,促进学生评价模式多元化发展。具体成果:学生参加全国应用型人才2017金蝶创新杯大赛、上海市大学生创业决策仿真大赛,在新道杯大学生会计信息化比赛中获奖;财政会计从业资格考试合格率达到70%,远远高于社会平均合格率,初级会计师通过率达20%以上。此外,贯通班级还分别获得市级先进集体、上海市经信委先进集体等荣誉称号。

综上所述,从2012年专业获批建设,已成为财经商贸类中高贯通模式的典型案例。专业建设引领纵向深入,中高职教育贯通试点6年,在课程一体化设计和统一教学管理方面都积累了相当的经验,成为2015年中本贯通模式获批试点的基石。专业建设助力转型发展,多点布局,有效推动与中职学校"联姻",彰显职教特色。

## 四、存在的问题与建议

随着社会经济快速发展,会计相关政策变化较大,学生从一年级入校后所学的财税政策可能在5年毕业后会有较大变化。面临这样的问题,提出如下整改措施,即在5年一贯制毕业前开设会计行业前沿讲座,帮助学生以最快速度掌握会计新知识、新技术,同时帮助学生树立终身学习的理念,提升学生会计岗位就业竞争力。

# 上海商学院　上海市贸易学校
# 中高职教育贯通培养试点电子商务专业
# 自评报告

## 一、基本情况

中高职教育贯通培养试点电子商务专业于 2013 年开始招生，截至 2018 年有在校生 142 人（中职段 75 人，高职段 67 人）。专业以上海商学院（高等技术学院）和上海市贸易学校为衔接载体，依托两校教学资源进行一体化设计，将原中职和高职各自独立的课程体系进行有效整合，合理衔接，达到文化基础加强、专业领域拓宽、实践能力提升的培养目标。5 年来严格按照人才培养方案的要求，落实培养方案的一体化设计。

### （一）构建组织机构，落实管理制度

为了落实各项工作，合作共建两校成立了中高职教育贯通培养领导小组、教学管理工作小组、学生管理工作小组及专业教学指导委员会，构建了健全的贯通培养组织机构。制定了一系列制度，规范中高职贯通培养的管理。

建立了联合教研制度，高职与中职共同在专业、课程、教材建设和实践教学、教育质量工程等方面开展合作研究，规范在一体化培养过程中的办学行为，促进资源的整合。

### （二）深化贯通培养，一体化设计培养方案

将原中职和高职各自独立的课程体系，以实现培养目标为主线，根据企业相关职业岗位的要求，按照国家相关职业（行业）标准和职业资格鉴定考核要求，科学合理地设计人才培养方案，力求达到文化基础扎实、职业能力明确、操作技能过硬、综合素质凸显的人才培养质量目标。

### （三）师资队伍专兼结合、结构合理

通过“走出去，引进来”的方式，高校、中职与企业共同组建了一支专兼结合、结构合理的“双师型”教学团队（表 1），教师数量和质量能满足教学需要。

**表 1　教师队伍总体状况**

| 类型 | 教师人数 | 职称 | | | | | |
|---|---|---|---|---|---|---|---|
| | | 高级人数 | 占比 | 中级人数 | 占比 | 初级人数 | 占比 |
| 中职段 | 7 | 2 | 28.6% | 3 | 42.8% | 2 | 28.6% |
| 高职段 | 10 | 3 | 30% | 7 | 70% | 0 | 0 |

### (四) 招生情况良好,吸引了大批优秀生源

表 2 历年招生情况一览

| 年份 | 专业 | 学生类别 | 最高分数 | 最低分数 | 平均分数 | 区重点录取分数 | 普高投档分数 |
|---|---|---|---|---|---|---|---|
| 2013 | 电子商务 | 统招生 | 569 | 461.5 | 511.6 | 550 | 523 |
| | | 随迁子女 | 408 | 386.5 | 391.9 | / | / |
| 2014 | 电子商务 | 统招生 | 544 | 470 | 495.7 | 550 | 510 |
| | | 随迁子女 | 406 | 375 | 392 | / | / |
| 2015 | 电子商务 | 统招生 | 534.5 | 462.5 | 482 | 530 | 475 |
| | | 随迁子女 | 410.5 | 390.5 | 402 | / | / |
| 2016 | 电子商务 | 统招生 | 541 | 514 | 521.6 | 550 | 495 |
| | | 随迁子女 | 421.5 | 413.5 | 416.7 | / | / |
| 2017 | 电子商务 | 统招生 | 541.5 | 495.5 | 514.5 | 540 | 477 |
| | | 随迁子女 | 411 | 382 | 392.1 | / | / |
| 2018 | 电子商务 | 统招生 | 527.5 | 502.5 | 512.7 | 519.5 | 446 |
| | | 随迁子女 | 403.5 | 388 | 393.5 | / | / |

## 二、教学计划执行情况

### (一) 教学计划科学、规范,稳定性、适应性兼顾

电子商务专业已形成了一套科学、规范、稳定的教学计划。在专业调研和专业建设指导委员会的建议下,每年进行修订,使之更适合专业培养目标,更好地适应经济发展的需要,做到稳定性、适应性兼顾。每年教学计划执行率 100%。

### (二) 课程结构设计合理

打破原先中职、高职两个阶段自成体系的课程结构,按岗位能力要求进行课程重组,整体设计,分段实施。课程体系构建以电子商务岗位职业能力为核心,通过增加实践课程,实现培养技能型人才的目标;突破学科性思维,通过增加选修课程和拓展课程,实现培养复合型人才的目标。形成了职业通识通用、职业核心、职业拓展和实习实训 4 大模块构建的课程体系。

表 3 电子商务专业 2017 级课程结构一览

| 课程模块 | 学分 | 学时 | 学分比例 | 学时比例 |
|---|---|---|---|---|
| 职业通识通用课程 | 111 | 2 084 | 45.1% | 41.4% |
| 职业核心课程 | 46 | 799 | 18.7% | 15.9% |

（续表）

| 课程模块 | 学分 | 学时 | 学分比例 | 学时比例 |
|---|---|---|---|---|
| 职业拓展课程 | 61 | 1 031 | 24.8% | 20.5% |
| 实习实训课程 | 28 | 1 115 | 11.4% | 22.2% |
| 合计 | 246 | 5 029 | 100% | 100% |

### （三）实践教学环节突出，符合复合型、应用型人才培养规律

打破原有人才培养模式，依托校内实训基地、校外实训基地及电子商务相关企业，建立"工学交替"的人才培养模式。按照教学计划完成了学生认识实习、综合实训、专业实习、顶岗实习、毕业实习等各项实习实训任务。

实训、实习基地满足要求，目前本专业建有3个校内实训室、5个校外实习实训基地，基本满足了实践教学的需求，综合实训课开出率达到100%。

**表4　校外实习基地一览**

| 序号 | 基地名称 | 承担的教学任务 |
|---|---|---|
| 1 | 上海圆迈贸易有限公司（京东华东） | 认知实习、专业实习<br>"双十一"实习 |
| 2 | 上海依蝶雅化妆品股份有限公司 | 专业实习<br>顶岗实习 |
| 3 | 上海餐道信息股份有限公司 | 专业实习<br>"双十一"实习 |
| 4 | 上海百秋电子商务有限公司 | 认知实习<br>顶岗实习 |
| 5 | 上海有色金属交易中心有限公司 | 认知实习 |

### （四）教学质量保障体系完善

根据学校教学运行管理和教学质量监控评价要求，建立电子商务专业的教学质量监控体系，加强教学过程管理，保障教学运行质量。

## 三、取得的成效

1. 建设方案各项目标要求达成度高

（1）与企业共同制定了符合岗位实际需求的人才培养方案；

（2）与行业专家共同开发了专业核心课程教学标准；

（3）与上海美华系统有限公司、上海商派电子商务有限公司、京东商城等电子商务企业建立了紧密的校企合作关系，共同建立校内校外实训基地，并将企业电子商务平台引入学校实践教学；

(4) 重新修订理论教学与实践操作教学的比例，提高实践操作的教学比重，突出职业教育特色；

(5) 通过培训在职教师、选派教师进修、引进新教师，积极培养“双师型”教师，建设一支雄厚的师资队伍；

(6) 建立企业、教师、学生共同参与的质量保障与评价机制，完善学生评教、教师评教、教学检查等常规教学质量督导监控机制。

2. 人才培养质量明显提高

重视技能的特点与中职高校教育互补，形成了良好的人才培养软硬条件与环境，使学生得到高质量的教育，达到将学生培养成为基础理论扎实、实践能力强、综合素质高，并适应电商行业发展需要的技能型人才的目标，学生在各级各类大赛中获奖成果丰硕；首届毕业生签约率达100%。

## 四、存在的问题及建议

1. 存在的主要问题

(1) 需要进一步加强贯通一体化建设；

(2) 需要进一步加强教材建设。

2. 建议

(1) 需要进一步加强贯通一体化建设。加强高职与中职教师的合作、进一步完善联合教研制度，充分发挥高职与中职各自的优势，提升人才培养质量。

(2) 根据教学内容和专业培养目标的需求，编写适合专业培养目标的高水平教材。教学计划应根据电子商务专业岗位设置实施模块化教学，根据各模块采用或者编写与岗位相适应的教材。

# 上海商学院　上海市商贸旅游学校
# 中高职教育贯通培养试点连锁经营管理专业
# 自评报告

中高职教育贯通培养试点连锁经营管理专业是2013年由上海商学院与上海市商贸旅游学校联合申报，经市教委批准立项。2013年第一届连锁经营管理中高贯通开始招生，2016年首次转段进入上海商学院高职学习。截至2018年6月，已经完成高职2016级2个班66名(6月毕业)及高职2017级1个班28名学生的培养。5年中，上海商学院与上海市商贸旅游学校合作完成了连锁经营专业中高职贯通人才培养模式的设计、实践和探索。

## 一、基本情况

### (一) 优化一体化管理，强化工作机制

集聚上海商学院与上海市商贸旅游学校两校优质教育资源，组建"中高职贯通教学管理办公室"，以及"专业建设指导委员会"，制定一系列中高贯通教学管理文件，保证领导支持坚强有力、工作协调高效、信息反馈及时。组织机构设置、工作机制构造、监督管理制度安排兼顾了参与试点工作的多方主体的参与，即上海商学院、上海商贸职业教育集团(上海学院为牵头单位)、上海市商贸旅游学校。兼顾试点工作涉及的内容包含申报、招生、教学管理与督导、学生管理、学籍管理、教学研究与改革、师资队伍建设、校企合作、实践性教学安排与实施、就业推荐、试点工作的调研与优化等各方面。

### (二) 创新教学模式，实现一体化教学

1. 发挥两校优势，提升师资队伍

两校加强贯通专业师资队伍的配备，按照优质教学资源配置原则，组建中高职教育贯通培养模式教学团队。教学团队以高职专业带头人为主体、中职骨干教师和教学管理部门共同参与，实现中高职师资的强强联合，推进中高职贯通试点教育教学改革。中高职两校定期进行联合教研活动，从学生就业方向出发，扩展专业培养的内涵宽度，探索专业的宽度，探索专业建设的深度，提升专业培养目标的高度。建成一体化的专业技能标准，一体化的专业综合素质标准，探讨教学的实施及实施中出现的问题。

2. 深化资源合作，建立一体化的教学资源系统

整合办学资源，优化办学条件。借助上海商贸职教集团的力量，2012年双方合作完成了中高职衔接5年制教学标准，2013年双方合作完成国际水平连锁经营管理5年制教学标

准。2014年完成中高职教育贯通核心专业课程《市场营销》《商品基础知识》《门店运营与管理》《商务经营技术》教学培训包。共同开发专业核心教材、门店经营教学软件、精品课程、电子教材、教学资源库，以及创业系列教学软件；两校都建有商贸实训教学中心，有商务模拟接待处、连锁经营操作训练区、模拟仿真实训室，以及综合连锁软件操作等综合实训室，能满足专业实训教学的需要。两校的实训中心各有特色和亮点，资源共享，实训条件优越。

3. 优化培养过程，形成一体化的人才培养路径

中高职专业教师定期进行合作教研，针对在第七学期一进入高职段就要进行的大学英语四级考试及计算机一级考试的实际情况，通过联合教研活动，不断优化中职与高职两段考证课程教学的贯通。双方认真选择，配置名师，各展其长，打破中高职界限划分，在实习实践方面也需要重新梳理职业技能的内容，形成一体化的职业技能实习实践的体系。

## 二、教学计划执行情况

### (一) 统筹规划专业，优化课程体系

以将上海建立为国际商贸中心的岗位要求为课程设计依据，以国际标准为学业评价依据，强化语言能力、职业规范和综合能力，打造国际化、行业化、统整化的课程体系，创新商贸专业人才培养模式。

### (二) 按照计划实施，注重过程管理

严格按照教学计划实施，注重教学过程管理，坚持教学巡视制度，日常教学情况反馈机制，定期检查教师教案，随堂听课等。两年中，两校联合召开中高贯通联合教研活动8次，学生座谈会4次，完成了中高贯通近20门课程标准的撰写工作。

### (三) 规范考试考核管理

按照教学计划的要求，对照考试考查课程及考证不同要求，组织好每学期的考试。

考前对基础差的学生做好考前的帮教工作，并在每次考试前做好诚信考试教育。对计算机一级及大学英语四级考试，让任课教师主动对基础薄弱的学生做好补课，使该专业的学生考证率远高于同类专业学生。

### (四) 开展多项活动，锻炼能力培养品德

学生进校开始，就狠抓学生的行为规范和能力品德教育。通过志愿者活动、社团活动、主题班会、心理健康活动、各种技能竞赛等，培养学生养成良好文明习惯，团队合作精神，在浓厚的校园文化氛围中感受知识的力量和学习的快乐，让学生在和雅校园文化的引领下陶冶情操，促进自我发展、自我完善。

### (五) 认真组织实习实训活动

学校成立实习指导工作领导小组和工作小组，由学校领导亲自挂帅，同时，确定实习实

训工作指导思想、工作目标和工作方案。及时了解学生实习实训情况，学校相关部门走访合作企业，和现有校企合作单位保持密切联系，积极拓展新的合作单位，及时掌握企业的工作环境，以及学生在企业的工作能力、工作实绩等情况，为学校就业安置实习实训工作夯实基础，确保学生实习实训工作质量稳步提高。

### (六) 教学质量保障体系建设

制定相关配套的管理制度和质量监控体系，根据教学管理的需要，建立教学巡视、教学信息员、学生座谈会等监控措施，加强听课和教学检查制度。每天高职办安排专人进行教学巡视，监控各班的教学动态；期终考试结束后对考试成绩进行分析，对合格率比较低的课程及学生进行预警告示。

## 三、取得的成效

### (一) 5个一体化设计，实现人才培养高效率

两校教学深度融合，实行课程设计一体化，教学管理一体化，教学资源一体化，实习实践一体化、技能标准一体化，共同实现人才培养目标。5个一体化是从中高职贯通教育的特点与优势出发，将职业教育规律和现代职业教育理念有效结合和大胆创新，在一体化的过程中使教学资源、师资配备、学生实习实践、技能培养及管理，拿出了双方最好的资源，并在一体化的管理下使聚合的各项优势资源的效率发挥，在有限的时间内达到最高。避免了在中职、高职分开培养的情况下，课程设置、教学内容、实习实训的重复带来的不必要的时间浪费，探索出5年中高职教育贯通模式人才培养的高效率新路径，使教学资源得到了优化。

### (二) 6个阶梯化提升，实现人才培养高质量

学生素养提升的阶梯设计、能力培养的阶梯设计、实践活动的阶梯设计、社团活动的阶梯设计、技能考核的阶梯设计、技能比赛的阶梯设计。这6个阶梯化提升，依据职业人才、职业生涯成长发展的规律的科学化设计，通过阶梯化的提升，使学生职业素养逐步养成、职业能力逐步提升、职业技能逐渐熟练、学生创新思维逐渐建立，创业能力逐步培育。通过6个阶梯化的培养，学生一步一步完成了从一个专业的婴儿期到一个高技能专业人才的蜕变。这6个阶梯是学生专业成长的阶梯，也是学生心理成熟的阶梯，在5年6个阶梯发展的每一项都同时融合学生心理成长的所需要内容设计。在这种模式下培养出来的人是一个具有优秀职业能力和综合心理素质的成熟的专业人才。6个阶梯化成长确保了专业人才的高质量。

## 四、存在的问题与建议

*1. 存在问题*

(1) 学生学习能力强，升学无压力，使部分中职段学生学习动力不足，到高职阶段没有了升学的压力，部分学生容易产生放松懈怠的心理。

（2）课程部分教材的设计和实施衔接还不够。由于高职段在校学习时间短，学生一进高职就要参加大学英语四、六级及计算机一级考试，中职段设计的课程、使用的教材很难快速适应这些考证课程的要求。

2. 改进建议

（1）遵循职业能力培养循序渐进的原则，根据不同学生的特长，培养学生的学习兴趣和学习能力，要求教师帮助和指导学生将学习任务与学习愿望有机统一，不断给学生提出新要求、新任务，提高学生对职业的认识，提高学习能力。

（2）做好公共基础课程一体化建设，尤其针对中职转段进入高职就面临的考证课程学习，建议相关部门组织一批课程专家，由已经开发中高职教育贯通公共基础课教材的试点院校牵头，开发出真正适合中高职教育贯通试点的高质量的课程教材，在贯通培养模式推进过程中推广并使用。

# 上海商学院　上海市南湖职业学校<br>中高职教育贯通培养试点金融管理专业<br>自评报告

为加快培养适应社会经济发展需要的高技能人才，上海商学院和上海市南湖职业学校金融管理专业于2014年实施中高职教育贯通培养，至今已连续5年招生，截至2018年在校学生人数139人，首届毕业生将于2019年7月毕业。

## 一、基本情况

### （一）一体化管理，规范运行

成立中高职教育贯通试点教学管理工作领导小组、联合管理办公室、联合教研组，加强统筹协调，在教学计划、教学管理、教研活动督查等8个方面做了明确规定，制定了15个教学管理保障制度。从设计层、管理层、执行层、监控层形成一个整体，保证5年一贯的人才培养质量。

### （二）以重点课程建设为抓手，构建“三维渗透式”人才培养模式

中高职教育贯通人才培养过程中采取以重点课程建设为抓手，以点带面，打破传统以理论教学为主的教学方式，采取知识铺垫、实践能力和职业素养养成三维并重的教学模式，构建以促进就业为导向、能力为本位的“三维渗透”人才培养模式。

图1　“三维渗透”人才培养模式图

### (三) 扎实推进专业建设，不断提升专业内涵

迎合金融产业不断升级变化的趋势，动态调整中高职教育贯通人才培养方案，以适应企业对人才的实际需求；从工作岗位出发，开展“知识铺垫、实践能力、综合素质养成”3个维度并重的教材内容建设；突出“教与学相结合、学与练相结合、课上课下相结合、校内校外相结合”4结合，构建师生互动的理论知识教学模式、虚拟场景下的实践教学模式、双轨道职业素养培养的教学模式和多渠道职业素养培养的教学模式。

整合发挥教学资源平台、教学互动平台、学习平台的功能，改造升级智慧银行、证券实训室，融合教学与工作场景，仿真还原工作流程。开发市级网络课程2门，上海商学院校级重点课程3门，全英语课程1门。

### (四) 加强教师培养，建成一支具有双师素质和国际视野的教学团队

中高职教育贯通金融专业组共22名教师，其中9位高级讲师，12位中级讲师，1位助理讲师。15位教师具有双师资格，1位上海市中职金融名师培育工作室主持人，1位教师为上海市中职财经中心组组长，1位教师为上海市中职财经中心组成员。《以评促管，以评引建，以评督效，推动中高职教育贯通专业一体化建设》获上海市教育评估协会优秀案例二等奖。职称及双师人数见图2。

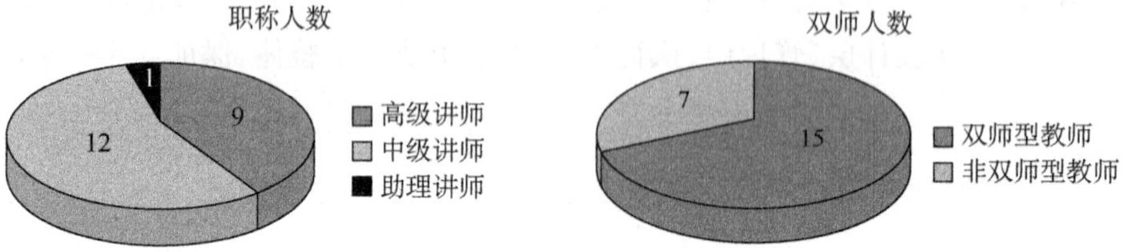


**图2　职称及双师人数**

### (五) 招生就业甄别转段稳步进行

截至2018年7月，2014级和2015级学生全部转入高职学段。

| 年度 | 入学人数 | 平均分 | 最高分 | 最低分 |
|---|---|---|---|---|
| 2014 | 29 | 484.3 | 518.5 | 450.5 |
| 2015 | 30 | 477.5 | 519 | 462.5 |
| 2016 | 30 | 520.9 | 554 | 511.5 |
| 2017 | 25 | 518.4 | 535 | 507 |

## 二、教学计划执行情况

学校严格执行人才培养方案中的教学实施计划，在专业核心课程中每学期选取1门进行校际间的教考分离考核，将考证课程纳入教学计划(见表1)。为确保教学质量，定期开展

校际间教研活动,2 位教师开设校际教研公开课。

表 1 中高职教育贯通课程设置

| | |
|---|---|
| 教考分离课程 | 柜面业务处理 |
| | 金融客户服务技巧 |
| | 金融营销技巧 |
| | 基础会计 |
| 考证课程 | 公共基础 |
| | 个人理财 |
| | 证券市场基础知识 |
| | 证券市场基本法律法规 |

2014 级和 2015 级学生在第三学期上半学期的 9 周专业实习,选取与专业相关的财安金融和海魅金融两家公司,学校和公司共同制定实习计划、实习岗位安排、实习过程管理和实习成绩鉴定。转段进入高职学习后,于一年级的暑假进行为期 1 个月的认知实习,2017 级学生参与了暑期德国商务模拟公司的认知实践,二年级的上学期将进行为期 9 周的企业实践。

## 三、取得的成效

中高职教育贯通金融管理专业还没有毕业班级(截至 2018 年 7 月),人才培养质量还无法用市场检验,但在专业建设过程中,我们仍然有一些成效和经验。

### (一) 以赛促学,提升财经素养

以"青年行"活动为平台,以财经素养课程为载体,增强学生运用金融知识解决问题的能力。2016、2017 连续两年获得上海城市挑战赛第一名,5 名学生组成的团队获得第九届"明日商界之星"决赛铜奖。

### (二) 三维渗透,改革教学模式

以学生为中心,利用信息化平台构建师生互动课堂;引入实际案例,通过设置虚拟场景进行实践教学;邀请行业专家进校园,建立多渠道、获取式的开放教学模式;让学生走出课堂,进入企业,将理论付诸实践,构建多渠道职业素养培养的教学模式。

### (三) 紧跟时代,调整课程体系

在调研互联网金融企业、学习互联网金融政策、法规等的基础上,开发反映新业态的《互联网金融基础》教材及相关微课资源,《奖励式众筹》公开课获第七届教法评优活动三等奖。编写《互联网金融实践》教材,与公司合作开发互联网金融教学实训平台,让学生理实结合,学习行业前沿知识。

### (四) 努力耕耘，收获成绩

学校注重综合素养的提升，搭建展示风采的舞台。2014、2015、2016 级均获得虹口区先进班集体称号，获上海市奖学金 22 人，上海市三好学生 1 人，虹口区三好学生 2 人，上海市中职生“星光之约”记者团 1 人(见表 2、表 3、表 4)。

**表 2 学生获奖情况统计**

| 奖项名称 | 获奖人次 |
| --- | --- |
| 全国文明风采 | 51 |
| 全国语文规范化知识大赛 | 1 |
| 上海市星光计划职业技能大赛 | 9 |
| 上海市高中阶段学生社会实践项目 | 5 |
| 上海市中职学生作文竞赛 | 1 |
| 上海市海峡两岸珠心算 | 8 |
| 上海市时政大赛 | 2 |
| 上海市学生阳光体育大联赛 | 10 |
| 虹口教育集团技能大赛 | 50 |
| 虹口区第八届学生规范汉字书写大赛 | 2 |
| 虹口区第八届青少年经典诗文诵读 | 1 |
| 虹口区广播操团体 | 1 |
| 第 3 届城市生存挑战赛上海赛 | 5 |

**表 3 2017 级中高职教育贯通金融管理专业计算机一级通过率统计**

| 专业 | 人数 | 通过人数 | 通过率 | 优秀人数 | 优秀率 |
| --- | --- | --- | --- | --- | --- |
| 金融管理 171 班 | 28 | 23 | 82.14% | 3 | 10.71% |

**表 4 2017 级中高职教育贯通金融管理专业获奖情况统计**

| 团队 | 班级 | 获奖名称 | 获奖等第 | 获奖时间 | 获奖级别 |
| --- | --- | --- | --- | --- | --- |
| 刘雯静 尹诗洋<br>金 卿 谢海平<br>周雯婷 | 金融管理 171 班 | 第九届“明日商界之星”决赛 | 铜奖 | 2017 年 12 月 | 上海商学院高等技术学院 |

## 四、存在的问题与建议

### (一) 专业建设内涵需深化与延伸

金融行业对敬岗爱业、团队合作等职业能力和素养有很高的要求，根据此要求需不断思索如何动态调整课程体系、改革教学模式，深化和延伸专业建设内涵，培养高质量人才。

### （二）贯通师资需加强互动与沟通

承担贯通教学的教师，必须明确教育贯通培养的核心理念，认识中高职教育贯通的一体性和连续性，清楚把握课程间的衔接关系。

### （三）校企合作需更加深度融合

继续拓展校企合作单位，充分发挥企业特聘教师实战经验的优势，让学生掌握行业发展前沿知识和技能，契合金融企业实际需求。

# 上海商学院
# 上海市商业学校 上海市工商外国语学校
# 中高职教育贯通培养试点国际商务专业
# 自评报告

中高职教育贯通培养试点国际商务专业是上海商学院与上海市商业学校、上海市工商外国语学校联合，经教委批准立项，于2014年秋季首届招生，主要工作情况如下。

## 一、基本情况

### （一）工作机制

2014年由上海商学院、上海市商业学校、上海市工商外国语学校3所院校采用“一拖二”的形式实施中高职教育贯通试点国际商务专业建设。建立联合管理统筹协调工作机制，成立领导小组、管理小组和教研组，分别负责专业建设的决策与协调；负责培养方案制订与实施、课程体系建设、实习实训、考核与评价、教育教学运行与监控等工作；负责日常教学方案实施、专业及课程建设。

### （二）专业建设

依据人才培养方案，以培养学生职业能力和综合素质为主线，以全面提升教育教学质量及社会服务能力为目标。紧跟教育国际化和信息化的发展方向，推进课程建设；建设具有国际化素养的“双师型”教师团队；加强涉外校企合作，充分利用企业的资源优势推进专业建设，实现企业专家进课堂；积极开拓与海外院校合作促进专业建设国际化。

### （三）教师队伍建设

经过几年的努力，现已建成一支师德高尚、专业技能精、国际化视野宽、教学水平高、专兼职结合、“双师”结构合理的师资队伍。安排骨干专业教师进修提高，提供参加国内外学习、交流、观摩等活动的机会，要求具备中、英双语教学能力。中职段的两所学校专业教师共有45名，含高级职称15名，占33%；讲师24名，占54%；助讲6名，占13%；高职段专业教师共15名，均为双师型教师，其中高级职称9名，占60%，中级职称6名，占40%。

### （四）招生就业

根据市教委统一招生计划和要求，通过多种形式的招生宣传工作，专业的知晓度大幅提升，招生情况良好。国际商务贯通专业自2014年起招生，每年招收2个班，中职2014级共招生61人，其中3人退学，2人休学，1人留级。共计55人完成转段，于2017年9月升入高职段。

## 二、教学计划执行情况

1. 教学计划实施课程开设，严格按照教学计划执行

2. 课程开设

通识通用课程均按计划开设，中职期间专业课程根据情况略有调整。2014年开设25门专业课；2015年开设24门专业课，选修课程减少1门；目前在校2016级已开设16门专业课；2017级已开设6门专业课。

**表1　中高职贯通教育课程设置**

| 年级 | 课程类别 | 开设门数 | 合计 |
|---|---|---|---|
| 2014级 | 实践课程 | 3 | 25 |
| | 拓展课程 | 1 | |
| | 选修课程 | 8 | |
| | 职业核心课程 | 6 | |
| | 职业拓展课程 | 7 | |
| 2015级 | 实践课程 | 3 | 24 |
| | 拓展课程 | 1 | |
| | 选修课程 | 7 | |
| | 职业核心课程 | 6 | |
| | 职业拓展课程 | 7 | |
| 2016级 | 选修课程 | 7 | 16 |
| | 职业核心课程 | 4 | |
| | 职业拓展课程 | 5 | |
| 2017级 | 选修课程 | 3 | 6 |
| | 职业核心课程 | 2 | |
| | 职业拓展课程 | 1 | |

**表2　2017级高职段已开设课程和任课教师统计**

| 课程类型 | 课程名称 | 授课教师及职称 |
|---|---|---|
| 专业核心课 | 国际货运代理实务<br>外贸英语函电(重点)<br>国际商法、报关实务(重点) | 施晓蓉(高级)、余寒(中级)、鲍建宁(高级)、陈洁莉(高级)、戈丽华(高级)、杨春平(中级)、范莉(高级)、艾萍(高级) |
| 专业拓展课 | 国际结算、商务谈判基础、外贸跟单实务、行业发展前沿 | 艾萍(高级)、刘芳(中级)、朱红萍(高级)、范莉(高级)、凤芹(副教授)、企业专家 |

（续表）

| 课程类型 | 课程名称 | 授课教师及职称 |
|---|---|---|
| 专业选修课 | 报检实务、国际货物运输、HS 编码、跨境电子商务、消费心理学 | 侯丹（副教授）、艾萍（高级）、童莉莉（中级）、吴敏（中级）、钟一杰（中级） |
| 专业实训课 | 货代实训、报关实训、外贸业务综合实训 | 凤芹（副教授）、范莉（高级）、艾萍（高级）、童莉莉（中级）、吴敏（中级） |

3. 课程教学

自招生及实施教学以来，课程教学情况良好。课程教学围绕知识和技能目标、过程与方法目标、情感与价值观目标开展，确保专业人才培养目标的实现。

4. 考试考核

中职期间，通识类课程和职业核心课程采取期末考试采用由上海商学院统一命题的教考分离考核模式，期末成绩占总评成绩的 50%，能客观反映学生的专业学习能力及学习效果，以此为抓手促进教学质量。高职期间则按上海商学院教务规定的考核要求开展考核。

5. 实习实训

中职期间，学生在第五学期参加为期 9 周的专业实习。一般安排学生至专业对口公司顶岗实习。另外，根据教学计划，在校内开展各类实训课程。

高职段的学生于 2018 年 7 月 2 日开始为期两周的专业认知实践，第一周参观了三一重工和光明乳业两家企业，听了 3 场专家的报告；第二周由巴伐利亚咨询公司对全体同学进行个人职业能力提升和领导力提升的分组培训，同学积极参与，反响很好。

6. 教学质量保障体系

根据合作办学各方的质量监控体系要求，每学期定期开展教研活动、组内听课、教学督导、公开课等活动，保证教师教学质量。每学期另有若干次中职学校和上海商学院的联合教研活动，互相促进教学水平。

## 三、取得的成效

### （一）完成期初专业建设目标

对照中高职教育贯通人才培养模式项目建设初期提出的专业建设目标，具体成效和目标完成情况见表 3。

**表 3　中高职教育贯通人才培养目标达成情况**

| 目　　标 | 达成情况 |
|---|---|
| 完成 2 门职业核心课程（包括高职阶段下沉阶段课程）及部分通识通用课程课程标准 | 已完成 |
| 完成 2 门课程教学资源库建设和 1 本校本教材开发 | 超额完成 |
| 形成专业教研组定期校际交流学习机制 | 每学期 3 次定期，若干次不定期教研及教学交流 |

(续表)

| 目　　标 | 达成情况 |
|---|---|
| 教师到行业企业参观调研,到国内外院校学习交流 | 完成 |
| 优化中高职教育贯通一体化人才培养方案,修订实施性教学计划和课程标准 | 完成 |
| 实训平台实训手册及教学资源开发 | 完成 |

## (二) 教育教学成果显著

学校一直致力于建设课程体系合理、教学模式先进、人才培养超前、职业素养高强的与国际接轨的国商专业。开展中高职教育贯通教学以来,中职期间学生考证通过率、专业教学和学习水平均保持在较高水平,在全国职业院校技能大赛中连续3年获中职组一等奖,上海市星光计划各项大赛一等奖,并赴德国参加商务模拟公司展会,芬兰技能国赛。

**表4　2017级国际商务贯通班学生获奖情况统计**

| 获奖级别 | 奖励名称 | 获奖学生 |
|---|---|---|
| 市级以上 | 2018年全国职业院校技能大赛—高职组—非英语专业英语口语赛<br>2018年全国大学生英语演讲比赛 | 171班:王潇睿(一等奖)<br>172班:杨晶(一等奖) |
| 市级 | 2018年全国大学生英语竞赛,上海赛区D类 | 172班:杨晶(特等奖)<br>张宇瑶(二等奖)姚佩云(三等奖)<br>171班:王潇睿(二等奖)张寅峰(三等奖) |
| | 2018年全国职业院校技能大赛—高职组—英语口语赛项—上海赛区决赛 | 172班:王潇睿(第一名) |
| 校级 | 上海商学院第九届"明日商界之星"决赛(2017.12) | 金奖:国商171 王潇睿　杨婷　张寅峰,国商172 范海燕 |
| | 上海商学院学生综合奖学金 | 国商171班<br>一等奖:章　硕<br>二等奖:王潇锐　张寅峰　周正义<br>三等奖:陈可馨　丁嫣婷　高家敏　胡启佳　刘　念<br><br>国商172班<br>一等奖:杨　晶<br>二等奖:李林海　刘爱晶　牟雯菁<br>三等奖:范海燕　姚佩芸　张宇瑶　刘明意　徐黎强 |

表 5　学生证书情况汇总表

| 班级 | 学生人数 | 计算机一级通过人数及比率 | | 四级通过人数及比率 | |
|---|---|---|---|---|---|
| 国商 171 | 28 | 27 | 96.4% | 21 | 75% |
| 国商 172 | 27 | 25 | 92.6% | 14 | 51.9% |

## 四、存在问题与建议

根据现行政策，学生转段升入高职阶段后无法及时拿到中专毕业证书，导致许多学生在高职段要参加各类职业资格认证审核和考证时，出现考生信息审核困难的情况。

加强中职和高职教师之间的沟通，高职段下沉课程应以高职标准开设，承担下沉课程的高职教师到中职学校授课，理解并实施“下沉式”课程教学。

建议考虑学生对学历提升的需求，在中职阶段增加文化基础课程，在高职阶段适当增加专业理论课程，以提高学生的专业素养。

# 上海商学院 上海市奉贤中等专业学校<br>中高职教育贯通培养试点酒店管理专业<br>自评报告

中高职教育贯通培养试点酒店管理专业是上海商学院和上海市奉贤中等专业学校联合申报，经教委批准立项，于2015年秋季首届招生，2018年在校人数79人，已建设有3年。

## 一、基本情况

### (一) 建立组织机构，健全管理制度

中高职教育贯通培养得到了两校领导的高度重视，给予了大力支持和配合，成立了中高职教育贯通培养领导小组、专业教学指导委员会，教学管理工作小组，构建了健全的贯通培养组织机构。探索制定了一系列制度以规范中高职教育贯通培养的管理。

### (二) 发挥两校优势，提升师资队伍

两校加强贯通专业师资队伍的配备，按照优质教学资源配置原则，组建中高职教育贯通培养模式教学团队，教学团队以高职专业带头人为主体、中职骨干教师和教学管理部门共同参与，实现中高职师资的强强联合，推进中高职教育贯通试点教育教学改革。目前有专任教师17名，高级及以上职称9名，国家级考评员3名，双师型素质教师达100%。

### (三) 双方教师互帮互助，共同提高

为培养贯通意识，提升师资专业水平，两校教师开展了专业方面的专题培训。两校教师在校园技能大赛、世界技能大赛选拔及储备优秀人才等方面联合组织，加强对参赛学生的技能指导。

### (四) 整合办学资源，优化办学条件

两校均建有酒店实训教学中心，有前厅模拟接待处、客房操作训练区、中西餐厅操作训练区以及咖吧、茶艺实训室等，奉贤中专校内还建有实训基地——胜学酒店。胜学酒店建筑面积达7 813平方米，拥有客房、餐饮、会议、前厅等实训区域，可同时供25位学生开展仿真技能训练。两校资源共享，能充分满足专业实习实训教学需要。

### （五）探索办学模式，提升生源质量

两校在人才培养模式与课程体系改革方面，逐步探索了一条“校企融合、中高贯通”的专业办学模式，并提升了酒店专业对外示范辐射能力，取得了良好的社会效应。两校实现酒店专业中高职教育贯通后，生源越来越好，录取分数逐年攀高，社会影响力日长。

## 二、教学计划执行情况

中高职教育贯通班正式开设之后，为真正办好贯通教育，双方共同拟定了人才培养方案和教学实施计划，并在具体实践中不断地反思，各年级严格按照既定的教学计划开展教学，其中，穿插在第五学期的企业实习能够达到学以致用的实效。

为确保教学质量，双方围绕“贯通一体化”建设，“8 个统一”管理要求开展教学实施，注重教学过程管理，坚持教学巡视制度、日常教学情况反馈机制、定期检查教师教案、随堂听课制度等。每学期联合召开中高贯通领导小组工作会议 1～2 次，联合教研活动 3 次，学生座谈会 3 次。

为培养高规格的人才，双方严格按照中高职教育贯通班的管理制度，既强化过程管理，也注重实际的考核成绩，期中考试成绩、平时成绩、期末考试成绩按照 3∶2∶5 的比例进行评分，执行与普通班不同的考核机制，确保了良好的学风。

第一届学生经过 3 年的学习，2018 年 7 月全部通过转段，2018 年 9 月转至上海商学院高等技术学院学习。

## 三、取得的成效

上海商学院与上海市奉贤中专合作开办中高职教育贯通酒店管理专业 3 年以来，在实训资源共享和师资力量互助方面深化了合作的内涵，切实体现了一体化设计的特点。

根据专业建设的需要，进一步更新实训设备、改造了相应设施、丰富了教学手段，培养了学生的综合能力。酒店中高职教育贯通班的学生在各类技能大赛中崭露头角，成为一年一度的上海市学生职业体验日活动中的主力军，2017 年在上海市教博会中展示了茶艺项目。

## 四、存在问题和建议

### （一）长学制下学生动力的保持问题

*1. 存在的问题*

由于试点专业学生前 3 年没有高考升学和就业压力，可能会对个别主观能动性不强的学生的学习积极性产生影响，造成个别学生学习热情下降。

*2. 建议改进措施*

根据中高职教育贯通的特点，遵循职业能力培养循序渐进的原则，促进学生的学习兴趣和参与意识，要求教师帮助和指导学生将学习任务与学习愿望有机统一，不断给学生提出新要求、新任务，注重学生的参与度，不断提高学生的职业技能水平。

### (二) 学生职业素养培养方面的问题

1. 存在的问题

通过调查，发现学生职业素养的自我评价要高于企业对学生的评价；但学生总体职业素养低于企业要求，尤其是在自我约束能力、吃苦耐劳精神、服务意识、服从执行能力、交流沟通能力和文字表达能力等方面表现较弱。

2. 建议改进措施

合理调整课程设置，强化综合职业素养，在构建课程体系和制定课程标准时要注重学生综合职业素养和就业能力的培养。职业素养培养要贯穿整个专业教学过程，专业教学活动中，要把专业技能培养和职业素养培育摆在同等重要的位置。通过校企合作，以职场实践促进职业素养的提高。

# 三

# 中高职教育贯通人才培养质量监控

# 上海商业会计学校中高、中本教育贯通（会计专业）质量监控报告

为贯彻国家和上海市中长期教育改革和发展规划纲要，落实《教育部关于推进中等和高等职业教育协调发展的指导意见》（教职成〔2011〕9号）、《上海市教育委员会关于继续开展中高职教育贯通培养模式试点工作的通知》（沪教委职〔2011〕34号）、《上海市教育委员会关于开展中等职业教育——应用本科教育贯通培养模式试点工作的通知》（沪教委职〔2014〕29号）等文件精神，有序推进中等职业教育与高等职业教育衔接，构建中等职业教育与高等职业教育课程、培养模式和学制贯通的"立交桥"，加快培养适应本市经济社会发展需要的知识型、发展型高素质技能型人才，学校与上海商学院分别于2012年、2015年共同申报了"会计专业中高职教育贯通培养"和"会计学专业中本教育贯通培养"模式试点，且成功获得批准。

近4年来，通过优化学源结构、多点布局规划，基于职教集团、强强联合办学，聚焦财经商贸专业、提升管理效益，最终达到服务社会经济，提高办学质量的目的，开启技术技能型商界卓越人才的培养之路。4年来实际招生情况如表1。

**表1　中高、中本教育贯通招生情况表**

| 贯通类别 | 年份 | 实际招生人数 | 合计 |
|---|---|---|---|
| 中高职教育贯通 | 2012 | 27 | 160 |
| | 2013 | 29 | |
| | 2014 | 59 | |
| | 2015 | 45 | |
| 中本教育贯通 | 2015 | 41 | 41 |

至2015年7月已有一届学生（27人）经商学院转段甄别全部合格，升入高职段学习。

## 一、质量监控组织

为扎实推进试点工作，确保试点专业教育教学质量，学校严格执行上海市教委有关贯通培养模式试点教学管理制度，按照高校全面参与组织领导及指导的原则，与上海商学院联合成立了教育贯通培养领导小组，对试点工作进行集中统一领导，加强组织协调，科学规范运作，有效推进试点工作的顺利实施。

## (一) 成立教育贯通培养领导小组

具体成员及任务分工(略)。

## (二) 成员参与教育贯通培养联合管理办公室

为保障教育贯通培养的教学质量,在领导小组之下,上海商学院成立贯通培养模式试点专业的联合管理办公室,负责日常工作管理、教学方案实施、课程建设和质量保障。在教育贯通的教学过程中,全方位实施统一的教学计划、课程标准,实施统一的教学考核和教学质量考评,实施双证融通教育教学。参与成员及任务分工(略)。

## (三) 成立联合教研组

为保障各专业的教学质量,在联合管理办公室指导下,成立联合教研组。负责日常教学方案实施、专业及课程建设,贯彻落实管理办公室的有关要求和指示精神。具体如表2。

**表2 中高、中本教育贯通联合教研组**

| 教研组 | 组长 | 单位 | 学段 | 备注 |
|---|---|---|---|---|
| 会计专业 | 龚如彦 | 商业会计学校 | 中职 | 专业课程建设,教学实施 |
| | 王莉萍 | 交通路院区 | 高职 | 专业课程建设,教学实施 |
| 语文 | 徐文慧 | 商业会计学校 | 中职 | 专业课程建设,教学实施 |
| | 甘小的 | 交通路院区 | 高职 | 专业课程建设,教学实施 |
| 数学 | 金正静 | 商业学校 | 中职 | 专业课程建设,教学实施 |
| | 费伟劲 | 商学院 | 高职、本科 | 专业课程建设,教学实施 |
| 英语 | 孙　怡 | 商业会计学校 | 中职 | 专业课程建设,教学实施 |
| | 姜荷梅 | 商学院 | 高职、本科 | 专业课程建设,教学实施 |
| 综合组 | 周　敏 | 商业学校 | 中职 | 除语文、数学、英语之外的基础文化课程建设和实施 |
| | 杨海慧 | 交通路院区 | 高职 | |

## (四) 学校成立教育贯通管理领导小组和工作小组

1. 领导小组成员

组长:校长

副组长:副校长

组员:教务科科长、专业教研室负责人、公共课教研室负责人

2. 工作小组成员

组长:副校长

副组长:教务科科长、专业教研室负责人、公共课教研室负责人

组员:教务科及教研室教师

## 二、教学质量标准

学校通过制订一系列规章制度和工作规范，对教育教学全过程做出明确规定，使教育教学管理做到有章可循，有法可依。制定与实施专业实施性教学计划的若干规定、教学大纲编制与实施办法、教师手册、教师下企业实践制度、教材管理规定、教师教学任务安排规定、课表编制管理规定、学期授课计划编写与执行的规定、兼职教师聘任与管理办法、教学备课管理制度、实验实训管理规程、考试管理制度、教学常规检查制度、学生座谈会规定、调课代课管理制度、学籍管理实施细则、技能训练管理办法、第二课堂管理实施方案、学生实习管理办法等。

### (一) 教学条件建设

1. 师资队伍建设

学校为公共基础课配备了具备丰富教学经验、具有高度的责任心和奉献精神的教师授课；有会计专业教师 29 人，其中，中、高级职称教师占比超过 70%，注册会计师、会计师、美国注册管理会计师(CMA)、国际注册内部审计师(CIA)多人，硕士占 1/3。

专业教学团队 2015 年荣获上海市中高职教学比武一等奖，中本专业教学设计二等奖。

2. 实训建设

学校建有教委第一批批准建设的开放实训中心——上海市会计开放实训中心，融校内实训与校外培训为一体，为培养社会需要技术技能型人才发挥了重要作用。建有电算化实训区、仿真模训区、多媒体教室等，开发了上海市通用会计教学核算软件，用友、金蝶、新中大财务软件、出纳实务实训软件、ERP 沙盘模拟实训软件及实战盘面、ERP 财务应用软件-U8、会计信息化应用实训软件-用友 T3 版等多个实训系统。2015 年与用友新道科技有限公司校企合作共建“虚拟商业社会”全景仿真实训中心，变“课堂”为“职场”，打造以企业、工商局、商业银行、社保局、税务局等数据信息一体化设计的智能化岗位体验教育模式，帮助会计等专业学生实现在校体验式顶岗实习。

### (二) 教学基本建设

1. 不断优化人才培养方案

(1) 以职业能力为依据确定贯通培养的目标

a. 会计专业岗位群和职业发展分析(见图 1)。中高职教育贯通培养模式的会计人才集中在中层偏低岗位群，中本贯通培养的会计人才则集中在中层偏高岗位群。

b. 会计专业中高职教育贯通人才培养目标定位。人才培养从 3 个基本(基本人文素养、基本专业理论、基本岗位技能)拓展为 5 种能力(会计准则、会计核算、成本管理、税务申报、财务分析)，并实现两个初步掌握(信息化技能、国际化视野)，为学生构筑可持续发展的专业技术基础。培养能适应工作变化的、知识型、发展型技术技能人才(助理会计师)。

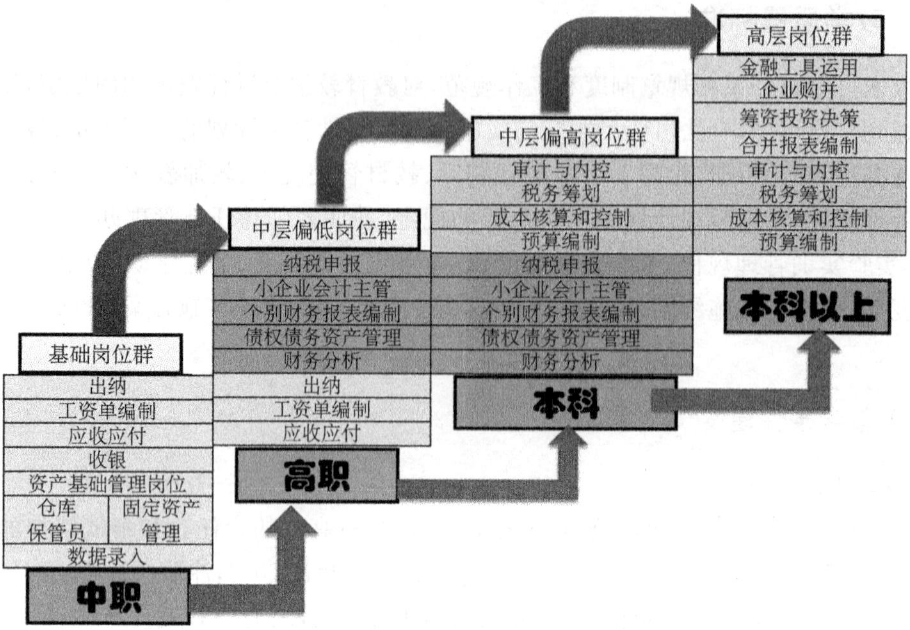


**图 1　会计专业岗位群和职业发展分析**

(2) 以工作岗位任务确定课程内容,设计中高职教育贯通课程体系

a. 课时总量设计(见表 3)。

**表 3　课时总量设计表**

| 普通中专(3 年) | | 普通高职(3 年) | | 中高职(5 年) | | 差异说明 |
|---|---|---|---|---|---|---|
| 课程类别 | 课时 | 课程类别 | 课时 | 课程类别 | 课时 | |
| 文化基础课程 | 1 062 | 职业通识通用课程 | 926 | 职业通识通用课程 | 2 304 | 增强学生后续发展潜力<br>增强商贸类专业的文化素养基础(如经济数学、商务英语) |
| 技能课程 | 90 | 实习实训课程 | 931 | 实习实训课程 | 1 230 | 少了原中专的毕业实习,多了综合实训和综合实习 |
| 社会认知、实习 | 600 | | | | | |
| 专业核心课程 | 414 | 职业核心课程 | 455 | 职业核心课程 | 810 | 将原基础会计、初级会计实务、财务会计、连锁企业会计核算等课程删除重复内容,重组为基础会计、财务会计 |
| 专业方向课程 | 342 | 职业拓展课程 | 402 | 职业拓展课程 | 517 | 将中职开设的初级实用统计方法与高职统计信息技术与应用,市场营销实务与市场营销等课程整合,一体化设计减少课时量 |
| 限定选修课程 | 342 | | | | | |

虽然课时减少,但必须保证达到高职培养目标,这就要求课程进行集约化、一体化设计,通过课程整合设置,使得高职教师与中职教师交流频繁、教研互动,促进课堂教学型态和教

学质量在一定程度上发生了良好变化。

b. 课程结构调整。

第一类:普通中专—高职和中高贯通班均未开设的课程,合理安排教学时间。如:经济法基础、财务软件应用课程,

第二类:内容的广度深度略有增加的课程,如:出纳实务,增加网银,外币核算,难度增加20%;会计电算化,增加财务函数基本操作,难度增加20%;财经法规与会计职业道德,深度增加10%。

第三类:普通中专—高职和中高贯通班段均开设,但进行了一体化设计的课程,见表4。

c. 课程体系设计。根据会计专业中高职教育贯通所适应的岗位群设计的中高职贯通培养一体化、集约化课程体系具有以下特色和优势。

**表4 中高职教育贯通培养一体化、集约化课程体系特色与优势**

| | |
|---|---|
| 3个注重 | 注重会计基础知识的理解<br>注重岗位基本技能的掌握<br>注重人文基本素养的养成 |
| 4个有利于 | 有利于专业教学更为扎实;更为娴熟地掌握会计技能<br>有利于统筹安排专业方向课;加快社会所需复合型会计人才培养速度<br>有利于实践教学梯度安排,形成由简到易的实践教学体系<br>有利于提升信息化、国际化的教学水平,做精做特职业教育 |
| 职业证书融入教学过程 | 学生可在第五学期考出会计人员从业资格证书<br>学生可在第九学期考出助理会计师职称证书 |
| 为学生后续多样化发展奠定基础 | ① 岗位上的职业上升通道<br>有能力承担企事业单位财务会计中级岗位的工作<br>经过后续培训有能力参加会计师和CPA全国统考<br>② 学历上的专业深造<br>能满足会计学专业本科选拔人才的需要<br>能满足完成ACCA阶段P的学习需要<br>能满足其他与财务会计相关高层次国际证书的需要 |

此外,普通中职不同程度存在偏技能训练或偏高复的两种办学定位不当的倾向。中高职教育贯通课程一体化设计,使中高职教育教学有效衔接,在中职学段可以推进全面育人工程,专业教育和素质教育相得益彰,如图2所示。

2. 资源建设

(1) 深化课改,组织编写具有中高职教育贯通一体化培养特色的系列教材。从2013年开始,在试点1年的基础上,由学校牵头组织相关高校、中职校教师陆续开发完成英语、语文、数学等系列贯通培养特色教材的编写并已公开出版,投放使用。具体如下:

· 英语特色教材开发情况。中高职教育贯通班的办学模式决定了其课程设置必须是一体化的,中、高职阶段应达到有效衔接。从整体规划来看,英语作为基础课程将贯穿于中、高职学习阶段。本系列教材共8册,对应8个学期的教学。第一、第二册涉及一些基本常识,如衣食住行,并设置相应的场景,让学生在模拟生活场景中学习、掌握并运用语言。第

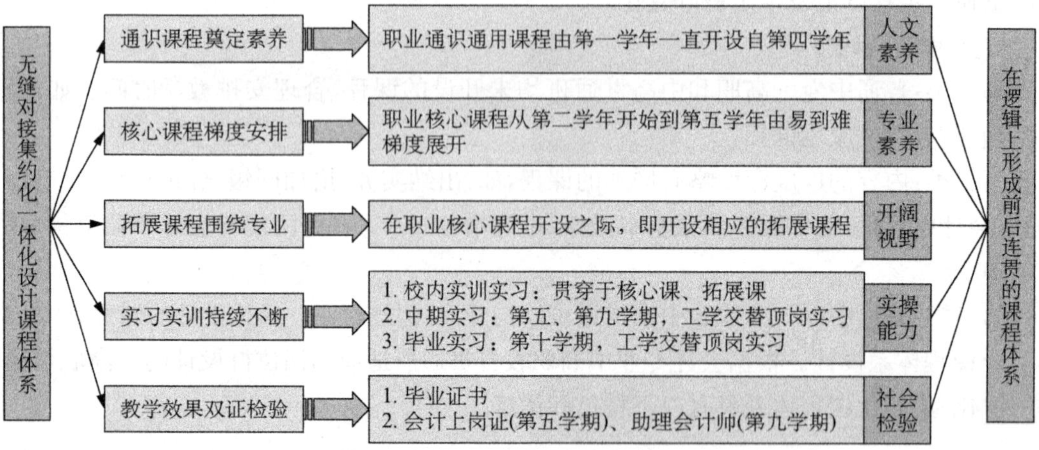


**图 2　课程一体化设计**

三、第四册的主题范围进一步扩展，使学生能在英语环境中更好地生活并有效地进行社交活动。第五、第六册内容涉及一些基本的商务英语知识，提高学生工作场所语用能力。第七、第八册在前六册的基础上进一步扩展词汇量，同时侧重于学生的书面表达能力，教学重点由前 3 年的口语输入输出模式逐渐转化为书面输入输出模式。这既能达到高职英语教学要求，又符合未来岗位对英语的实际需求。同时，也能顺应改革中的大学英语四级考试或者雅思、托福考试的要求，使学生通过学习可以达到相应考证的语言水平。

· 语文特色教材开发情况。2013 年开始编写并由上海中西书局陆续出版的《语文》(全 5 册)教材，既兼顾与初中语文的衔接工作，又注重实现高职语文水平的提升和能力迁移。5 册教材，对应 5 个学期的教学。其中第一学年所用的第一、第二册在衔接初中后语文水平的同时，要求达到高中阶段的基础水平；第三册侧重读写教学，尤其是通过品读作品向写作能力迁移，要求达到高中阶段的提高水平；第四册侧重常用应用文和演讲教学，体现任务引领下情境项目写文、说话的理念，实现“能说会写”能力的有效提高；第五册(编写中)侧重较复杂的应用文写作，引导学生掌握说话、写文的运思能力。

· 数学特色教材开发情况。2016 年 1 月有高职院校教师牵头，学校教师参与编写了《数学》第二册贯通培养特色教材，目前已在贯通培养教学班使用，其余分册将陆续编写并供使用。

(2) 建立中职校与高职校共享教学资源库、共享课程资源库、共享师资资源库、共享实训设施、共享评价机制(具体内容如表 5 所示)，较大幅度提升中高职贯通一体化教学效率。

**表 5　中高共享教学资源**

| 序号 | 共享项目 | 具体内容 |
|---|---|---|
| 1 | 共享教学资源库 | 2016 年上海商学院基本完成新一代信息化管理平台建设，届时把上海商贸职教集团和 3 校资源整合进这一平台，实现一体化、集约化管理 |

（续表）

| 序号 | 共享项目 | 具体内容 |
| --- | --- | --- |
| 2 | 共享课程资源库 | 3校及校企合作，做到语、数、英及专业核心课、通用通识课教材统编和共享 |
| 3 | 共享师资资源库 | 合理聘用和调配学校和企业教师资源 |
| 4 | 共享实训设施 | 学校实训设施共享，企业实习基地共用；实践教学梯度上升，既不简单重复，又能有效呼应和复合提升；做到工学交替、顶岗实习 |
| 5 | 共享评价机制 | 教学评价资源共享，包括：<br>1. 考核方式ABC 3类：A类，教考分离；B类，教统卷统；C类，自主命题<br>2. 第三方评价常态化：持续不断、随堂随机 |

3. 校企合作建设

（1）与万隆国际咨询集团有限公司合作解决教师企业实践问题。

（2）与用友新道科技有限公司合作共建全景仿真实训中心，提供最先进的实训软件和财务软件支持。

（3）与代理记账行业协会进行深层次的校企合作，解决教师企业实践问题及学生专业实习问题。目前，中高职贯通2012级和2013级2个班学生已按照教学计划的安排在协会会员单位专业实习9周。

（4）与南京司书合作完善会计上岗证软件，合作开发企业会计岗位的场景及工作流程视频，合作开发上海市中职出纳实务网络课程和精品课程，帮助学生了解会计知识和通过会计职业资格考证。

### （三）教学环节质量控制

1. 管理过程采用动态积分制

领导小组定期研讨、通报有关事项，采用“动态积分制”将整个管理过程中的重要环节均纳入考核细则中，切实把握方向和教学质量。

2. 专业建设采用例会制

建立例会制度，定期听取专指委建议，将中高职教育贯通项目置于联合管理工作组日常管理和检查之中。

3. 联合教学采用教研交流制

建立合作院校教师教研交流制度，商议解决内涵建设和课改问题，组织公开课（听课评课），组织一体化课程设计内容的教师培训。

4. 一体化教学管理执行“8个统一”

一体化教学管理执行“8个统一”（教学计划、教学大纲、授课计划、教学管理、教材、教学评价、教研活动、质量监控）；1年甄别、3年转段甄别，上海商学院招办和纪委则全程参与。由此确保中高职教育贯通项目运行规范和高质量。

## 三、监控措施

学校切实执行贯通培养联合管理办公室制定的相关教学管理制度，根据学校贯通培养管理领导小组要求，全面加强对教学过程的监控管理。

1. “三风巡查”制度

采取人员巡查与教室电子监控设备相结合的方式，每天定时、不定时对教风、学风、校园环境等进行全面巡查，发现问题及时反馈相关部门落实整改，有效保障学校教学秩序的良性运转。

2. 常规教学检查

学校教务处和督导室每学期定期、不定期抽查教师的集体备课、授课计划执行、教案撰写、电子教学日志填写、作业布置及批改等情况并进行汇总分析，对存在的问题落实整改并持续跟踪，以切实提高教学质量。

3. 学生座谈会

每学期学校教务处牵头会同督导室、教学部、学生处、后保处等多部门定期召开学生代表座谈会，广泛听取学生对学校教学、管理、生活服务等各方面的意见和建议，对存在的问题分项落实整改并持续跟踪，坚持“办学生满意的学校”。

4. 教考分离

根据联合管理办公室的规定，学校每学期期末对贯通培养各年级、各班实行教考分离，课程包括3门公共基础课程(语、数、英)和1门专业课程，由联合管理办公室聘请专家独立命题，实行统一考试、统一阅卷、统一补考，保证贯通培养教学质量。

5. 第三方独立评教制度

每学期学校由督导室聘请校外专家对全校教师的课堂教学实施第三方独立评教，对教学质量过硬的教师实行次轮免听课的激励措施；对教学能力欠缺、教学效果不佳的教师提出落实整改并持续跟踪，对确实不能胜任的教师报人事科进行岗位调整。

## 四、评估与反馈

学校成立由校领导、人事科、教务处、督导室、教学部等多部门组成的考核工作小组，按照学校考核文件规定的内容、范围、方法、手段、程序等，对考核对象做出准确、客观的定量或定性的考核，形成考核结论。多年来，学校考核工作规范有序地进行。考核指标体系包括6个方面。

(1) 教师自评与互评；

(2) 教学部主任评价；

(3) 教务处评价；

(4) 学生评教；

(5) 第三方独立评教；

(6) 校领导评价等。

学校教学质量监控的成果直接反映在贯通培养1年甄别、3年转段的合格率及学生所取得的职业技能水平、自主学习能力、持续发展能力等方面。几年来，学校2012级学生3年转段甄别全部合格，2013级、2014级学生1年甄别全部合格；学生获上海市“星光计划”第六届中等职业学校职业技能大赛“硬笔书法”“手工记账”“会计技能”“职业外语技能”等多项一等奖；2012级会计中高职班级27人，已通过会计从业资格考试18人，通过率66.7%；2013级会计中高职班级28人，已通过会计从业资格考试20人，通过率71.4%，远远超过上海市中职、高职校平均通过率。除此之外，还分别获得市级先进集体、上海市经信委先进集体等荣誉称号。

## 五、持续改进

在中高职教育贯通联合管理领导小组的领导下，在学校领导的高度重视下，按照贯通培养一体化设计的理念，实施整体教学与管理，用贯通培养模式搭建学生成长的阶梯，通过全体师生的奋斗，努力能达成贯通教育培养目标。

# 上海市工商外国语学校中高职教育贯通质量监控报告

为贯彻落实《上海市中长期教育改革和发展规划纲要(2010—2020年)》提出的"促进中等职业教育与高等职业教育衔接,构建中等职业教育与高等职业教育课程、培养模式和学制贯通的'立交桥'"的发展任务,根据《上海市教育委员会关于继续开展中高职教育贯通培养模式试点工作的通知》精神,提升职业教育教学质量,学校与上海商学院分别于2013年和2014年成功申报了国际商务专业中高职教育贯通培养和国际经济与贸易专业中本教育贯通培养试点。

中高职教育贯通国际商务专业于2014年招生30名,2015年招生32名;中本教育贯通国际经济与贸易专业2015年招生40名。

## 一、加强统筹协调,构建管理机制

为推进试点工作顺利开展,确保试点专业教育教学质量,学校与上海商学院联合成立了中高职教育贯通培养领导小组及中本教育贯通培养领导小组,对试点工作进行集中统一领导,加强组织协调,科学定位,整体规划,稳步推进试点工作的顺利实施。

中高职教育贯通培养领导小组构成如表1。

表1　中高职教育贯通培养领导小组构成表

| 分工 | 职　务 | 职　责 |
|---|---|---|
| 组长 | 上海商学院副校长 | 组织领导 |
| 副组长 | 上海商学院高等技术学院院长、上海商业会计学校校长、商贸集团秘书长 | 负责完善机制、组织管理<br>组织协调教学管理工作 |
| | 上海商学院教务处处长、招办主任 | 组织协调招生、甄别和转段事务 |
| 成员 | 上海市工商外国语学校校长 | 负责完善机制、组织管理 |
| | 上海商学院纪委副书记 | 负责高职部分监察保障 |
| | 上海商学院高等技术学院副院长 | 主持联合管理工作 |
| | 上海商学院教务处处长助理、招办主任助理 | 协助联合管理高职段工作 |
| 秘书 | 上海商学院高等技术学院院长助理 | 负责有关组织联络 |

中本教育贯通培养领导小组构成如表2。

**表 2　中本教育贯通培养领导小组构成表**

| 分工 | 职　务 | 职　责 |
| --- | --- | --- |
| 组长 | 上海商学院副院长 | 组织领导 |
| 副组长 | 上海商学院教务处处长 | 总协调 |
| 成员 | 上海商学院财经学院院长 | 负责本科段协调工作 |
| | 上海市工商外国语学校校长 | 负责落实贯通实施和日常教学质量控制 |
| | 上海市工商外国语学校副校长 | 负责中职段教学管理工作 |
| | 上海商学院国际经济与贸易专业学科带头人 | 负责本科段教学管理工作 |
| | 上海商学院国际经济与贸易专业负责人 | 负责本科段教学管理工作 |
| 秘书 | 上海商学院招生办副主任 | 负责组织联络工作 |

在领导小组之下，还分别成立了中高职教育贯通培养和中本教育贯通培养专业联合管理办公室，负责日常管理、教学方案实施、课程建设和质量保障。在联合管理办公室成员中，学校高国兴校长任副主任负责总体协调，陈文珊副校长负责教学管理，教务科王克新科长负责教学、教务管理与过程控制。

在联合管理办公室指导下，合作院校成立了联合教研组，负责日常教学方案实施、专业及课程建设，贯彻落实管理办公室的有关要求和指示精神。联合管理办公室制定了《贯通培养模式试点联合管理实施方案》，从组织机构、招生管理、质量保障、考试实习和就业推荐、教学督导工作等方面，对贯通专业的运行与管理做出统一规定，为建立规范标准，形成健全的运行机制，发挥合作优势，提高管理效率打下了良好基础。

学校还成立了具有国际化特色的专业指导委员会，有外籍企业专家 4 名，涉外企业专家 4 名，占比达 57%，充分体现了学校国际化办学特色。

专业建设指导委员会成员构成如表 3。

**表 3　专业建设指导委员会成员构成表**

| 工作单位 | 职务或职称 | 委员会职务 |
| --- | --- | --- |
| 上海市工商外国语学校 | 副校长 | 主任委员 |
| 上海市电子商务行业协会教育委员会 | 高级工程师 | 副主任委员 |
| 上海巴伐利亚职业培训咨询有限公司总经理 | 外籍专家 | 委员 |
| 德国巴伐利亚职业培训咨询有限公司 | 外籍专家 | 委员 |
| 芬兰于韦斯屈莱大学 | 外籍专家 | 委员 |
| 芬兰于韦斯屈莱大学 | 外籍专家 | 委员 |
| 东方国际集团上海利泰进出口公司人事总监 | 企业专家 | 委员 |
| 上海电视大学 | 副教授 | 委员 |
| 上海飞举服装有限公司 | 经济师 | 委员 |

（续表）

| 工作单位 | 职务或职称 | 委员会职务 |
|---|---|---|
| 上海德汉灵文化交流咨询有限公司 | 外企专家 | 委员 |
| Junior Achievement 总监 | 外企专家 | 委员 |
| Junior Achievement 高级经理 | 外企专家 | 委员 |
| 上海市工商外国语学校 | 高级讲师 | 委员 |
| 上海市工商外国语学校 | 高级讲师 | 秘书 |

在上述工作基础上，学校出台了《贯通专业管理办法》，进一步加强了对贯通培养专业的建设与管理。

1. 成立学校教育贯通专业领导小组

领导小组负责教育贯通专业的组织领导、政策与决策的制订、管理机制的建立、与合作院校的协调等工作。

组长：校长

副组长：副校长

成员：商外一部、商外二部、数控部、基础部、教务科、研导科、学生科、招就办、后保办、财务科等部门负责人。

2. 落实责任制度

实行学校领导小组领导下的专业负责人制和部门分工负责制。

教学部：负责培养方案的实施、课程改革与建设、师资队伍建设等。

教务科：负责与联合管理办公室的沟通与协调、教学运行管理、学籍管理、质量监控与保障、考试组织与管理等。

学生科：负责德育工作、学生管理、学生操行考核、班主任队伍建设等。

招就办：负责招生、转段等管理。

后保办：负责教育教学设施设备与教学资源建设与管理等。

财务科：负责贯通专业建设经费的管理。

3. 建立例会制度

每学期召开 2 次由领导小组成员与专业负责人参加的专门例会，对中本与中高职贯通专业建设开展专题研讨，分别于期中考试前与期末考试前举行。

4. 实行月考制度

每月由教学部专业团队组织测试，测试后召开教学质量分析会，从教与学两方面开展深入研究，及时解决考试所反映出的问题，不断提高教学成绩。

5. 落实专题教研制度

专业团队定期召开教研会，加强对贯通专业教学建设的研究与探索，积极参加联合教研组组织的各类教研活动，加强与合作院校的沟通与交流。

6. 实行奖励制度

凡统一考试的课程系数按 1.2 计算，并根据甄别与转段情况，对班主任和有关课程教师予以奖励。

## 二、优化培养方案，凸显“贯通”优势

试点工作成功立项后，学校会同兄弟院校在申报之初调研活动的基础上继续开展专业调研工作，深入了解上海区域经济的发展变化，把握相关行业对人才培养提出的最新要求，在上海商学院的指导下，对专业培养方案做了进一步优化修订，修订后的培养方案体现出以下几个特点：

1. 凸显一体化特征

优化后的培养方案通过中职段课程与高等教育段课程的融合，构建了一个理论知识由基础到深化、专业知识由单一到多样、操作技能由简单到复杂，在逻辑上前后连贯、一气呵成的课程体系。具体体现为“五个一体化”，即公共基础文化课程一体化、专业通识课程一体化、专业核心课程一体化、实践教学环节一体化、考级考证要求一体化。

2. 学生文化素质培养得到加强

根据市教委有关实施中等职业学校学生综合素质评价和开展学业水平考试有关文件的精神，优化方案增加了语文、数学和信息技术的课时，为培养学生深厚的文化素养，提高其可持续发展能力奠定了基础。

3. 课程结构更加合理

本着构建一体化课程体系的原则，优化方案对职业核心课程和职业拓展课程的课时与开设时段做了适当调整，使知识的前后关联、技能的循序渐进更加符合学生心智发展规律的要求。

4. 外语能力培养得到加强

为发挥学校国际化办学优势，在优化方案中，增加了英语视听说课程，并聘请外籍教师授课，对培养学生运用英语语言进行交际的能力，发挥了积极作用。

5. 考级考证要求进一步明确

以合作院校现有教育教学资源为依托，以强化专业知识和技能培养，稳步提高学生综合素质为宗旨，制订了贯通培养专业技能证书一体化设计方案。根据国家调整职业资格证书的有关要求，优化方案对此做了修订，使考级考证的要求更加聚焦专业培养目标，提高了方案的针对性与实效性。

6. 实践环节更具特色

学校在做好贯通专业实训一体化设计的同时，依托学校国际化办学特色，增加具有国际化特色的实训环节。贯通专业学生踊跃参加光华国际学生公司项目、“电商社”、中芬创意创业项目、中德合作“商务模拟公司”等项目。贯通专业的学生成为海外专业实践活动的中坚力量。

## 三、强化专业管理，落实各项规范

贯通专业联合管理办公室对招生、教学管理、学生管理等各方面工作都提出了明确要

求，并特别明确了教学管理的“8个统一”，包括教学计划（标准）统一、教学大纲（标准）统一、授课计划（进度）统一、教学管理（秩序）统一、教材（教学内容）统一、考试（教学评价）统一、教研活动（师资提升）统一、教学督查（质量）统一。

1. 统一的教学计划、教学大纲、教学进度

贯通专业的实施性教学计划及课程标准都由联合管理办公室组织制订，其中的基础文化课程与通识通用课程各合作中职校完全统一，在职业核心课程、职业拓展课程及实践教学方面，同设该专业的中职学校也完全统一。授课计划的制订根据课程考核方式的不同，分别采取不同的制订方式，其中，考试课程由联合管理办公室统一组织制订，考查类课程由学校制订。贯通专业的教案也由联合管理办公室提出模板和要求，由任课教师编写。

2. 统一的教学管理（秩序）

贯通专业的教学管理由联合管理办公室制订统一规范和要求，由各校教务部门组织落实。联合管理办公室还制订了《贯通培养模式教学检查制度》，成立教学检查领导小组和教学检查工作组，分学院、学校两个层面对教学情况进行检查。

3. 统一的教学内容

贯通专业的教材由联合管理办公室根据课程标准统一组织编写或选配。其中，本校主编了《英语》教材中的两册及《商务沟通》教材。学校还根据外语特色编写了校本教材《21世纪实用英语·口语教程》《语文·早读教材》《英语·早读教材》《中职英语基础强化训练手册》《国际贸易业务综合实训·学生手册》《国际贸易业务综合实训·教师手册》等，对补充教学资源发挥了较好作用。

4. 统一的教学评价

为充分发挥考试的检验、诊断等功能，基础文化课中的语文、数学、英语和专业课中的考试课程实行教考分离制度，由联合管理办公室组织统一命题、统一阅卷、统一分析。这种方式对调动师生教与学的积极性，发挥了重要作用。

5. 统一的教研活动

联合管理办公室组织成立联合教研组，定期开展联合教研活动，发挥集体智慧，落实“8个统一”，研讨教学课题，分享教学经验。2014年以来，每个学期开展联合教研活动在3次以上。学校积极组织专业负责人、教研室主任、备课组长、任课教师等相关人员参加统一教研活动，同时，还倡导校内教研、“点对点”教研（学校任课教师与外校同课教师单独沟通）、班科沟通等多种活动方式，及时交流信息，解疑化难，协同工作，共同进步。

6. 统一的质量保障

合作院校共同制订贯通专业管理方案、学籍管理办法、校长联席会议制度、“甄别”和“转段”工作规定、考试管理制度、甄别操作细则、教学检查制度、科研管理制度、“双师型”教学团队建设规定、教学考核与评价制度、教研活动制度、实践性教学管理规定、课程建设规划、经费保障与使用规定、学生管理制度等系列规章制度，对教育教学的各层面、各环节做出了具体规定和明确要求，构建了一套比较完备有效的教学运行与监控体系，为贯通专业各项工作的顺利开展奠定了坚实基础。

在实行合作院校联合管理，明确统一要求，认真落实联合管理办公室有关教学管理工作

规范性文件的同时，学校还根据自身实际，制订了更加详尽细致的教育教学工作制度，严把教学质量关，使贯通专业的教学管理做到标准明确，规范清晰，流程顺畅，监控严格，确保专业教学的高水平、高质量。

学校制订了关于制定与实施专业实施性教学计划的若干规定、教学大纲编制与实施办法、关于教学任务安排的规定、关于学期授课计划编写与执行的规定、企业兼职教师聘任与管理办法、教学备课管理制度、作业批改基本要求、教学常规检查制度、学籍管理实施细则、实验实训教学管理规程、建立教学质量保障与监控体系实施办法、形成性考核管理规定、教学事故的认定和处理规定、教学档案管理办法、教学类竞赛管理办法、教师职业道德与行为规范、教师赴企业挂职实践规定、教材管理规定、早读课管理办法、晚辅导管理规定、校本教材编写若干规定、科研奖励办法、第二课堂管理办法、考试管理办法、考务工作细则、考试违规认定与处理办法、说课、听课、评课制度、课堂教学基本规范、课外辅导与答疑基本要求、课程表编制管理规定、调课代课管理制度、集体备课制度、顶岗实习管理实施细则，等等一系列规章制度和工作规范，对教育教学的各环节做出了明确规定，使教育教学管理做到工作有章法，行为有准则。

以课堂教学基本规范为例，学校提出了如下要求：

1. 课堂教学的基本原则

(1) 育人为本原则。要面向全体学生，以学生为主体，以教师为主导，把促进学生健康成长作为课堂教学活动的出发点和落脚点；要树立并落实知识与技能、过程与方法、情感态度和价值观的三维目标，促进学生全面发展。

(2) 职教渗透原则。在课堂教学中，要把教学内容与职业教育有机结合，注重引导学生树立正确的职业意识，不断提高职业道德与职业素养。

(3) 启发引导原则。课堂教学中要充分调动学生学习的自觉性、积极性，激发学生的积极思维和紧张活泼的智力活动，从而使学生深刻地理解掌握知识，获得多方面的体验和训练。

(4) 循序渐进原则。课堂教学应以学科课程体系和学生身心发展规律为基本依据，科学合理地安排教学进程，使教学活动有次序、有步骤地开展，使学生能够有效地掌握系统的科学知识，有效地促进身心健康发展。

(5) 学做一体原则。课堂教学要树立职业教育新理念，推广“做中学，做中教”的教学模式；要坚持理论与实际的结合和统一，用理论分析实际，用实际验证理论，使学生从理论和实际的结合中理解、掌握知识，学会运用知识并形成技能。

(6) 师生互动原则。在课堂教学活动中，教师在充分发挥自身作用的同时，还要充分调动学生的积极性和主动性，充分发扬教学民主，使教学过程始终处于师生协同活动，相互促进的状态之中。课堂教学中，应尽量避免“一言堂”“填鸭式”的教学方式。

(7) 因材施教原则。教师在教学活动中，要从学生的实际出发，根据不同教学对象的具体情况，采取不同的方式和方法，进行差异性教育，使每个学生都能在各自原有的基础上得到自己充分发展。

(8) 反馈调节原则。在教学活动中，教师要注重从教和学的活动中及时获得反馈信息，及时了解教与学的情况，并能够及时有效地调节和控制教学活动的顺利开展，达到提高教学效率和教学质量的目的。

2. 课堂教学的基本标准

（1）目的明确。课堂教学必须有正确、鲜明、具体、恰当的教学目的，教学目的一般应该包括传授知识、发展智力、提高能力、培养品德等方面；教学目的不仅教师自己必须明确，而且也要让学生清楚，使师生双方活动始终围绕教学目的展开，做到教有方向，学有目标。

（2）内容正确。课堂教学传授给学生的知识、技能、思想、观念，应准确、完整、严密、可靠，应观点鲜明、正确无误、条理清楚、层次分明，具有科学性、思想性、系统性、逻辑性。

（3）重点突出。课堂教学要详略得当、严谨有序；要使关键的知识点与能力点得到强化、突出，并能够有效突破教学难点。

（4）方法适当。教学方法的选用要符合教学目的、学科特点、教材性质及学生实际和教师特长，要因课型而异，因对象而异，因内容而异。课堂教学应注重采用启发式教学、讨论式教学、案例教学等现代教学方法。

（5）语言得体。课堂教学中应使用普通话授课，并使教学语言做到准确、鲜明、生动、形象，语言表达连贯、流畅、有层次、有逻辑、有引导性和条理性；应避免课堂语言的无效重复。

（6）气氛良好。在整个课堂教学中，教师和学生应始终处于积极状态，教师充分发挥主导作用，学生充分体现主体作用，双边活动，思维同步，相互响应，配合默契。

（7）板书合理。课堂板书应具有周密的计划性、严密的科学性、深刻的启发性、简约的凝练性、整洁的美观性。

（8）课件得当。在课堂教学中要充分发挥现代教育技术手段辅助教学的优势，但应正确处理此类手段与教学内容的关系，在运用课件时应避免无效图片和动画等对学生注意力的干扰，应避免课堂教学容量过大及进程过快等弊端。

3. 课堂教学的基本要求

（1）课堂授课之前，教师应充分准备，认真备课，写好教案；不得无教案授课。

（2）教师在预备铃响前应到达教学场所，若使用多媒体辅助教学，必须于上课铃响前打开多媒体设备，运行教学课件或其他软件，做好各项上课准备。

（3）上课铃响后，在教室上课的教师应要求全体学生起立，师生互相致意后宣布开始上课。

（4）授课过程中，教师应精神饱满，注意调动学生的听课情绪；教态自然大方，不坐着或伏在讲桌上讲课；不得使用手机。

（5）注重教学环节设计，教师讲授新内容之前应有导入，新内容讲授结束应有小结，并布置适当作业，课后应有教学反思与回顾。

（6）课堂教学过程中，教师不得发表与教学内容无关或错误言论。

（7）教师应允许学校领导、教学管理人员或其他教师听课，不得以任何理由推托或拒绝。

（8）严格执行考勤制度，重视课堂管理，加强课堂纪律，维持良好课堂秩序。课后及时将学生考勤情况录入管理系统。

(9) 严格遵守作息时间，准时下课，不拖堂，不提前下课；非特殊情况下，教师不得擅自离开课堂。

(10) 认真落实《作业布置与批改制度》和《学科作业标准》，做到精心设计，要求明确，布置清楚，批改认真，讲评及时。

为保障上述制度与规范的贯彻落实，学校实施了全方位的教学监控与反馈制度。教务科、教学部干部员工组成巡查队伍，从早读、日常教学到晚自修进行全天候教学巡查。发现问题，及时解决。这些措施对维护教学秩序，提高管理质量起到了重要作用。

学校加强对教案编写、作业布置与批改、听课评课、教研室工作等方面的教学检查，实行书面反馈制度。对被检的每位教师都给予书面反馈，并请被检教师就管理部门的反馈意见进行再反馈，有效促进了检查的交流、沟通与整改作用的发挥。

学校每学期召开学生座谈会，了解教师教学工作情况，掌握学生学习状态与学风，汇集学生对教学工作的意见建议和要求。每学期至少召开 1 次学生家长会，加强家校联系，形成教育合力。

## 四、优化师资配置，建设优良团队

为保证贯通专业的教育教学质量，学校为其配置了综合素质好、业务能力强、教学水平高的师资队伍，逐步构建贯通专业教育教学工作的优良团队。学校共有 26 名教师从事贯通专业 2014 级和 2015 级的教育教学工作，具有中高级以上职称 22 人，占 84.61%，其中，高级讲师 8 人，占 30.77%；研究生学历 4 人，占 15.38%；双师型教师 5 人，占专业教师的 50%。还有 3 名教师被聘任为学校专业(学科)带头人和名师工作室主持教师，1 名教师为上海市名师。学校另外还配有外籍教师 2 名。

在队伍建设方面，学校一直十分重视师德建设，把培养教师具有正确的政治方向、高尚的思想品质、优良的职业道德、强烈的团队意识作为贯通专业师资队伍建设的必备内容和重要目标，以"勤勉踏实的治学精神，为人师表的高尚品德，教书育人的杰出楷模"为主线，建立长效机制，树立优良师风、教风，创建良好学风、校风。

学校大力开展师资培训工作，以提高师资队伍业务能力为目标，针对中高等教育贯通模式对教师教育教学能力提出的新要求，制订专业师资培养规划，积极开展各类培训，提高教师整体素质，集中力量培养一批骨干教师。2014—2018 年，该专业有 10 名教师参加了市级骨干教师培训，英语和专业课教师于 2015 年暑期赴澳大利亚参加了 TAFE 学院的教学技能培训。

## 五、开展各类活动，提升综合素养

学校在做好学科课堂教学的同时，实施了学生综合素质一体化提升计划。通过专业社团、文体社团、第二课堂等多种途径，开展课外教育学习活动，努力培养学生的综合素质。电商社、合唱队、管乐队、舞蹈队、羽毛球社、摄影社、民乐社等丰富多彩的活动平台，为学生提供了增长知识、磨炼技能的多元途径，也为他们展示才华与风采提供了良好舞台。

贯通专业的学生还积极参与学校组织的技能节、上海市"星光计划"职业技能大赛、全国职业院校技能竞赛等竞赛活动，并取得了良好成绩。

作为以国际化为办学特色的学校，学校组织贯通专业学生积极参加各类国际交流活动，在学校举办的国际学生冬令营、夏令营和国外姊妹学校交流互访等活动中，贯通专业学生都积极参与其中，展示了良好的精神风貌和技能素质。

## 六、建设成效初显，教学成绩喜人

中高等教育贯通培养模式试点工作开展近两年以来，贯通专业取得了许多成果，主要有5个方面：

1. 学生学业考核取得了较好成绩

在联合管理办公室统一组织的教考分离科目中，贯通专业学生在期中、期末考试中都取得了较好成绩。以国际商务专业2014级为例，在第一学期期末考试中，语文平均分为79.45分，在商学院7所合作中职校中名列第一，比73.37分的平均分高出6.08分；数学的平均分为80.37分，名列第一，比69.28分的平均分高出11.09分；英语的平均分为89分，名列第一，比77.14的平均分高出11.86分。

2. 考级考证通过率高

以国际商务专业2014级为例，该专业在所参加的考级考证中，普通话证书合格率为96.43%，比全校89.62%的平均合格率高6.81个百分点；PETS二级20人报名，18人通过，合格率为90%，比全校60%的平均合格率高30%；PETS三级合格率达到了43%，比全校7%的合格率高36%；托业桥考试22人报名，全部通过，合格率100%，该考试上海的合格率为60%左右，其中1名同学获得了上海唯一的满分。

3. 学生职业技能竞赛成绩良好

以国际商务专业2014级为例，在第一学期学校组织的技能节各类比赛中，有26人次获得一二三等奖；在上海市第六届“星光计划”职业院校技能大赛中，杨晶同学获得职业外语技能英语项目一等奖，在全国职业英语职业技能大赛中，杨晶同学代表上海参赛，以项目第一名的优异成绩摘取金牌。

4. 学生国际化视野进一步拓展

贯通专业学生积极参与学校各类国际化合作项目，超过50%学生参加学校学生公司项目，约50人次已经参与义乌、诸暨、上海小饰品商城开展实地调研，6名贯通班学生赴韩国开展实地调研，5名学生参加中芬合作创意创业项目，3名学生参加工商外品牌的国际夏令营活动，这些活动拓展了学生的国际化视野，增强了国际理解力，提升了综合素质。

5. 生源质量有明显提高

2014年，中高职教育贯通国际商务专业招收上海生源的平均分为532.5分，比国际商务中专班的436分高出了96.5分。在商学院中高职贯通7所合作学校中居于首位，比501分的平均分高出了32.5分。

2015年，中高职教育贯通国际商务专业招收上海生源的平均分为513分，比国际商务中专班的474.33高出了38.67分。在商学院中高职教育贯通7所合作学校中名列第二位，比490.9分的平均分高出了22.1分。中本教育贯通国际经济与贸易专业招生平均分为534.84，比财经商贸大类的其他中专班级477.03的平均分,高出了57.81分。

## 七、理清存在问题,及时做出整改

在贯通培养试点工作中,也遇到了一些问题。通过研究探索,努力寻求解决途径,以使贯通试点工作能够取得更好效果。

比如学生学习动力的保持问题。有些学生刚入学时,觉得进入贯通专业就等于上了大学,从而放松了对自己学业方面的要求,缺乏较强的进取心与较高的积极性。通过开展专业教育、生涯发展指导、召开学生家长会、专题座谈会等途径,帮助学生了解贯通专业的培养目标和能力规格,明确甄别与转段的条件要求,引导学生树立远大目标,激励他们为之而努力学习,不断进步。

再如,因贯通专业规模较小而造成的选修课难以充分开设的问题。通过学生社团与第二课堂等方式,引导该专业学生与中专其他专业学生共享社团资源,以弥补选修课特别是通识通用类选修课方面的不足。

另外,贯通专业一体化的课程体系与现行考试制度存在一定矛盾。如高校段的计算机考证无法前移,造成了该门课程中职段与高校段的割裂。如果上级部门能够给予贯通专业特殊政策,允许原在高校段举行的考证,可以适度前移到中职阶段,即可较好地解决这一问题。

# 上海市商业学校中高职教育贯通质量监控报告

加强人才培养质量监控工作，是确保人才培养质量达到预定目标的重要手段。根据上海商学院—上海市商业学校会计专业和国际商务专业中高贯通教育人才培养方案，学校的教育教学工作紧紧围绕“一体化设计、分段监控、全程贯通、共保质量”等教育教学活动的各个环节，建立健全中高职教育贯通质量管理体系，进一步强化和完善教学质量监控体系运行的长效机制，取得一些工作成效。

## 一、质量监控组织

学校成立了由校长任组长，其他校级领导任组员的质量监控领导小组；教学分管校长任组长，教务处主任和学生处主任任副组长，其他相关职能部门主任、相关教学部主任和专业负责人任组员的教学质量监控工作小组。教学质量监控工作小组日常机构设置在教务处。工作小组积极执行领导小组的各项决议，明确教学过程管理和教学质量监控长期运行的工作范围和各自的岗位职责要求，制定了《教学质量监控与保障体系建设的实施办法》《教师工作职责与规范》《实训指导教师工作规范》《教材选用制度》《督导听课评课制度》《集体备课制度》《教师教学质量评价实施办法》《毕业生实习管理办法》等工作文件，形成了比较系统完整的教学质量监测与保证体系的制度框架。这一体系包括教学资源监控、教学过程监控、教学信息监控、教学评价监控等方面，从而在制度上规范教学过程管理和教学质量监控工作。

## 二、质量标准

### (一) 教学条件建设质量标准

1. 师资队伍建设质量标准

(1) 有起领衔作用的专业带头人，至少有 2 名高级专业技术职务的专任专业课教师，专业专任教师的师生比达到 15∶1。

(2) 专业专任教师本科学历达标率达到 100%，双师型比例不低于专任专业教师 60%，不同授课形式的企业兼职教师比例达到专任专业课教师的 25%。

(3) 按照学校师资队伍建设规划，每年度有教师参加国内外、各级个类师资培养，取得预定的进修成果。

(4) 学校有教育教学科研工作管理制度和激励措施、专职教科研管理人员，有年度科研工作目标。

2. 教学经费投入标准

(1) 学校有规范的财务管理制度，专业建设立项、实施和验收过程规范。

(2) 学校有年度师资队伍建设经费预算，保障年度师资队伍培养计划实现。

(3) 学校制定制度和设立专项经费，确保学生各项活动和评优奖励的顺利开展，确保班主任队伍培养和激励。

(4) 学校经费预算能确保专业式样、实习实训按课程标准实施，确保公用教育教学设施设备完好。

### (二) 教学基本建设质量标准

1. 专业建设标准

(1) 专业建设符合学院(校)中长期发展规划，有明确的目标、思路、途径和实施措施。

(2) 专业调研报告详实，服务区域产业发展重点，人才培养对应企业典型岗位。

2. 课程建设标准

(1) 成立以行业企业专家组成的专业指导委员会，对确定专业人才培养目标和核心课程内容起主导作用。

(2) 有经企业调研和行业企业专家审核、界定清晰的专业工作任务与职业能力分析，内容翔实，表述明确。同时有与专业职业能力要求对应的人才培养目标和人才规格，有明确的职业资格证书要求。

(3) 课程整体结构符合本专业职业核心能力，拓展能力培养要求，公共基础课、专业课程、实践性比例符合教育部和上海市教育委员会有关规定。

(4) 课程标准有明确的课程目标、能力要求、内容组成、教学设计、考核要求、课时和实施建议等内容，理论与实践教育教学紧密结合。

(5) 在学校和企业进行的实训、实习等实践性课程有明确的目标、内容、进度和考核标准。

3. 教学研究与改革

(1) 专业每年度设立和开展教科研活动、专业教育教学改革项目，按计划取得预定成果。

(2) 专业教科研成果应用和教育教学改革有典型成功案例。

4. 教材建设标准

(1) 符合教育部和上海市教委要求的文化基础课、专业基础课统编教材，选择符合上海市中职专业课程改革要求的核心课程教材。

(2) 学校根据需要组织编写讲义、手册、指导书、校本教材等辅助效率。

(3) 专业有数字化教学资源，形式多样、使用方便，能提高教和学的效率。

5. 实验实训条件建设质量标准

(1) 实验、实训设施设备能满足课程标准实施要求，并根据专业发展及时增添和更新设备。

(2) 专业至少有两个教委稳定的校外实习基地，为学生实习提供主要实习岗位、购买有关保险，学生实习过程管理规范，实习内容符合课程要求。

（3）实验实训设施齐全，实训设备使用有记录，实验实训场所安全设备及时维护、维修。

### （三）教学环节质量标准

1. 备课质量标准

（1）备课是上好课的基础，是保证教学质量的关键环节。任课教师必须认真备课，不上无准备的课。

（2）对教师备课的基本要求：

① 熟悉课程标准，深入钻研教材，明确教学目的和要求；明确基本理论、基础知识、基本技能的具体内容，掌握重点、难点，以及对实际操作能力的要求；了解教材体系及各章节的内在联系，了解与课程前后衔接的教学内容。

② 了解学生情况，增强教学的针对性，做到因材施教。

③ 认真选择教学方法，精心设计教学程序。

④ 认真准备补充教材、辅助教材、案例、习题和作业；认真准备教具、实验器材、电教器材。

（3）任课教师应在充分准备的基础上，编写每堂课的教案。教案一般应包括：课题、教学目的和要求，复习旧课的内容和方法，讲授新课的内容、方法和重点难点，课堂练习的内容和方法，课外作业的安排，时间分配，板书设计等。用多媒体课件上课，也要有教案。

（4）任课教师应掌握现代化的教学技术，充分利用先进的教学资源。

（5）教师备课以个人备课为主，在个人备课的基础上重视开展集体备课。教学部要组织同一课程的教师定期进行集体备课。集体备课的主要任务是讨论贯彻课程标准，处理教材重点、难点，研究统一教学进度，安排练习和作业，总结交流教学经验体会等。

（6）教师备课应有两周的提前量，教师担任重复讲授的课程，亦应有新的准备，注意更新教学内容，根据教学对象的变化调整教学方法。

（7）教学部主任、教研组长应经常了解检查教师备课情况，对集体备课做出安排。教师参加集体备课的状况应作为考核教师教学工作的内容之一。分管副校长、教务处主任、教学研究室主任要有计划地参加集体备课，抽阅教师教案，检查教师备课。

2. 上课质量标准

（1）讲课是教师传授知识、激发学生学习兴趣、提高学习能力、操作能力的主要形式之一，是直接关系教学质量的重要环节。教师应在认真备课的基础上，遵循教学原则和规律，运用有效的教学方法和手段，抓好组织教学、复习旧课，讲授新课、课堂小结、布置作业几个环节，讲好每一次课。

（2）对教师讲课的基本要求：目的明确，讲授正确，重点突出，语言清晰，板书工整，组织严密，效果明显。教师讲课要启发学生的学习自觉性，启发学生智力，培养学生分析问题、解决问题的能力。

（3）教师应提前到达上课地点，做好上课准备，做到不迟到，不提前下课，不拖堂。教师缺课误课，按教学事故处理。

（4）教师上课要注意自己的仪表，教学语言要规范、适当。对学生要有爱心。要保持课堂气氛，把握课堂节奏，对课堂要做好调控工作，对于突发事件要冷静、妥善处理。

3. 作业布置与批改质量标准

（1）作业练习是学生巩固所学知识，形成技能技巧、提高分析问题、解决问题能力的重要手段，也是检查教学效果，督促学生学习的重要方法。任课教师应重视作业练习，精心准备，及时布置，认真批改，细致讲评，使作业收到预期的效果。

（2）作业应有明确的目的和要求，深度、广度适当，数量适中。作业内容要体现课程标准的要求和本学科的特点，要侧重培养学生思维能力、解决问题的能力。教师应注意督促学生按时完成作业。

（3）教师要及时、认真批改作业，批改方法应从实际出发，讲求实效。教学部应对作业批改提出具体要求，既防止只布置作业不批改作业的现象，也要防止作业批改量太大的现象。

（4）教师批改作业要有成绩记录，要认真分析作业中出现的共性问题，要对作业进行讲评。

（5）教学部要经常了解学生作业情况，教务处每学期要检查一次学生作业和批改情况。学校可以通过举办作业展览、作业评比等活动，鼓励学生独立完成作业，倡导一丝不苟做作业，作业整齐美观。

（6）重视课堂练习。课堂练习不仅是当堂理解所学知识的必要环节，而且能比较准确地反映学生掌握知识的程度和存在的问题，对改进教学有重要参考价值。

（7）学生必须按规定完成作业。每学期学生累计不交作业超过该学期作业总数 1/3 时，教师要提醒、督促学生补交，未在规定时间补交者，取消学生该门课程考试资格，并将名单报教务处。

4. 课外辅导质量标准

（1）辅导和答疑是课堂讲授的必要补充，是解除学生疑难，指导学生自学，因材施教，改进教学的一个重要环节。任课教师应深入学生之中，有计划、有针对性地开展多种形式的辅导答疑活动。

（2）教师对学生辅导和答疑应以个别进行为主，除非遇到普遍存在的问题，一般不面向全班辅导。

5. 考试考核质量标准

考核成绩是评定学生学业成绩，检查教学质量的重要手段，是教学工作的重要组成部分。教务处应按照专业教学计划的规定，认真组织实施学生学业成绩考核，以评定学生学习成绩，督促学生学好功课，了解学生学习运用所学知识技能的情况，研究改进教学工作。

（1）考试、考查。学生学业成绩考核，主要以考试、考查的方法进行。

① 考试是对学生所学知识技能进行总结性考核的方法。考试课程全面考核学生掌握知识技能的程度：要求学生通过复习，牢固地掌握所学知识和技能。理论课考试可以采取笔试、口试、开卷、闭卷等不同形式。实践课程的考试，主要考核学生的实际操作能力。学校应根据专业教学计划和实习实训计划的规定，认真组织期中考试、期末考试。有些连续开设的

课程还可以进行学年考试。

② 考查是对学生所学知识和技能进行经常性考核的方法。凡专业教学计划规定的考查课程，教师应在平时教学中通过日常观察、课堂提问、作业、作文、实验、实际操作和平时测验等，采集学生学习成绩，并根据平时采集的 3 次以上的成绩，评定学生考查成绩。考查课可不用试卷考查。考查课的平时测验，应列入学期授课计划，一学期 2～3 次，一次 1 个课时。

③ 不论考试、考查课程，期中考试前后至少安排 1 次月考或单元测验。月考或单元测验成绩计入平时成绩。

④ 学生应按规定时间、地点参加考试，不得缺考。确因病或无法克服的困难不能参加考试时，应按规定请假，经班主任同意、教务处批准。未经批准旷考者，本门课程不予评定成绩。

（2）命题。试题内容对学生学习方法有很大的影响，拟制试题是考试的首要环节。因此，学校和教学部在组织考试时，首先要重视和组织好命题工作。

① 命题的基本要求。根据课程标准规定的教学内容、教学目的和要求命题，试题的深度、广度适当，能够反映课程的基本要求。

试题要有较大的覆盖面，有适当的量，以考核学生全面掌握知识的状况；又要有一些有一定难度的题目，以考核学生掌握重点难点的状况。

试题要注意考核学生运用所学知识和技能的能力，除必须熟记的知识外，避免出靠死记硬背回答的题目。

试题应有一定的坡度，难易比例适当，以便分辨学生成绩的优劣，使已掌握基本知识和技能的学生能取得及格的成绩，优秀的学生取得优异的成绩。

② 命题由教学部负责。教学部主任应根据学期教学工作计划，提前组织任课教师命题。试题拟定后，由教学部主任审阅修改。考试题由教务处审查、批准。

③ 命题的同时，应制定参考答案和评分方法。考试课程应拟定两套试题，由教务处选用，一套作为考试题；另一套准备补考时使用。

④ 教务处应在考试前做好试卷的印刷、分卷、密封、保管工作。

⑤ 试题如由任课教师命题，命题工作开始后，任课教师当即停止辅导，只进行答疑。要有保密安全意识，所有接触过试题的人员承担保密义务。泄密者按教学事故处理。

（3）监考。监考教师职责：

① 监考教师应于考试前 15 分钟领取试卷，提前 5 分钟进入试场，清点学生人数，宣布考试纪律。可以提前 2 分钟发试卷。

② 监考教师可以更正试卷上的差错，可以回答学生关于试卷字迹不清的问题，但不得回答有关试题答案内容的问题。

③ 监考教师集中精力监考，不得在考场看书报、交谈或做其他与监考无关的事情。

④ 发现学生作弊时，对情节轻微者给予批评、警告、制止。对已形成作弊事实者，责令其停止答卷，离开考场。考试后将情况报教务处。教务处将相关材料移送学生处，学生处根据作弊情节和有关规定提出处理意见，经分管校长批准后执行。

⑤ 考试结束后，监考教师应收齐试卷，并送到指定地点。同时填写考场记录表，送教务处备查。

(4) 阅卷。考试结束后，教学部应即刻组织教师评阅试卷，评定学生成绩。

① 两位以上老师上课的课程，在阅卷时要采取集体流水作业。由各课程组负责人进行具体的流水分工。

② 阅卷前由课程负责人组织阅卷人员核对答案，并组织学习评分标准和阅卷要求，然后试评 3～5 份试卷。若发现自行不能处理的问题，须及时与部门负责人联系。

③ 阅卷必须客观、公正，严格掌握评分标准，认真按评分标准阅卷打分、记分，要做到给分有理，扣分有据，严格把握评分细则，不得随意更改评分标准。若试卷有争议的地方，需经课程负责人同意方可更改。

④ 阅卷必须用红色圆珠笔或红色钢笔书写。阅卷要有批阅痕迹。答案完全正确时统一打"√"，完全错误时打"×"，部分正确的打"√×"。

⑤ 评分时一律按得分(正分)标示，不按失分(负分)标示。大题、小题均要标示得分。最后，大题得分要登记在试卷标头上对应的分数框内。

⑥ 阅卷后要进行认真复核，发现漏评、漏记或总分统计错误应及时更正；对评定分数或总分记录进行修改时，阅卷人必须签名。

⑦ 评阅后必须进行认真复查，严防误判、漏判。

⑧ 成绩按百分制评定。学期总评成绩由平时、期中、期末 3 部分组成；平时成绩(含作业成绩、课堂表现、测验或月考成绩)占 40%，期中考试成绩、期末考试成绩各占 30%。没有期中考试成绩的，学期总评成绩则由平时 40%、期末 60%组成。

⑨ 教师应在考试后 3 天内完成试卷评分，填写成绩登记表送教务处存查，同时还要将成绩登录校园网。

(5) 试卷分析。

① 凡考试课程，任课教师均应在评阅试卷后认真写出试卷分析，经教学部主任审阅后送教务处。

② 试卷分析可以用试卷分析表，也可以用文字分析。内容一般包括试题构成、学生成绩、不同类型试题的答题情况。卷面反映的教和学的问题和改进教学的意见等。

③ 教务处应综合各科试卷分析的内容，写出考试分析报告，供学校领导和教师参考。

### (四) 教学评价质量标准

教师教学评价质量标准采用百分制，具体评价内容和分值如下：

1. 师德建设 10%

其中政治态度 2%，工作责任心 5%，组织纪律与团队合作 2%，班主任工作 1%。由校级领导、党办、行政办、学生处、高职办、教学部书记进行测评。

2. 教学水平 65%

其中学生测评 40%(教学内容 8%，教学方法 8%，教学效果 8%，管教管导 8%，教学水平 8%)由老师所任课班级的全体学生进行评教；教学管理部门测评 20%(教学内容 4%，教学方法 4%，教学效果 4%，管教管导 4%，教学水平 4%）由校级领导、教学督导、教务、教研室、教学部主任进行测评；教学督导 5%，由校督导组的常规督导听课。

3. 教学常规 20%

其中常规检查 6%（授课计划制定 3%，作业布置和辅导 2%，教室日志填写 1%）；教学秩序 5%（课表执行情况 2%，教师遵纪情况 2%，课堂调控情况 1%）；考务常规 3%（监考安排执行情况 1%，监考过程控制情况 1%，监考职责履行情况 1%）；学生成绩 2%（合格率达标情况 1%，优良率达标情况 1%）；教案检查 4%（首页项目 0.6%，过程设计 1%，教学内容 1%，目的要求 0.4%，方法手段 0.4%，时间安排 0.2%，教学反思 0.2%，教案数量 0.2%）由教务处负责组织检查，检查员输入。

4. 教学科研与工作负荷 5%

其中科研与课改 2%，教研活动 1%，多教案 0.5% ，完成听课任务 0.5%，工作量 1%。根据教师业务具体完成情况进行评价，由教务处负责组织检查，并有专人统计、输入。

## 三、监控措施

1. 以“质量”为核心，注重监控制度的建设

教学质量监控组由各教学部督导组听课组、高职督导听课组等组成。教学督导组是由具有高级职称，并在教学管理、教学实践方面有突出成绩的一线教学管理人员和专任教师组成，通过听课评课方法，收集教师教学质量信息，并对学校教学过程的全面随机监控，为学校教学情况提出改进措施。

2. 以“师资”为关键，注重新教师上岗审核与培训

把好教师任课资格第一关，对新教师上岗接受教学任务之前进行课堂教学试讲。由行政办和教务处牵头，教学部相关领导、老教师、教学团队等组成评课组，运用教师教学基本要求的评价指标，对新教师的教案准备、课堂教学情况进行考核，合格者上岗，不合格者进行培训，经过新一轮试讲合格后方能接受授课任务。对新教师，还需结合学生的评价和意见反馈，随时抽查课堂教学的实施效果。

3. 以“过程”为重点，注重教学管理的落实

严格执行学校教师教学规程的各项要求。对教育的教学过程设计、教学资源的运用、实践性教学环节设计和安排、专业课课堂教学各环节考核、平时作业布置、批改情况及课堂出勤考核等情况，教务处坚持不定期的工作检查，收集日常教学过程的有关信息，同时对学生的反馈信息及时处理，随时掌握课程教学的质量要求，并提出工作改进意见，通过教学部把改进意见提供给有相关教师，做到了对教学质量要求的实时控制。

4. 以“课堂”为中心，注重教学质量的实效

(1) 坚持“听评课制度”。确定教学部主任、专业负责人（每学期评课不少于 4 次）、教师（每学期听评课不少于 2 次）的听评课制度。取得明显效果。另外，坚持“老带新制度”，实现老教师的“传、帮、带”，起到以老带新，共同提高的效果。

(2) 探索课堂教学方法改革，贯彻任务引领教学理念，引导学生做学一体。同时探索教考分离模式，坚持 AB 卷制度，坚持试卷分析，发现问题，及时反馈整改。

5. 以"检查"为手段，注重教学检查的总结

教务处和教学部在每学期末都进行教学检查工作总结，巩固教学成果，推进先进经验。同时还积极组织课堂教学示范课活动，课后进行课堂教学效果的讲评，指导任课的青年教师认真备课，带动和形成教师之间的钻研教学业务、研究教学理论的学术氛围，特别是教学团队起到了师范作用，对教师的公开示范课进行总结和评价，巩固教学成果，促进教育教学质量的稳步提升。

6. 以"学生"为根本，注重学生管理与评教反馈

(1) 坚持"学生为本"的服务理念，加强对学生日常行为规范的监督管理。严明学习纪律，严格考试管理，严肃考场纪律，严格评分标准，坚决杜绝考试舞弊、弄虚作假的倾向和行为。对于违反学院规章制度的学生，坚决按照有关规定严肃处理。

(2) 采取学生评教方法，注重教学过程监控和质量分析，通过对评价信息的统计处理，可发现课堂教学中的优点和不良环节，从而为教学改革决策提供客观依据。

## 四、评估与反馈

### (一) 落实联合教研

学校严格执行上海商学院高职技术学院联合教研的相关规定，每学期组织教师积极参加期初、期中、期末 3 次教研活动，严格执行教考分离制度，统一教学进度，统一教学难点，统一评分标准，统一试卷分析。

### (二) 执行课程标准

学校严格按专业人才培养方案开全开足开好每一门课程。严格执行课程标准和课程进程表，教师任教必须以课程标准为核心，完成课程标准框定的教学内容，实现课程标准制定的教学目标。

### (三) 创新常规管理

我们依据教与学两者的主要过程环节和相辅相成的关系，明确提出了教学常规 5 认真，即：教师认真备课、认真上课、认真选编和评改作业、认真辅导、认真考查；学生认真预习、认真听课、认真复习、认真作业、认真达标。我们狠抓常规管理不放松，且愈来愈规范化、正常化，因此学校基本形成了良好的教风和勤学善思的学风。尤为可贵的是学生们已经初步养成了"先预习后听课，先复习后作业，先分析后解题，先理解后记忆"的"四先四后"的学习习惯，为学生的终生学习打下坚实的基础。

### (四) 实施质量跟踪

教学质量是学校教学工作的生命线。规范完善的管理是提高教学质量的根本保证，因此学校在规范管理中，尤其注重突出质量意识。单元测试(或月考)是检查教学质量是否落实的基本手段。我们要求在单元测试(或月考)中，同年级各班同一学科的检测平均成绩相

差不能太大，质量落后的任课教师，我们将跟踪听课，跟踪辅导，找出原因，及时整改，确保教学质量稳步提高。

### (五) 加强学生管理

以班主任工作为主渠道。特别强调各年级班主任对学生思想动态、心理状态的了解和把握。要求每期对学生的常规性谈话每生不得少于 5 次，与学生家长的交流每生不得少于 2 次。

### (六) 优化课程设置

加强产学研合作的广度深度，在课程体系设计中注重“理论与实践并举，知识和能力共进”，通过优化课程设置，学生就业创业能力的教育不断增强，学校在服务地方经济和社会发展方面发挥了重要的作用。

### (七) 优化师资结构

生师比达到 15∶1，具有研究生学位专任教师比例升至 60%，高级职称比例达 40%，“双师型”教师占 60%，具有行业背景的专任教师占 25%。每年安排 1～2 位教师境内外培训、企业挂职实践、攻读学位。师资结构持续优化。

### (八) 改善教学条件

教学经费投入显著增长，教学条件持续改善。2012—2015 年，年生均教学日常运行支出平均增加 5%，2015 年生均教学科研仪器设备值提高到 6 976.8 元，图书馆纸质藏书 12.1万册，电子图书 6 万册，数字化资源增长显著，达 5TB。

### (九) 提高教学质量

目前，学校中高职会计专业有 4 个班级，分别是会计 121(高职段)，会计 131(38 人)、会计 141 和会计 151；中高职国际商务专业有 2 个班级，分别是国商 141、国商 151，教学质量得到教委和家长的高度评价。2014 年上海市教育评估院对学校中高职贯通会计专业进行评估，各项评估指标符合教委评估要求，评估结果合格；2015 年上海市教育评估院对学校中高职贯通国际商务专业进行评估，各项评估指标符合教委评估要求，评估结果合格。

## 五、持续改进

教学质量监控的有效进行，具有评价、激励和引导作用，是提高教学质量的重要手段。通过质量监控体系的设置和执行，对学校教学质量稳步提升起到了保障作用，但还存在不足，有待持续改进。

### (一) 深化教育科研工作

虽然有些教师在教育科研方面取得相对突出的成绩，但是部分教师特别是部分年轻教师对教育科研的认识不够，科研意识不强，课程改革、课堂教学实效性探究工作需进一步加强。学校在抓好硬件建设的同时，将进一步注重促进内涵发展，加大力度深化教育科研工作。继续抓好课堂教学改革，深入研究和开发具有地方特色的校本课程，构建起科学的课程体系，按照“机制活、发展快、质量高、效益好”的要求，把会计和国际商务专业建设成为上海市中等职业学校品牌专业。

1. 优化学校管理

优化学校管理，特别是加强常规的规范管理，提高管理水平，强化“质量”意识，以管理促效益，更多地关注和追求整体质量的提高。

2. 对中青年教师高标准严要求

高标准严要求，促使青年教师多听课，多请教，多倾听，多实践，引导他们构建具有现代教育理念特征的课堂教学新模式。学校针对各教师的实际情况，给他们制定成长计划，适当给他们压担子，给任务，积极提供发展平台和锻炼机会。

### （二）重视学生多元能力的培养

学校的教育教学不仅要注重培养学生的实际业务能力，也要重视学生的理论水平；不仅要重视学生对专业知识的学习，更要重视学生综合素质的养成。因此，在拓宽学生的知识面，加强基本理论、基础知识的学习与训练，以及培养创新意识与开拓精神的同时，提高他们的应变能力、公关能力、交际能力、协调能力、口头表达能力、写作能力和服务意识等，使毕业生不仅有较强的专业知识和业务能力，同时也具备较高的综合素质，成为一个“多面手”，能不断适应新环境和新形势的挑战。

### （三）深化校企合作

深化校企合作，健全体制机制，充分发挥专业建设委员会的功能，拓宽校外实习基地，共同开发理实一体教学资源，对接企业岗位需求和企业发展，理清专业办学定位，以满足企业对应用型人才培养的需要。

### （四）引入第三方评估

目前学校教学质量监控队伍整体年龄偏大、教学工作任务重，严重影响了教学质量监控的实施效果。引入第三方评估，对于提高教学质量有积极作用。

# 上海市商贸旅游学校中高职教育贯通质量监控报告

自2013年起，学校与上海商学院连锁经营管理专业中高职教育贯通培养项目开始运行，至今已招生了6届学生。

试点近6年来，学校严格执行上海市教委有关中高职教育贯通试点学生管理和教学管理的文件，确保试点工作顺利进行。为保障项目运行和管理的质量，在项目运行之初，双方成立了中高职教育贯通培养项目联合管理领导小组、工作小组和联合管理办公室，共同协商建立针对中高职教育贯通专业的教学与管理机制，在项目运行中双方认真研究本专业一体化课程改革方法，加强学生的职业指导，努力探索连锁经营管理专业中高职教育贯通人才培养的最佳模式。

6年来，贯通班整体上管理有序，运行平稳、班级团结，学风向上，呈现出良好的发展态势，在学校各个方面都处于领先地位。学校各部门的许多活动都争先挑选试点班学生参与，给试点班学生创造了很多的锻炼成长机会，全体学生都为自己是中高职贯通试点的学生感到骄傲与自豪，班级凝聚力和荣誉感都异常强烈，为学生的学习提供了充足的动力。




## 一、质量监控组织

### (一) 管理工作领导小组

为确保中高职教育贯通试点工作的规范运行，成立中高职教育贯通试点教学管理工作领导小组，具体成员及职责分工如表1。

**表1　中高职教育贯通教学管理工作领导小组成员及职责分工**

| 组内职务 | 现行职务 | 职责分工 |
|---|---|---|
| 组长 | 上海商学院副校长 | 组织领导 |
| 副组长 | 上海商学院高等技术学院院长、上海商业会计学校校长、商贸集团秘书长 | 负责完善机制、组织管理组织协调教学管理工作 |
| | 上海商学院教务处处长、招办主任 | 组织协调招生、甄别和转段事务 |
| 成员 | 上海市商业学校校长 | 负责完善机制、组织管理 |
| | 上海市贸易学校校长 | 负责完善机制、组织管理 |
| | 上海市商贸旅游学校校长 | 负责完善机制、组织管理 |
| | 上海市南湖职业学校校长 | 负责完善机制、组织管理 |

（续表）

| 组内职务 | 现行职务 | 职责分工 |
|---|---|---|
| 成员 | 上海市工商外国语学校校长 | 负责完善机制、组织管理 |
| | 上海商学院纪委副书记 | 负责高职部分监察保障 |
| | 上海商学院高等技术学院副院长 | 主持联合管理工作 |
| | 上海商学院教务处处长助理、招办主任助理 | 协助联合管理高职段工作 |
| | 上海商业会计学校副校长 | 负责联合管理中职段工作 |
| 秘书 | 上海商学院高等技术学院院长助理 | 负责有关组织联络 |

## （二）联合管理办公室

为保障各专业的教学质量，在领导小组之下，成立中高职教育贯通培养模式试点专业联合管理办公室，负责日常工作管理、教学方案实施、课程建设和质量保障。在中高职教育贯通的5年教学过程中，全方位实施统一的教学计划、课程标准，实施统一的教学考核和教学质量考评，实施双证融通教育教学。联合管理办公室主要成员及职责分工如表2。

**表2　联合管理办公室主要成员及职责分工**

| 组内职务 | 现行职务 | 职责分工 |
|---|---|---|
| 主任 | 上海商学院高等技术学院副院长 | 负责申报文件、教学质量控制 |
| 副主任 | 上海市商业学校校长 | 组织教学，日常管理 |
| | 上海商业会计学校副校长 | 组织教学，日常管理 |
| 成员 | 上海市贸易学校副校长 | 组织教学，日常管理 |
| | 上海市商贸旅游学校校长（兼） | 组织教学，日常管理 |
| | 上海市南湖职业学校副校长 | 组织教学，日常管理 |
| | 上海市工商外国语学校副校长 | 组织教学，日常管理 |
| | 上海市商业学校教务处主任 | 教学、教务管理、质量甄别、过程控制 |
| | 上海商业会计学校教务处主任 | 教学、教务管理、质量甄别、过程控制 |
| | 上海市贸易学校教务处主任 | 教学、教务管理、质量甄别、过程控制 |
| | 上海市商贸旅游学校副校长 | 教学、教务管理、质量甄别、过程控制 |
| | 上海市南湖职业学校教务主任 | 教学、教务管理、质量甄别、过程控制 |
| | 上海市工商外国语学校教务科长 | 教学、教务管理、质量甄别、过程控制 |
| | 上海商学院高等技术学院交通路院区教务处副主任 | 秘书 |

## （三）联合教研组

为保障各专业的教学质量，在联合管理办公室指导下，成立联合教研组。负责日常教学方案实施、专业及课程建设，贯彻落实管理办公室的有关要求和指示精神。具体见表3。

表3 中高职教育贯通联合教研组

| 教研组组长 | 学 段 | 备 注 |
|---|---|---|
| 会计 | 中职 | 专业课程建设，教学实施 |
| | 高职 | 专业课程建设，教学实施 |
| 连锁经营管理 | 中职 | 专业课程建设，教学实施 |
| | 高职 | 专业课程建设，教学实施 |
| 电子商务 | 中职 | 专业课程建设，教学实施 |
| | 高职 | 专业课程建设，教学实施 |
| 金融管理与实务 | 中职 | 专业课程建设，教学实施 |
| | 高职 | 专业课程建设，教学实施 |
| 国际商务 | 中职 | 专业课程建设，教学实施 |
| | 高职 | 专业课程建设，教学实施 |
| 语文 | 中职 | 专业课程建设，教学实施 |
| | 高职 | 专业课程建设，教学实施 |
| 数学 | 中职 | 专业课程建设，教学实施 |
| | 高职 | 专业课程建设，教学实施 |
| 英语 | 中职 | 专业课程建设，教学实施 |
| | 高职 | 专业课程建设，教学实施 |
| 综合组 | 中职 | 除语文、数学、英语之外的基础文化课程建设和实施 |
| | 高职 | |

### （四）学校中高职教育贯通管理工作小组

分别设立由校长担任组长的上海市商贸旅游学校中高职教育贯通培养管理领导小组；由副校长担任组长的上海市商贸旅游学校中高职贯通培养管理工作小组。

## 二、质量标准

中高职教育贯通人才培养不仅需要建立完整课程体系，而且还需要建立一体化配套的质量标准，以形成一个人才培养的完整机制。依据上海商贸职业教育集团研发的连锁经营专业中高职有效衔接教学方案的相关要求，以上海商学院、上海市商贸旅游学校现有质量标准体系为依托，以上海商学院、上海市商贸旅游学校联合开发的连锁经营国际水平专业教学标准中高职教育贯通人才培养方案为依据，特制定连锁经营专业中高职教育贯通培养模式质量标准。

## 三、监控措施

### (一) 组织领导

上海商学院教学检查领导小组和中职学校教学检查工作组，对中高职教育贯通项目定期进行教学检查。领导小组由商学院院长和联合管理办公室成员组成。教学检查工作组由学校教学副校长、教务处、专业部主任等组成，负责监控常规教学执行情况。

1. 日常教学督导工作纳入学校和教务处的总体教学管理工作，由学生在籍学校或院区落实。

2. 联合管理办公室定期进行教学质量督导检查，并对督导检查中发现的问题提出整改意见，要求学生在籍学校或院区及时纠正和改进。

3. 学生在籍学校或院区根据督导报告所指出的问题及时进行纠正和改进，并将整改结果以书面形式提交联合管理办公室。

### (二) 教学监控形式及内容

中高职教育贯通培养试点班在教学运行与管理方面严格按照联合管理办公室提出的八个统一(授课计划统一、授课周数统一、使用教材统一、教学要求统一、教研活动统一、统考命题统一、考试时间统一、监控标准统一)开展工作。克服与学校中职班级运行不同步的困难，确保中高职贯通联合管理办公室的统一安排落实到位。在学校的日常管理之外，中高职教育贯通培养试点班定期召开中高职教育贯通班教学工作会和家长会，按要求使用教材，有序安排期中期末考试。定期举行教研活动和积极参加中高职贯通联合办公室组织的集体教研活动，保证集体教研活动出席率。

试点班严格按照管理办公室的考试质量要求做好期中和期末教学质量分析。开展教师满意率考评，定期开展教学专项检查，召开学生座谈会，组织教学问卷调查，听取学生反馈。学校聘请职业教育专家和专业学科专家对全体教师进行专业能力评估，确保试点班教师的能力和水平达到和超过项目要求水平。

## 四、评估与反馈

### (一) 教学总结

1. 教学检查对中高职教育贯通培养模式试点项目的运行情况进行客观、公正的评价，检查结果可通过简报等形式反馈相关部门。涉及教师个人的教育教学情况及时反馈给教师本人，以促进教学水平提高。

2. 中职校教务处汇总教学检查报告，并在教务例会或教师大会上通报。

### (二) 教学评价与考核的组织实施

1. 成立学校评价与考核工作小组

成立由学校领导、督导(教学研究室)、教务处、教学部主任和部分教师组成的考核工作小组，工作小组要组织考核人员学习有关考核文件，了解考核的目的、内容、范围、方法、手段、程序，使考核工作规范有序地进行，对考核对象做出准确、客观的定量或定性的考核，形成考核结论。

2. 听课

听课是获取课堂教学信息的重要途径，考核者需要在听课前了解所听课程的教学内容和教学目标、教学设计等，合理确定听课的重点，听课中根据事先确定的重点，有针对性地进行观察和记录。听课后认真填制“教师课堂教学质量评价表”，必要时可进行快速的课堂调查。

3. 学生评教

学生评教采用问卷调查、学生座谈会、给教师打分等方式，让学生对教师的教学态度、业务水平、教学方法、教育手段、育人方法、教学效果等进行评价。学生评教体现了以人为本、为学生服务的思想，让学生从被动的质量制定对象转变为主动的评价者。在评价中反映学生的学习需求和对教学的满意程度，使评价更为客观，也能借以提高学生的学习自觉性和主动性。

学生评教由督导(教学研究室)、教务处组织实施，要求按学期进行安排。

4. 考核结果的反馈

考核以后要检查考核程序的每个步骤，并运用统计方法，对考核结果进行统计分析。考核是为了有效地促进课堂的教与学，需要对所收集的资料进行细致分析，考核结果应与教师进行认真的沟通。

## 五、持续改进

在中高职教育贯通联合管理领导小组的领导下，在学校领导的高度重视下，在中高职院校全体教师的积极努力下，我们用贯通的思维考虑整体教学与管理，用贯通的理念引领项目的各项工作，用贯通的体系搭建学生成长的阶梯，一定能实现 3＋2＞6 的教育成效目标。以下几点是需要持续改进的。

1. 以高校引领，组织相关工作组，开展研讨，针对中高职教育贯通，完善中高职教育贯通一体化的相关制度建设。

2. 按照专业教育目标，在一体化设计方案的落实中，高职院校应在教学活动中给予更多的指导。

3. 合理安排实践教学活动，激发并满足学生的好学心。

# 上海市南湖职业学校中高职教育贯通质量监控报告

为贯彻《国家中长期教育改革和发展规划纲要》和《上海市中长期教育改革和发展规划纲要》的精神，积极探索职业教育体系建设，加快培养适应社会经济发展需要的高素质技能型人才，上海商学院与上海市南湖职业学校合作开展金融管理专业中高教育贯通人才培养。

## 一、质量监控组织

上海商学院、上海市南湖职业学校就金融管理中高贯通专业在质量监控组织上，成立了管理工作领导小组、办公室、课程联合教研组。

1. 领导小组

金融管理专业中高教育贯通人才培养领导小组(以下简称领导小组)负责组织拟订和审议贯通教育工作的管理制度，统筹协调解决贯通教育培养过程中的重点难点问题，分别由两校分管教学工作校领导，贯通教育本科院校教务处、招生办公室、教学质量监控与评估中心、监察室、高等技术学院负责人，以及贯通教育中职学校校长组成。

2. 办公室

办公室在领导小组指导下承担领导小组日常工作，包括组织修订人才培养方案、教学方案执行、课程建设和质量保障等工作。办公室主任分别由教育贯通本科院校教务处负责人、高等技术学院院长担任，办公室副主任由本科院校教务处副处长、高等技术学院副院长担任。由贯通专业所在本科院校二级学院主管教学副院长、中职学校主管教学副校长、本科及中职学校专业负责人、中职学校教学、学生、招生部门负责人，以及本科院校招办、教学质量监控与评估中心负责人组成。

3. 课程联合教研组

为保障各贯通专业的教学质量，在联合管理办公室指导下，课程联合教研组落实贯通专业人才培养方案及课程标准制订、课程建设、教材编撰及师资培训等具体工作。

## 二、质量标准

### (一) 教学条件建设质量标准

1. 师资队伍建设质量标准

优秀的师资和教学团队的配备是基础，中高职教育贯通师资的素质提升是关键。按照优质教学资源配置原则，学校选派优秀教师任教贯通班教学，在此基础上，利用中高贯通合作平台优势，外请内培，不断优化专业教师队伍结构，多渠道打造中高教育贯通师资。

在贯通实施过程中，从课程设置和教学计划的制定，到证书一体化的探讨，以及深入课堂相互听课研讨，注重与高职教师的沟通与联系。一方面，增强了教师对中高职教育贯通培养的理解，明确贯通培养的核心理念，对5年的教学进行一体化设计；另一方面，增强对教育对象的理解，能以“准大学生”的标准来看待中高职教育贯通学生，恰当把握教学对象的心理特点、认知规律，在目标导向下，积极探索教育教学方法。

2. 学校基本设施建设标准

学校装备有12间计算机房，100座学生电子阅览室，达国标的体育馆，全套的摄录像系统和监控系统，完整的校园网和多媒体教学系统等。实验实训使用面积1 900多平方米，实训设施设备齐全。各类实训的总工位数已接近100个，实验实训开出率达98%，已能满足实验实训的要求。

### (二) 教学基本建设质量标准

1. 专业建设标准

为了响应市教委提出的“上海市中本、中高贯通培养试点联合教研”的相关精神，深化教育贯通人才培养模式改革，深化课程一体化设计，推进中等职业教育和应用技术本科教育贯通等衔接模式试点，坚持执行“8个统一”的原则，即统一教学计划(标准)、统一教学大纲(标准)、统一授课计划(进度)、统一教学管理(秩序)、统一教材(教学内容)、统一考试(教学评价)、统一教研(师资提升)、统一督查(教学质量)。

2. 课程建设标准

(1) 成立以行业企业专家组成的专业指导委员会，指导专业人才培养目标和核心课程的确定。

(2) 经企业调研和行业企业专家审核，界定清晰的专业工作任务与职业能力分析，内容翔实，表述明确。同时有与专业职业能力要求对应的人才培养目标和人才规格。

(3) 课程整体结构符合一体化设计原则，公共基础课、专业课程、实践性实践比例符合教育部和上海市教育委员会有关规定。

(4) 课程标准有明确的课程目标、能力要求、内容组成、教学设计、考核要求、课时和实施建议等内容，理论与实践教育教学紧密结合。

### (三) 教学环节质量标准

学校建立了学期初、中、末教学检查制度，学期初教学检查的内容包括查教学计划、课程表、教师授课计划和教师两周备课等教学文件；查第一天教师、学生、教材的到课率；查各类教学设施完好率、修缮率等。中期教学检查的内容包括查课堂教学质量、查课程教学基本文件的执行及教研组活动的开展等情况。末期教学检查的内容包括课程考试(查)的考务管理、查教师教学质量分析、查教师教学任务完成情况等，对教学质量进行阶段性评价。

## (四) 教学评价质量标准

按照知识质量观、能力质量观、全面素质质量观，构建全素分析、全程监控和全员参与的“三全”教学质量监控评价体系，也就是说，既要监控教学的输入质量，又要监控教学的运行质量，还要监控教学的输出质量，每学期学生都能顺利完成学科的学习，教考分离课程全部达标。

# 三、监控措施

1. 严格执行联合办公室制定的管理制度(上海商学院贯通教育人才培养管理制度)

2. 建立一体化监控评价机制

过程监控是把控项目成功的关键，一体化评价是衡量项目成功与否的准绳(见图 1)。

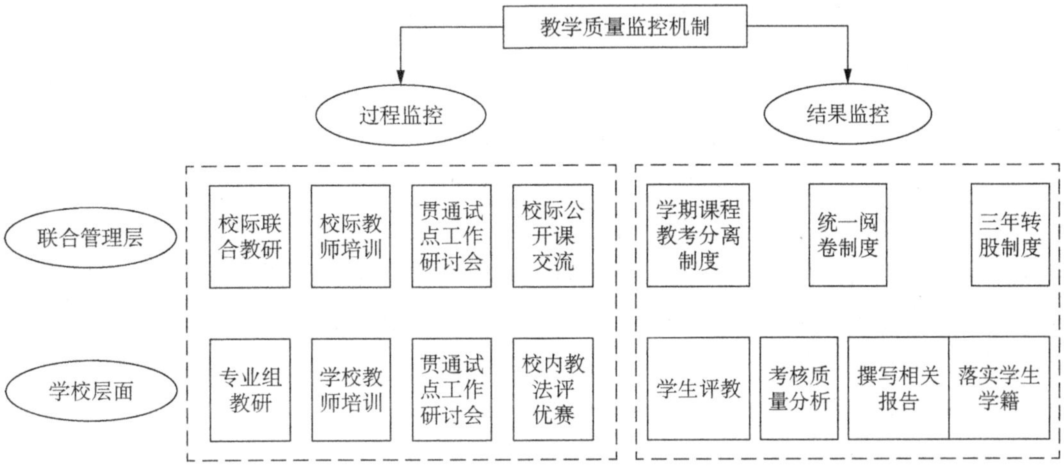


**图 1　贯通教学质量监控机制**

## (一) 初步构建教学质量监控联动机制

1. 质量监控团队对接

为保障各专业的教学质量，由上海商学院牵头搭建了中高职教育贯通管理团队。管理工作领导小组负责监控项目运行的规范性；联合管理办公室负责日常工作管理、教学方案实施、课程建设和质量保障；各教研管理组负责日常教学方案实施、专业及课程建设，贯彻落实管理办公室的有关要求和指示精神(见图 2)。

为了更好地落实联合管理组布置的各项具体工作，学校成立贯通项目管理工作小组，由校长直接监控项目的规范运行，教学副校长负责项目具体协调工作。教务主任、政教主任、招生办主任分别负责中高职教育贯通项目建设环节中的各项具体工作。

2. 全面性与实效性相结合，注重监控的实际效果

通过校际联合教研活动、校际公开课交流活动等方式，统一教学内容、教学计划，探讨贯通专业课堂教学方法，讨论教学中碰到的问题和解决方法，交流各学校和院区学生的学习情

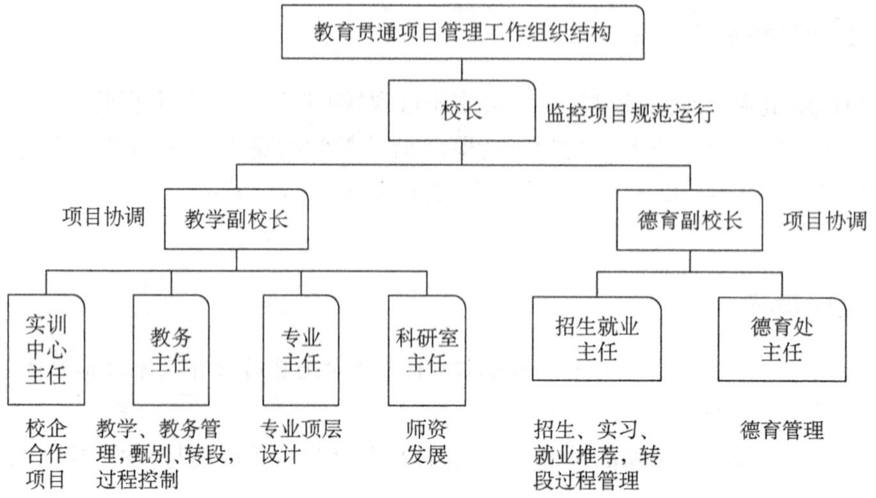


**图 2　教育贯通项目管理团队**

况和思想状况等。而学校旅游组及相关文化课教研组则可以就酒店教育贯通专业学生学情进行针对性分析，研讨落实联合教研组布置的工作，统一课程标准，优化课堂教学方法。通过校际教师培训，统一贯通理念和思想。而学校教师自培包括组织酒店专业教师暑期下企业实践，则提升了教师专业素养，提升了落实理念的能力。此外，通过积极参加高校组织召开的校际联合贯通试点工作研讨会，及时、详尽地了解项目运行的新规范、新信息、新举措。同时，主动邀请上海商学院的项目负责人一起有针对性地研讨酒店管理中本贯通试点工作目标，以及实施过程中的重点和难点，交流贯通的方法及举措，以增进合作双方彼此的了解，并加深对该项目的理解。

### (二) 静态性与动态性相结合，注重动态发展

教育教学的过程是一个动态过程，所以对其质量进行的监控与评价也应当是动态的，必须根据内外部条件和因素的变化而不断地调整与完善，做到静态和动态有机结合。

积极组织相关老师参加校际联合教研、校际教师培训、校际公开课交流及贯通试点工作定期研讨会，并组织学习联合管理各项制度，以确保项目建设过程监控质量。配合落实学期课程教考分离制度、统一阅卷制度，从项目建设的阶段成果上对质量进行很好的把控。

### (三) 多管齐下，注重教学运行质量监控

1. 课堂教学监控

学校非常重视对课堂教学的评教活动，包括督导评教、同行评教和学生评教。通过评教对教师的课堂教学质量做出综合评价。教学督导制度是学校教学质量监控的重要手段。通过教学督导，可以及时发现和解决教学中存在的问题。学校坚持“以教学工作为中心”的原则，学校实施教师互相听课的制度，并要求中层干部深入教学第一线进行听课，以了解教学情况，实施对教学质量的监控。同行评教、领导评教必须按照学院制定的《教师听课评价表》

对评课对象做出逐项评价。

2. 实践教学监控

学校对实践教学所占的比例是否达到规定要求进行审核；对专业所确定的能力及其标准是否明确做出评价；对开展实践教学的条件提出建议；对实践教学计划的执行情况进行检查并做出评价；对学生能力考核的组织工作和实施情况进行检查和评价。

## 四、评估与反馈

学校高度关注监控与评价两者的有机结合，旨在通过实时的质量监控使贯通教育教学处于不断的动态调整状态，并通过不断的信息收集和反馈服务于最终的管理性评价。

### 阶段成果

1. 高校的提前介入，实现学生管理的一体化

每一届的新生家长会都由高校牵头，两校共同设计，在高校校区内举行，而艺术与科技专业学生的新生入学典礼也放在了高校，这些举措使学生尽早明确自身“准大学生”的身份，树立长远的专业学习目标，学生家长也在项目起始就明确了专业的培养方向。

2. 打破中职校和高校之间的资源通道，实现共享

高校教师和中职教师实现双向互动。此外，一体化课程高校教师和中职教师同时进课堂联合教学，共同指导，分角度解析，高校的行业讲座邀请中职校教师和学生参与，中职校的技能课程资源与高校共享。

3. 提升学生专业素养，实现线上线下混合式的教学模式

4. 努力实践探索，获得阶段性成果

2014 级、2015 级、2016 级均获得虹口区先进班集体称号，获上海市奖学金 22 人，上海市三好学生 1 人，虹口区三好学生 2 人，上海市中职生“星光之约”记者团 1 人(见表 1、表 2、表 3)。

**表 1　获奖情况统计表**

| 奖项名称 | 获奖人次 |
|---|---|
| 全国文明风采 | 51 |
| 全国语文规范化知识大赛 | 1 |
| 上海市星光计划职业技能大赛 | 9 |
| 上海市高中阶段学生社会实践项目 | 5 |
| 上海市中职学生作文竞赛 | 1 |
| 上海市海峡两岸珠心算 | 8 |
| 上海市时政大赛 | 2 |
| 上海市学生阳光体育大联赛 | 10 |
| 虹口教育集团技能大赛 | 50 |

（续表）

| 奖项名称 | 获奖人次 |
|---|---|
| 虹口区第八届学生规范汉字书写大赛 | 2 |
| 虹口区第八届青少年经典诗文诵读 | 1 |
| 虹口区广播操团体 | 1 |
| 第3届城市生存挑战赛上海赛 | 5 |

**表2　2017级中高职教育贯通金融管理专业计算机一级通过率统计**

| 专业 | 人数 | 通过人数 | 通过率 | 优秀人数 | 优秀率 |
|---|---|---|---|---|---|
| 金融管理171班 | 28 | 23 | 82.14% | 3 | 10.71% |

**表3　2017级中高职教育贯通金融管理专业获奖情况统计**

| 团队 | 班级 | 获奖名称 | 获奖等第 | 获奖时间 | 获奖级别 |
|---|---|---|---|---|---|
| 刘雯静　尹诗洋<br>金　卿　谢海平<br>周雯婷 | 金融管理171班 | 第九届“明日商界之星”决赛 | 铜奖 | 2017年12月 | 上海商学院<br>高等技术学院 |

## 五、持续改进

1. 专业建设内涵需深化与延伸

金融行业对敬岗爱业、团队合作等职业能力和素养有很高的要求，需要我们不断思索如何动态调整课程体系、改革教学模式，深化和延伸专业建设内涵，培养高质量人才。

2. 贯通师资需加强互动与沟通

承担贯通教学的教师，必须明确贯通培养的核心理念，意识中高职教育贯通的一体性和连续性，清楚把握课程间的衔接关系。

3. 校企合作需更加深度融合

继续拓展校企合作单位，充分发挥企业特聘教师实战经验的优势，让学生掌握行业发展前沿知识和技能，契合金融企业实际需求。

# 上海市贸易学校中高职教育贯通质量监控报告

教学质量是学校的生命线，提高教学质量是学校工作的永恒主题。为适应上海职业教育转型发展的大背景，满足学校内涵发展和人才培养模式改革需要，切实提高学校中高职贯通专业的教学质量，提升学校与专业的核心竞争力，学校借助示范校建设的契机，在原有教学质量管理的基础上，又确定建设“具有职业教育特色的教学质量监控体系”。通过教学运行管理、教学质量评价和教学质量监控与反馈三大系统的建设，实现校内与校外、过程与结果相结合的“科学、规范、高效教学质量监控体系”。同时，学校根据教育部关于“诊断与改进”等相关文件精神，结合学校教育教学工作重点，聘请第三方——上海公信教育研究与评估中心的专家到校，对学校的整体教学运行进行全方位的监控。

上海公信教育研究与评估中心根据学校教学督导工作的总体要求，开展了具有针对性的督导工作，目标是建构学校教育教学质量自我提升的常态化机制，进一步促进教师教学能力的提高，推进上海市贸易学校人才培养质量再上新台阶。

2017—2018学年第一学期，专家督导组成员就对学校50个班、10个专业、148名教师展开听课，采用“听、查、谈、导”的方式进行督导，所听课程包括基础课、专业课、实验实训课，中专课程、高职课程，不仅听校内专任教师的课，对外聘教师也逐一听课。

督导组成员对每一位任课教师的教学能力给予公正评价，实事求是地反映教师的教学质量和教学效果，引导教师重视课堂教学，与教师加强交流与沟通，探讨教学方法，及时反馈听课情况，提出改进建议，促使教师及时调整教学，改进教学方法，努力提高教学水平。

督导组的反馈是：学校教师整体情况良好，工作敬业、认真负责，绝大部分教师能自觉遵守教书育人的原则，教学严谨，经验丰富，态度端正，备课充分，授课认真，教学目标明确，教学内容符合教学大纲要求。大部分教师讲课熟练，条理清晰，在理论教学的同时实施案例教学。在课堂教学中，注重与学生的互动，教学目标达成度较高。在教学手段上，教师基本上利用现代教育技术图文并茂展示教学内容，有电子教案，并辅之以适当板书，大部分课程教学效果较好。特别对学校上贯通课程的诸秀炯老师、王杰瑛老师给予较高的评价，认为这些教师富有个性，课堂驾驭能力强，教学经验丰富，教学方法灵活多样，教学内容丰富多彩，概念讲解清晰准确，教学示范步骤明确，能激发学生的学习兴趣，着力于学生实践能力的培养，提高了学生的综合素质，取得了良好的教学效果。

为了进一步做好教学督导工作，对教学活动进行检查、监督、分析、指导，督导组分别在赤峰校区、云西校区组织学生座谈会，了解学生的思想动态，听取学生对教师教学的意见，学生对学校的管理及教学提出建议，对个别教师授课内容单调乏味，语言平淡，没有表现力，课堂气氛沉闷，学生学习效果不佳等情况指出不足，课后指导。

同时，专家建议，要进一步加强对学校青年教师教学能力的培养，把结对帮扶工作做得更加扎实，尽快让青年教师教学能力和学术水平得到提升。

# 奉贤中等专业学校中高职教育贯通质量监控报告

在上海商学院指导和对接下，学校酒店专业中高职教育贯通培养首期2015年7月计划招生一个班25人，实际招生24人，1人休学，目前在籍在读23人。现已进入第一学年第二学期，本学期末进入甄别阶段。

## 一、组织机构

1. 领导小组

组　长：顾建明　　王雪华

副组长：江剑锋

组　员：陈　珏　　朱　勇　　陈玉国　　俞　云　　艾　院

2. 工作小组

组　长：江剑锋

副组长：陈　珏

组　员：朱　勇　　陈玉国　　俞　云　　艾　院　　王　虹

## 二、教学质量标准

### （一）教学条件建设

1. 师资队伍建设

师资队伍建设上，语文、数学、英语和信息技术等公共基础课配备具备丰富高中教学经验及多年班主任工作经验的高级讲师授课。这些授课教师具有高度的责任心和奉献精神。专业教师，在酒店组组长艾院老师的带领下，认真拟定和落实授课计划，为中高贯通培养教育教学质量提供教学质量保证。

2. 教学基本设施建设

学校在教学基本设施建设上，专门辟出场地，选取A区一楼连续4间场地，建设布置了中餐、会议、茶艺、调酒等实训室，供学生专业课学习和训练的场所。

### （二）教学基本建设

本专业旨在培养适应我国旅游与酒店事业发展需要并符合国际酒店集团及企业经营实

践要求，具有扎实的酒店管理基本理论和专业技能，能直接进入酒店行业从事业务工作的应用型高级技术人才。

在专业技能上要求学生掌握酒店管理的基本理论和知识，掌握酒店中西餐服务、客房服务等程序、技能和技巧，掌握中西餐服务程序、技能和技巧，掌握宴会设计，制定菜单等技能，掌握客房服务程序，服务技能和技巧，掌握计算机在酒店管理中的应用技术，要求获得高校计算机能力考试等级证书，同时推行“双证书”制度，强化学生职业能力的培养，具备酒店职业资格和技能考证的基本能力。

在课程设置上，分基础通识通用课程、专业核心课程、专业拓展课程和实习实训课程四大类。基础通识通用课程为：语文、数学、英语、德育（含大学思政课）、信息技术基础与应用（含信息技术基础、计算机应用基础）、职业生涯规划、音乐与美术、体育、健康教育等。专业核心课程为：酒店英语会话、酒店服务礼仪、中餐服务、前厅服务、客房服务、会议服务、酒店管理基础、旅游学基础、酒店市场营销、餐饮服务与管理、酒店经营与管理、酒店房务管理、酒店督导管理实务等。专业拓展课程为：酒店情景英语、酒店公关实务、海外客源国概况、喜达屋培训课程Ⅰ、喜达屋培训课程Ⅱ、喜达屋培训课程Ⅲ、喜达屋培训课程Ⅳ、会计学基础、职业资格证书培训等。实习实训课程为酒店综合实训、企业实践、实习及毕业综合报告等。

### （三）教学环节

本专业所培养的高职人才应具有以下知识、技能与素养：

（1）具备诚实守信、严谨细致、廉洁自律、认真负责的职业道德和良好的品行修养。

（2）具有法律意识，熟悉酒店经营管理的相关法规，能依法办理酒店经营及管理基本业务。

（3）了解酒店单位经营管理流程，熟悉日常经营管理过程中发生的业务，具有良好的人际沟通和集体协作能力。

（4）能够用英语进行日常口头交流，阅读并编制酒店日常文案资料；英语水平达到全国大学英语考试（CET）四级360分及以上，或达到高职高专英语考试（PROTCO level A）合格水平，或达到全国职业英语考试（PET）合格水平。

（5）能够熟练运用计算机信息技术，操作办公自动化来处理酒店日常相关业务；计算机应用能力水平取得上海高校计算机应用能力一级证书。

（6）熟悉前厅、客房、餐饮、商务中心等服务工作的基本程序和规范，具有承担基础岗位工作职责的能力，独立完成基础岗位各类常见工作任务。

（7）具有较强的社会组织、协调能力，能进行市场营销、会展等部门的活动策划和组织。

（8）能够根据酒店经营管理需要进行收集、整理、分析、提供有关的信息资料，并具备一定的经营风险防范意识。

（9）取得1～2张与酒店专业相对应的职业资格或技能证书。

教学大纲宗旨符合时代要求，着重体现教育教学观念的更新和教育思想的转变，在教学中贯穿“知识、能力、素质协调发展”的思想，突出培养学生的创新精神、动手能力和服务意识。章节安排，以本课程在人才培养中的地位及作用的角度，按照相应教学层次的需要，设计课程的教学目的、内容、各教学环节安排，与相关课程的结构联系紧密，分工合理，能有效避免重复和遗漏特色科学合理，体现时代性，具有较强的操作性，突出层次性，训练内容实用性强，能够对巩固和加深知识的理解和应用起到重要作用。

课堂教学是理论教学的中心环节，也是教学活动的基本形式。课堂教学应以学生为主体，教师为主导，做到目标明确、内容正确、重点突出、条理清楚、方法恰当、仪态大方、语言艺术、板书合理、联系实际、教书育人、气氛活跃、组织有序，使学生获得知识、发展智力、培养品德、提高能力，取得良好的教学效果。对教师的基本要求如下：

(1) 教师应执教严谨，认真负责；教态自然大方，和蔼可亲；着装整洁、朴素；言谈举止端庄，为人师表形象好。

(2) 教师应认真授课，严格按教学进度表开展教学活动。按时上下课，不得提前上课或拖堂，下课后应及时认真地填写“教学日志”。

(3) 教学内容应正确、充实、系统，深度适宜，符合教学大纲要求，并重视联系生产、社会和生活实际。

(4) 课堂教学过程要优化，环节要完整，组织要合理，思路要清晰，结构要严谨，衔接要自然，能有效利用课时。

(5) 教学方法应灵活多样，启发性强，能激发学生的求知欲，活跃课堂气氛，有利于实现教学目标，适合教学内容和学生实际。

(6) 教师应善于突出重点，根据教材内容体系、与其他课程间的联系及实际需要，找准课程重点和课堂重点，在讲解时分清主次、有详有略。

(7) 教师讲课要求语言准确、简洁、流畅，使用普通话。

(8) 教师要善于课堂管理，教学组织紧凑，教学活动生动有趣，创设良好的学习气氛。

(9) 教师板书应布局合理，恰当使用正副板，条理清楚、层次分明、内容简洁、重点突出，书写规范，图表准确、清楚。

(10) 教师应以学生为本，充分发挥教书育人功能，突出能力培养和素质教育。

实践教学的基本任务，一是把理论知识用于生产实践；二是通过实践，加深和巩固对理论知识的理解，达到培养学生分析问题和解决问题能力的目的。

1. 实践教学准备

(1) 认真研究人才培养方案和实训教学大纲，明确教学目标。按照学期时间、实训周数，制定实践教学进度。

(2) 精心编写实践教案。教案应包括：步骤、要点、安全措施、材料、指导方法、文明生产等方面内容。

(3) 实践教学设备状态良好，工具及材料齐全，安全措施到位，场地整洁。

2. 实践教学过程组织

(1) 合理分组，实际操作前讲清内容、原理、步骤要领及安全注意事项。

(2) 指导学生操作中，注重理论联系实际，讲究指导方法，注意培养学生的独立操作能力和团队协作精神。

(3) 指导学生操作中，特别强调要按规程操作，把安全工作放在首位。

3. 实际操作考核

(1) 考核内容符合教学大纲要求和技术等级标准。

(2) 实际操作考核要真实反映学生动手能力和操作技能,要有评分标准。

(3) 成绩评定要客观、公正、准确。

4. 实习(校外)

(1) 实习基地。校外实习基地,一般为顶岗实习而建立。根据专业实习要求,建立能满足学生实习需求的校外实习基地,有专门的部门和人员负责管理并协调有关实习事项。

(2) 实习指导书。到校外顶岗实习前,对学生下达实习指导书。实习指导书包括实习时间、目的和要求、主要实习内容、考核鉴定方法,以及学校和企业的相关制度、规定等。

(3) 实习动员和安全教育。实习前,对学生进行实习动员和安全教育,提高对实习重要性的认识,熟知安全知识,增强安全意识,遵守企业的规章制度。

(4) 实习考核。实习考核一般应根据实习企业对学生进行评价,鉴定学生撰写的实习报告。负责管理实习学生的教师给出的评价鉴定,综合评定,分出优、良、及格、不及格等级。

备课质量标准:

(1) 认真钻研教材,掌握系统知识、重点、难点和关键,正确处理教材和确定教法。

(2) 备课时可以参考教学参考资料,但反对死搬硬套,照章抄袭。

(3) 教师必须在独立钻研教材的基础上,认真进行同教材的集体备课。利用集体教研活动的时间互相磋商,允许有不同的方法试验。做到进度基本统一,内容基本统一,作业统一,考试统一。

(4) 要求至少提前一周的备课量。不得教一节备一节,不上无准备的课。

(5) 教案要真正成为教学方案。教案要做到讲授有课时,有上课日期,有目的、重点、难点,有讲授方法,有小结、有作业、有板书、有后记(不少于三分之一),理论联系实际,因材施教,备教具、实验仪器。

(6) 备课遵循"十备":

① 备教材要融会贯通　② 备学生要了如指掌　③ 备方法要灵活多变

④ 备教具要得心应手　⑤ 备语言要言简意赅　⑥ 备提问要发人深思

⑦ 备板书要胸有成竹　⑧ 备联系要举一反三　⑨ 备作业要难易得当

⑩ 备教案要详略得体

上课质量标准:

1. 讲课要做到

(1) 循循善诱,善于启发;讲练结合,提高能力。注意学习规律,引导学生了解知识形成的过程。讲解例题要给学生足够的思考时间,注意展示教师和学生的思维过程。

(2) 讲解概念要清楚,传授知识要准确。

(3) 要注重培养学生的创新意识和应用能力。精心设计问题情景,激发学生思考,引导、培养学生发现和提出问题的能力。

(4) 克服满堂灌,突出学生的主体地位。

(5) 板书条理清楚,书写规范。

（6）运用普通话，语言明白晓畅。

2. 按课表上课

调课须由教务处安排，不得私自调课或擅自让学生上自习。

3. 遵守课堂礼仪和上课时间

（1）上课。预备铃响后教师应在教室门口等候；上课铃响过才可以上课，不得提前上课。

（2）上课铃响过，教师走上讲台，师生问候。下课铃响过，教师喊："下课！"，全体学生立正，教师互道"再见"后，学生可以离开教室。

（3）下课铃响过，教师即停止上课，不得拖堂或提前下课。

4. 每人按规定上好公开课，学校内部课堂公开，领导和教师可任意听课

5. 注意收集和分析教学反馈信息，不断改进教学

6. 教师在课堂上不得吸烟，不得扯闲话，不得接听电话，不得中途离开教室

7. 作业布置与批改质量标准

（1）布置作业要明确具体，作业要分层次，有必做题和选做题，作业布置要适量。

（2）作业布置备课组要统一。所布置作业教师应事先做过。

（3）布置的作业要及时收阅、及时批改、及时发回。填好作业情况登记表。

（4）作业批改要认真仔细、不错批、字迹要工整不潦草。要做到全批全改、学生作业中错误处要予以改正，答题错误严重者或不认真者要求重作。

（5）批改作业要注明批改日期。

考试考核质量标准：

（1）每门学科每学期举行期中、期末考试各一次，练习测验按年级组教学计划执行。

（2）期中、期末考试要根据教学大纲科学命题。不得随意拔高或降低大纲的要求。可以尝试多种考核形式，如技能操作、实践探究等。公共基础课程按照贯通培养联合办公室下发的统考卷于指定时间统一进行。

（3）阅卷要按教务科规定的阅卷程序进行，严格遵守阅卷纪律。阅卷结束后，要及时将成绩输入。公共基础课程按照贯通培养联合办公室的统一阅卷要求执行。

（4）认真评定学生成绩。重视学生学习过程的管理，学期成绩按平时（出勤、上课、作业、测验、技能训练等）、期中、期末比例 20%、30%、50%来评定。学年成绩评定第一学期和第二学期成绩各占 50%。

（5）期中期末考试成绩与学期成绩记入学生档案，并向学生及家长公布。

（6）期中、期末考试要按时进行试卷分析，并及时将试卷分析交教务科。

（7）认真记录和保存学生在各种测试中出现的错题及错因。

## 三、监控措施

1. 实施领导干部听课制度

学校领导每学期至少听课 8～10 次。原则上每月均应进行听课，每次听课时间不能少于 1 课时。通过听课，了解教学情况并及时解决教学中存在的一些问题，促进教学质量的提高。

2. 开展教学督导工作

根据学校有关规定，教务科对教学管理、教师管理、教学质量等进行监督、指导，全面、客观地了解教学状况。

3. 建立健全教学信息的反馈体系

根据学校有关规定，进一步健全教学信息机构和队伍，贯彻落实教学信息工作制度，通过学生代表座谈会、问卷调查等形式反映教学工作中的重要情况，为加强教学全过程的质量监控，及时、准确、全面了解教学状况，获取各种教学反馈信息。

4. 开展常规教学检查，采取常规检查和教学质量测评相结合的监控办法

(1) 教务科完成方案制定，编制检查人员安排表。

(2) 检查小组成员由行政、教研组长或科室人员、教师代表 1～2 人(随机)组成，分“课堂教学检查”和“实训教学检查”两大组同时开展，每组 10 小组，共 20 小组。每小组两周参与 1 次教学检查。教师代表由教研组长或科室人员随机选定。

(3) 行政负责本组总体落实、协调、检查。行政、教研组长和教师代表共同完成评价、反馈、检查、思考、建议。填写附表。

(4) 检查结果由行政负责当天汇总当天网页专栏公布，并负责把记录本和采集室的钥匙传给下一组。

(5) 检查形式。

A. 信息采集。检查人员在信息采集专用室，监控、采集全校课堂教学情况，并进行及时记录、评价、反馈。

B. 现场巡视。对没有信息采集条件的教学场所，特别是实训场所，以巡视方式，完成记录、评价，反馈。

(6) 检查内容。

A. 课堂教学检查范围：B 区、D 区教室、操场、体育馆。

B. 实训教学检查范围：机房、数控实训中心、机电实训中心、燃气实训中心、汽修实训中心、酒店实训室。

C. 课堂师生情况，检查内容包括：任课教师出勤、教态、教学秩序等情况；学生出勤、上课、违纪等情况。

D. 完成教学检查、反馈、附表的填写，并在 OA 指定位置录入。

E. 相应记录，由教学科汇总，作为学期考核依据之一。

F. 如发现任课教师缺勤或出现其他教学事故，课堂教学检查小组请及时告知教务科，实训教学检查小组请及时告知实训中心，由相关部门负责跟进处理。

## 四、评估与反馈

遵循教育规律并结合学校实际，采用定性与定量相结合的方式。从以下 3 个不同的方面进行评估：

1. 教师的自我评价

由教师通过填报自评报告，对本人在该学期的教学状况进行自我评价，包括接受任务和

工作态度、教学改革、教学质量和效果等方面。

2. 学生评教

在学校所有的课程中进行，是每学期进行的一项常规测评工作。学生对本学期所上课程的教师进行定量的评价。学生评教的数据作为衡量教师的教学质量和教学态度的一个重要方面。

3. 专家评教

由学校组织专家对指定课程的教学内容、教学方法、教学效果等方面进行定性定量评估。

对评价为优的教师，将予以表彰和奖励；对发生教学事故的，将进入学校教学事故档案，按有关规定进行处理。

## 五、持续改进

1. 开展抽查课活动

(1) 课后评价，打分及时反馈，发现并及时纠正教学工作中存在的问题，总结发扬教学中的创新及先进经验，使备课、上课、听课，成为有机整体。

(2) 定期检查教师教案，指导教师写出既规范又实用的教案。

(3) 组织好各阶段测试工作。认真做好试卷分析，质量分析及测试后反思工作。

(4) 定期检查教师听课，以及测试、批改等情况，做到有记录，勤反馈，及时总结。

2. 开展教学研究，促进教师教学水平的提高

以教研组为单位，开展教研组活动及专题研讨活动，规范集体备课。提高课堂教学质量，提升教师的教学水平。

3. 常抓常规管理，优化教学要素

4. 加强教研管理

进一步加强教育科研管理，开展教育科研工作，提高教师的科研水平，营造教育科研氛围。